신문으로 공부하는 말랑말랑

시사상식

한국사

신문으로 공부하는 말랑말랑

시사상식

한반도 '신석기 혁명' 속으로 시간여행

최후의 빙하기가 절정을 이뤘던 1만 8,000년 전부터 지구의 기온은 점차 상승했다. 한반도에 살던 고대인은 작고 빠른 사냥감을 잡기 위해 주무기를 창에서 화살로 바꿨다. 들로 만든 화살 촉은 뗀석기(돌을 깨서 만든 석기)에서 간석기(돌을 돌판에 갈아서 만든 석기)로 더욱 날카로워졌다. 기온이 상승하

자 농경도 등장했다. 신석기인들은 주로 조와 기장을 재배했다. 해수면 상승으로 연안에 풍족한 어장이 형성되자 어업도 활발해졌다. 물고기를 잡을 작살과 그물, 강을 건널 수 있는 배가 등장했다. 수렵과 채집에서 농경과 어로로 인류 생존기술의 중심축이 이동한 이때가 바로 '신석기 혁명'의 시기다.

신석기 혁명
한반도 신석기시대는 기원전 8,000년 경 시베리아에서 전래한 것으로 알려져 있다. 우리나라의 대표적인 신석기 유적지 중 황해도 봉산 지탑리와 평양의 남경 유적에는 탄화된 좁쌀이 발견되어 신석기시대 잡곡류인 조·피·수수 등이 경작되었음을 알 수 있다. 당시 사용한 주요 농기구로는 돌괭이, 돌보습, 돌삽, 돌낫, 맷돌이 있으며, 조리기구로는 갈돌과 갈판 등이 있다.

신문과 함께 읽는 오래 기억하는 한국사

우리 선조들의 이야기는 이제 실용 영역과 학문·교양 영역에서 기존에 없었던 창의적인 형태로 가공·배포되고 있습니다. 하지만, 어떤 방식의 이야기이든 한국사의 기본은 확보와 상태로 콘텐츠를 제공해야 할 것이고, 수용해야 할 것이 자명합니다. 특히, 한국사 정보에 대한 수요자의 경우, 필수적으로 거쳐야 할 부분을 간과하고 그저 흥밋거리를 두고 꾸준히 학습하는 습관을 길러 도달하기 어렵습니다. 조금씩이라도 관심을 두고 꾸준히 학습하는 습관을 길러 야 합니다. 여기 한국사를 배우는 가장 쉬운 길이 열려 있습니다. 말랑말랑한 설명에 예시가 되는 신문을 함께 학습하면 효과적인 학습이 가능합니다.

한국사

머 리 글

최근 경향을 보자면 취업, 대입, 공시(公試) 등에서 한국사의 비중이 눈에 띄게 커지고 있습니다. 또한, 한국사는 다양한 포맷의 미디어 콘텐츠들과 결합하여, 사극에서든 예능에서든 대중문화의 주요 트렌드로서 한 축을 담당하기 시작했습니다. 우리 선조들의 이야기는 이제 실용(實用) 영역과 학문·교양 영역에서 모두, 기존에 없었던 창의적인 형태로 가공·배포되고 있는데요. 하지만, 어떤 방식의 이야기이든 한국사의 기본은 확보한 상태로 콘텐츠를 제공해야 할 것이고 수용해야 할 것임이 자명(自明)합니다.

특히, 한국사 정보에 대한 수요자의 경우, 필수적으로 거쳐야 할 부분을 간과하고 그저 흥밋거리로 접근해왔다면, 어떤 목표이든 원하는 단계에 도달하기 어렵습니다. 기본적으로 한국사는 역사이기 때문에 체계적인 학습을 통해 배경지식은 갖춰놔야, 가변적인 흐름을 반영할 수 있을 것입니다. 조금씩이라도 관심을 두고 꾸준히 학습하는 습관을 길러야 합니다.

여러분의 한국사 학습에 보탬이 되고자, 한국퀴즈협회에서는 시대고시기획과 함께 〈신문으로 공부하는 말랑말랑 시사상식 - 한국사〉를 준비하였습니다. 기존의 학습서들이 딱딱한 이론을 해설 형태로만 나열했다면, 〈신문으로 공부하는 말랑말랑 시사상식 - 한국사〉는 신문기사를 바탕으로 쉽게 풀어썼습니다. 중학생 이상이면 이해가 가능하면서도 깊이가 있습니다. 120개의 한국사 키워드에 말랑말랑한 설명과 신문기사를 붙여 이해가 더욱 쉽습니다. 이어서 문제로 키워드를 정리할 수 있도록 구성했습니다. 처음 챕터에서는 최신 한국사 소식을 실어 우리가 자주 접하는 한국사 이슈들에 대해 살펴보고, 마지막 챕터에는 한국사 관련 보너스 퀴즈를 실어 TV 퀴즈 프로그램의 '영웅' 수준 문제에 도전해보는 장을 마련했습니다.

이 책은 취업, 대입, 공시, 자격증 등의 최근 한국사 시험 출제 경향에 따라 선별한 키워드를 수록했기 때문에 요즘 한국사의 뼈대를 쉽게 공부하고 싶은 분들께 많은 도움이 될 것으로 확신합니다. 아무쪼록 이 책을 선택한 독자들이 수험을 비롯해 일상에서도 우리 역사에 대한 인식을 바로 세우는 데 도움이 되길 기대합니다. 여러분, 응원합니다.

한국사의 시대구분

한국사의 시대구분은 학자들마다 견해차가 있지만 크게, 고조선까지를 선사시대라고 합니다. 여러 부족국가가 등장하여 몇 개의 중앙집권국가를 이룬 삼국시대, 발해와 통일신라로 이어지는 남북국시대와 후삼국시대까지를 포함하여 고대라고 합니다. 고려의 통일 후부터 조선 건국 전까지를 중세라고 하며, 조선 건국 후부터 흥선대원군의 집권 전까지를 근세로 나누어 볼 수 있습니다. 근대는 흥선대원군의 집권 후부터 혹은 조선의 개항 후부터 해방 후 미군정기까지를 포함시키며 대한민국 정부가 수립된 1948년 이후를 현대로 구분합니다.

선사시대	고대			
	부족국가시대	삼국시대	남북국시대	후삼국시대
문자 이전의 시대	B.C. 100~300	B.C. 1세기경~676	676~892	892~936
구석기(약 30만년 전)	부여	고구려	발해	
신석기(기원전 8,000년~1,500년 경)	고구려	백제		
청동기(기원전 1,500년~400년 경)	옥저	신라	신라	신라
	동예			후백제
고조선(기원전 2,333년~108년)	삼한	가야		후고구려

- 선사시대 : 구석기시대, 신석기시대, 청동기시대
- 고조선(B.C. 2333 ~ B.C. 108) : 청동기 문화를 토대로 여러 부족을 통합한 우리나라 최초의 국가
- 부족국가시대 : 고구려, 부여, 옥저, 동예, 삼한(마한 ·진한 ·변한)
- 삼국시대 : 고구려, 백제, 신라, 가야
- 남북국시대 : 통일신라, 발해
- 후삼국시대 : 신라, 후고구려(태봉), 후백제
- 고려시대 : 고려
- 조선시대 : 조선
- 근대 : 대한제국, 일제강점기, 대한민국 임시정부, 미군정
- 현대 : 대한민국, 북한

중세	근세	근대			현대
고려시대	조선시대	개화기	일제강점기	군정기	건국 이후
972~1392	1392~1897	1863~1910	1910~1945	1945~1948	1948~
고려	조선	대한제국	대한민국 임시정부		
			일제	미군정	대한민국
				소련군정	북한

이 책의 구성과 특징

신문으로 공부하는 **말랑말랑 시사상식**

1. "요즘 한국사 어때?" 빠르게 트렌드 살펴보기

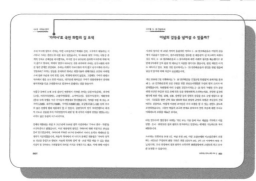

쉽게 설명해주는 최신 한국사 이슈

가야사 복원부터 환단고기까지, 매일밤 뉴스에 나오는 한국사 관련 소식들을 깔끔하게 정리합니다.

2 한국사 흐름을 파악하는 가장 효과적인 방법

말랑말랑한 설명

한국사의 각종 사건, 인물 등을 말랑말랑한 설명을 통해 쉽지만 깊이 있게 공부해보세요.

기초 쌓는 ox퀴즈

설명을 통해 알게 된 지식으로 ox퀴즈를 풀어보고 기초 개념을 이해할 수 있습니다.

'더 이상 한국사가 지루하지 않다!'

말랑말랑하게 한국사 상식을 쌓는 노하우 대공개!

3. 신문과 객관식으로 역사 속 디테일까지 습득

뉴스와 기사 속의 역사

말랑말랑한 설명을 통해 역사적인 지식을 습득했다면 역사적 사건이나 인물에 대해 뉴스나 신문 기사를 통해 다시 한 번 생생하게 읽어볼까요? 오래오래 기억하는 비법!

실전을 위한 객관식 퀴즈

객관식 퀴즈를 통해 각종 한국사 시험에 대비하고 깊이 있게 한국사 상식을 공부할 수 있습니다. 말랑말랑한 해설은 지식을 넓고 깊게!

4. 한국사 마스터로 가는 유일한 관문!

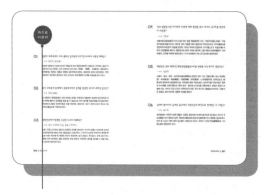

책속의 책 – 퀴즈로 마무리

말랑말랑한 설명과 뉴스·기사로 공부한 한국사 지식을 마무리하는 단계! 다양한 퀴즈로 한 번 더 공부하면 절대 잊혀지지 않아요!

목 차

신문으로 공부하는 말랑말랑 시사상식

Chapter2. 중 세

목 차

신문으로 공부하는 **말랑말랑 시사상식**

Chapter3. 근 세

Chapter4. 근현대

Contents

목차
신문으로 공부하는 **말랑말랑 시사상식**

쉽게 듣는 한국사 최신 이슈

'가야사'로 국민 화합의 길 모색

우리 역사에 있어서 가야는 어떤 나라일까요? 백제와 신라, 고구려가 태동하던 시기부터 가야는 한반도에 터를 잡고 있었습니다. 약 600년 동안 가야는 낙동강 유역의 강자로 존재감을 과시했지요. 하지만 결국 562년에 신라의 이사부에 의해 맥이 끊기고 맙니다. 백제의 멸망이 660년인 것을 감안하면 가야는 삼국시대의 대부분 동안 존재한 것인데요. 우리는 어째서 사국시대라 하지 않고 삼국시대라 부르는 것일까요? 가야는 상업을 중시하고 뛰어난 제철기술과 항해기술을 보유한 나라였으며 문화 수준과 국력 또한 신라, 백제에 뒤지지 않았죠. 그럼에도 가야가 한반도 역사에서 빛을 보지 못한 이유로, 대부분의 학자들은 가야가 연맹체제에서 강력한 통치체제를 갖춘 고대왕국으로 발전하지 못했다는 점을 꼽습니다.

낙동강 유역의 12개 소국 집단인 변한에서 시작된 가야는 금관가야(김해), 대가야(고령), 아라가야(함안), 고령가야(함창), 소가야(고성), 성산가야(성주), 비화가야(창녕) 등의 국명을 가진 국가들의 연맹체로 발전했습니다. 가야를 부를 때 쓰는 오가야(五伽倻), 육가야(六伽倻), 가야칠국(伽倻七國), 포상팔국(浦上八國) 등의 무수히 많은 연맹체 형태 이름에서 알 수 있듯이, 금관가야의 전기 가야연맹부터 대가야 주도로 설립된 후기 가야연맹까지 과연 몇 개 국가가 어떻게 연맹을 맺었는지는 아직도 많은 부분이 미스터리이죠.

문재인 대통령은 취임 초 2017년에 2018년 정부 국정과제로 '가야사 연구·복원'을 추진하겠다고 밝혔습니다. 이런 대통령의 발언은 가야사에 대해 폭발적인 관심을 불러 일으켰습니다. 가야사의 부족한 연구자 문제부터 가야사 유적의 세계유산 등재까지 거론되었습니다. 학술적 의미에서 더 나아가 문재인 대통령은 '가야의 영역은 경남을 중심으로 한반도 가운데 위치해 있어' 영·호남 벽을 허물 수 있는 좋은 사업이 될 것이라는 사회통합적 의미를 기치로 내세우기도 했죠. 이에 대해 이영식인제대 역사고고학과 교수는 "30여 년 동안 연구해오면서 그동안 차별·홀대받는 가야의 현실을 입에 달고 살았는데, 문 대통령이 국정과제화 지시를 해 감개무량하고 힘이 솟는다"고 소감을 발표하기도 했습니다.

이렇게 국비 6,570억원, 경상남도 도비 1,925억원, 시·군비 2,231억원 등 모두 1조 726억원이 투입되는 거대 연구사업이 계획되었고, 경상남도 의회에는 문화복지위원회 소속으로 '가야사 연구복원사업 추진 특별위원회'가 설립되어 가야사 연구복원을 위한 특별법을 제정했습니다. 현재 진행형인 가야사 연구조사는 계속해서 여러 성과를 내고 있습니다. 가야 유적인 창녕 계성 고분군, 장수 동촌리 고분군, 함안 가야리 유적은 사적으로 격상됐습니다. 그곳에서 발견된 금관가야 최대급 봉분인 '횡구식석실((橫口式石室)'은 가야 후기 고분의 학술적 중요 자료를 인정받아 도문화재(기념물 제290호)로 지정되기도 했습니다. 이번 사업에는 철저한 조사 연구를 밑바탕으로 가야사를 복원, 정비하고 이를 활용한 국제적 관광자원으로 탄생시켜 경남의 대표 브랜드화한다는 목표도 포함됐습니다.

한편 이런 사업에 대해서는 우려를 표하는 목소리도 있습니다. 학계와 일부 문화재 전문가들은 문재인 정부의 '가야문화권 조사·연구 및 정비사업'이 자칫 지자체의 과다한 경쟁과 무분별한 관광개발로 예산을 낭비하지 않을까 걱정하고 있다고 합니다. 하승철 경남발전연구원 역사문화센터장은 "가야사 복원사업이 관광개발과 인프라 구축에 치우치면 사상누각이 될 우려가 있다"고 말하기도 했습니다.

가야사와 가야사 복원 문제에 관한 얘기 중 언급하지 않고 넘어갈 수 없는 점 하나가 바로 '임나일본부설'에 대한 얘기입니다. 현재는 일본 학계도 왜인이 한반도 남부를 식민 지배했다는 '남한경영론'에 대해서는 현실성이 떨어진다는 이유로 부정적인 견해를 가지고 있습니다. 다만 일본 학계와 한국 일부 학자들은 〈일본서기〉에 541년부터 552년까지 '임나일본부'가 5회 언급된 기록과 그 사이에 '일본부'라고 기록된 것이 30회 나온 것을 근거로, 임나일본부의 실체는 인정되나 그것은 가야에 있었던 왜국에서 파견된 사신들이 머무는 '객관'으로 보는 것이 타당하다는 주장을 하고 있습니다.

발굴 · 지정으로 본궤도 오른 가야사, 하지만…

2019년 문화재 화두는 '가야사 연구'였다. 정부가 국정과제로 선정한 '가야 문화권 조사 · 연구 및 정비'를 수행하기 위해 각지에서 발굴조사가 이뤄졌고, 가야 유적 · 유물의 문화재 지정과 가야사를 재조명한 전시가 이어졌다.

하지만 가야사 조사와 연구가 '속도전' 양상으로 흘러가면서 발굴 유물을 무리하게 해석하고, 충분한 준비 없이 설익은 기획전을 마련했다는 의견이 제기되기도 했다.

금관가야 왕궁터로 추정되는 김해 봉황동 유적에서 4~5세기에 제작한 것으로 판단되는 집모양 토기가 나왔고, 대가야 지배계층 무덤이 모인 고령 지산동 고분에서는 그림이 있는 토제 방울이 출토됐는데, 조사단은 방울 그림이 가야 건국 설화로 추정된다고 주장했다. 하지만 이러한 주장은 그 근거가 부족하다는 비판을 받았다.

국립중앙박물관은 28년 만에 가야사를 다룬 특별전 '가야본성 – 칼과 현'을 개막해 관심을 끌었다. 이 전시는 가야 관련 유물을 집성했으나, 고령 토제 방울과 김해 파사석탑 등 학술적으로 실체가 명확하지 않은 문화재와 가야 유물로 확정되지 않은 자료들을 진열해 논쟁을 야기했다.

출처 : 연합뉴스/일부인용

🔍 | **상식UP! Quiz**

| 문제 | 후기 가야연맹은 금관가야를 중심으로 이뤄진 연맹국가였다. | ○ / × |

해설 후기 가야연맹은 전기 가야연맹의 맹주였던 금관가야가 신라에 굴복하면서 연맹이 와해되자, '대가야'를 중심으로 다시 구성된 가야연맹이다.

📖 (×)

이념의 갈등을 넘어설 수 있을까?

사건이 일어난 지 40년 가까이 흘렀지만 아직도 5 · 18 민주화운동은 이념적 갈등에서 자유롭지 못합니다. 광주지방법원은 전두환 전 대통령이 낸 회고록이 허위사실을 적시, 5 · 18 민주화운동과 그 참가자들에 대한 사회적 평가를 훼손했다고 판단해 2차례에 걸쳐 출판 및 배포금지 처분을 내리기도 했습니다. 관련 재판은 아직도 계속되고 있죠. 또한 개헌 정국에서는 5 · 18 민주화운동의 정신을 헌법 전문에 넣을지 말지에 대해 의견이 분분했습니다.

지난 2018년 2월 국회에서는 '5 · 18 민주화운동 진상규명 특별법'이 본회의를 통과해 5 · 18 민주화운동의 진실 규명을 위한 진상조사위원회 구성의 법적 근거가 마련되었습니다. 특별법에 따라 구성된 진상조사위는 5 · 18 당시 자행된 국가 공권력의 민간인 학살과 진실 은폐 의혹 등을 광범위하게 조사하는데요. 부당한 공권력 행사에 의한 사망, 상해, 실종, 암매장 등의 실체적 진상을 주요 규명 대상으로 합니다. 시민들을 향한 군의 최초 발포와 발포 명령자 규명과 북한군 개입설의 진위여부도 검증하죠. 이렇게 마련한 조사단은 수사 요청을 할 수 있는 권한도 갖도록 보장되었습니다. 그동안 학술적 조사의 한계로 밝혀지지 못한 부분에 대한 수사도 이뤄지도록 보장을 해놓은 것이죠.

다만 압수수색 영장청구 의뢰는 '개인 또는 기관 등이 자료 제출을 거부하고 이를 인멸 · 은닉 · 위변조한 범죄 혐의가 현저하다고 인정되는 때'에만 가능하도록 적시해놨습니다.

조사위는 국회의장 추천 1인, 여당 추천 4인, 야당 교섭단체와 비교섭단체가 추천하는 4인으로 구성되며 활동 기한은 최장 3년(1차 2년, 2차 1년 이내에서 연장 가능)입니다. 조사 과정에서 범죄 혐의가 포착되면 검찰총장에게 고발토록 하고 수사를 요청할 수 있습니다.

사실 진상조사위원회의 활동은 진상규명 특별법이 발효되기 이전부터 있었습니다. 하지만 법적·제도적 장치 마련이 미비해 군 기록 및 개인정보 접근 권한에 한계가 있었죠. 2018년 2월에 발표되었던 5·18 특

▲ 광주 동구 전일빌딩에서 헬기사격에 의해 발생한 것으로 추정된 탄흔을 살펴보는 5·18 특별조사위원회

별조사위원회의 조사 결과 발표에서는 이런 한계를 명확히 확인할 수 있었습니다. '헬기 사격 및 전투기 출격 대기' 의혹을 규명하려던 특별조사위원회는 당시 헬기 사격과 전투기 출격 대기가 있었다는 결론을 내렸지만 그 근거로 시민들의 증언과 기록만 제시할 수밖에 없어 '절름발이 결론'이라는 평을 받기도 했죠. 이런 한계를 넘어서 마침내 5·18 민주화운동 진상규명 특별법이 마련되었습니다.

시민군 여성에 대한 계엄군의 성폭력이 있었다는 주장도 제기되면서, 2018년 5월에는 여성가족부·국가인권위원회·국방부가 5·18 광주민주화운동 당시 계엄군 등에 의한 '성폭력 범죄'의 진상규명을 위한 '5·18 계엄군 등 성폭력 공동조사단'을 합동으로 출범시키기도 했습니다. 계엄군에 의한 성폭력 주장은 1980년 5·18 광주민주화운동 당시 상황실에서 안내 방송을 했던 김선옥 씨가 성폭력 피해 사실을 고백하면서부터 시작했습니다. 김선옥 씨는 계엄사령부 수사관들에게 고문을 당하고 석방 전날 성폭행을 당했다고 주장했는데요. 당시 가두방송을 했던 차명숙 씨도 보안대에 연행돼 상무대 등을 거치며 성고문 등 가혹행위를 당했다고 증언했습니다.

조사위는 첫 활동 내용을 '민간인에 대한 학살 진상규명'으로 정해, 학살된 민간인들이 묻혔다고 알려진 옛 광주교도소 부지를 기점으로 시신 발굴 활동을 벌였습니다. 그리고 2019년 말 옛 광주교도소 부지에서 신원미상의 유골 40여 구가 발견됐습니다. 현재는 5·18 당시의 행방불명자와 관련성을 확인하기 위한 유골 정밀감식이 진행되고 있죠.

5·18 조사위원 9명 전원 임명

문재인 대통령은 자유한국당이 추천한 인사들을 포함해 5·18 민주화운동진상규명조사위원회 위원 9명 전원을 임명했다. 문 대통령은 자유한국당이 추천한 이동욱 전 월간조선 기자와 이종협 예비역 소장, 차기환 전 수원지방법원 판사를 포함한 위원들에 대한 임명안을 결국 받아들인 것이다.

이동욱 전 월간조선 기자는 앞서 청와대가 한 차례 자격미달로 판단했는데도 한국당이 재추천한 인사로, 5·18 진상조사 활동이 더 늦어져서는 안 된다는 판단에서 임명이 결정된 것으로 보인다.

더불어민주당은 송선태 전 5·18기념 재단 상임이사, 민병로 전남대 법학전문대학원 교수, 이성춘 송원대 교수를 추천했고, 애초 추천자 명단에 있던 이윤정 오월민주여성회 회장은 서애련 변호사로 교체됐다.

또 국회의장이 추천한 안종철 한국현대사회연구소 박사, 바른미래당이 추천한 오승용 전남대 5·18연구소 연구교수 등이 조사위원으로 이름을 올리게 됐다. 앞서 '5·18 민주화운동 진상규명을 위한 특별법'은 2018년 9월부터 시행됐으며, 진상조사위 구성 절차는 이 법에 따라 시작됐다.

출처 : TBS/일부인용

🔍 상식UP! Quiz

문제 '5·18 민주화운동 진상규명 특별법'에 따라 진상조사위원회는 (　　)의 추천 1인, 여당 추천 4인, 야당 교섭단체와 비교섭단체가 추천하는 4인으로 구성된다. 괄호 안에 들어갈 알맞은 말은?

해설 조사위는 국회의장이 추천하는 인원 1인, 여당 추천 4인, 야당 교섭단체와 비교섭단체가 추천하는 4인으로 구성된다.

국회의장

세계 곳곳에 생기는 평화의 소녀상

수요시위를 아시나요? 수요시위는 매주 수요일 일본군 위안부 피해 할머니들의 명예회복을 염원하기 위해 대한민국 주재 일본 대사관 앞에서 펼쳐지는 시위입니다. 1992년 처음 시위가 열려 아직까지도 계속되고 있는데요. 수요시위 1,000회를 맞았던 2011년 12월 14일, 처음으로 평화의 소녀상이 일본 대사관 앞에 설치됩니다. 첫 계획은 소녀상이 아닌 비석을 설립하는 것이었다고 하는데요. 당시 김영종 종로구청장이 비석이 아닌 소녀상을 세울 경우 예술 작품으로서 거리 전시에 허가가 가능한 점을 알려주어 소녀상을 제작하게 됐다고 합니다.

평화의 소녀상은 일본 대사관 앞 외에도 다양한 곳에 세워졌습니다. 2013년 7월 30일 미국 캘리포니아주 공립 도서관 앞에도 설치되었고 캐나다와 호주에서도 2015년과 2016년에 설치되었습니다. 2016년에는 같은 위안부 · 강제징용의 경험이 있는 중국과 협의해 한 · 중의 소녀상을 중국 상하이 사범대학에 설치하기도 했습니다.

일본은 이런 평화상의 건립에 대해 매우 적극적인 저지 행동을 펼쳤습니다. 후쿠오카현 후쿠오카시는 자매도시인 부산시에 간부직원을 보내 부산 일본 총영사관 앞에 평화의 소녀상이 설치된 데 우려를 전달하는가 하면 자매결연 취소를 요구하는 현지 여론이 높아짐에 따라 양 도시 간 교류사업에 차질을 빚을 수 있다는 견해를 밝히기도 했습니다. 미국 샌프란시스코와 자매결연을 맺고 있는 일본 오사카시도 '자매결연 단절' 등을 강조하며 샌프란시스코의 소녀상 철거를 촉구했다가 실패하기도 했습니다. 사가현의 가라쓰 시장도 주철현 여수시장에게 서한을 보내 여수에 평화의 소녀상이 설치된 데 대해 양측 간 우호교류에 영향을 줄 수 있다고 우려를 표명하기도 했죠.

일본 정부는 '2015년 위안부 합의'의 내용을 들어 계속해서 일본 대사관 앞 소녀상에 대한 철거를 요구하고 있습니다.
위안부 합의안에는 한국 정부가 '주
한 일본 대사관 앞의 소녀상에 대해
공관의 안녕·위엄의 유지라는 관점
에서 우려하고 있는 점을 인지'하며
'관련 단체와의 협의 등을 통해 적절
히 해결되도록 노력'한다고 표현되어
있죠. 다만 일본은 이를 요구하기 이
전에 일본 측의 이행 사항인 '마음으로부터 사죄와 반성의 마음을 표한다'는 내용에
대해서 먼저 고민해보아야 하지 않을까요?

국내에는 약 50여 개의 소녀상이 설립되었다고 하는데요. 한편 이런 소녀상의 설
립에 해당 공공 구성원의 의사를 반영하는 과정이 없어서 문제가 된 경우도 있었습
니다. 서울 마포구 소녀상건립추진위원회는 2018년 3월 1일 홍익대 정문 앞에 '마
포 평화의 소녀상'을 설치하려 했으나 학교 측과 학생들의 반대에 부딪혀 행사를
진행하지 못했습니다. 홍익대 총학생회 측은 학교 앞 부지에 소녀상을 설치하는 문
제를 전혀 협의하지 않고 했다며 강하게 반발했다고 합니다. 이 때문에 학교 관계
자 20여 명을 정문 인근에 배치하고 소녀상을 실은 트럭을 막는 해프닝이 벌어지
기도 했죠.

앞서 소녀상건립추진위원회는 2017년 1월 마포구 주민과 학생들의 기금을 받아 서
울 상암동 일본군 장교 관사유적지에 소녀상을 세우려 했으나 주민 반대 때문에 무
산된 바 있었습니다. 이에 홍대 '걷고 싶은 거리', 마포구청 앞 등을 소녀상 설치 장
소로 검토하고, 최종 후보지로 홍대 정문 앞 국유지를 정했던 것입니다. 그러나 학
교 측은 사전 협의가 없었던 점뿐만 아니라 대학 캠퍼스는 국제적 공공성을 갖는
공간이라는 점, 시위로 인해 학생들이 불편을 겪거나 안전상 문제가 생길 수 있는
점 등을 들어 설치 반대 입장을 표명했다고 하네요.

독일에 두 번째 평화의 소녀상 건립

'세계 여성의 날'에 맞춰 독일에 일본군 위안부 피해자들을 기리는 두 번째 **평화의 소녀상**이 세워졌다.

독일 헤센주(州) 최대 도시인 프랑크푸르트의 라인마인 한인교회는 '2020년 3월 8일 세계 여성의 날에 매우 뜻 깊은 행사를 준비했다"며 평화의 소녀상 제막식을 열었다. 앞서 2017년 유럽 최초이자 독일에서 처음으로 바이에른주에 소녀상이 건립된 지 3년 만이다.

라인마인 한인교회는 1969년 독일 교민 1세대가 모여 구성한 교회 공동체다. 2001년 독일 개신교인 헤센-나사우 주교회 소속이 됐으며, 독일 3개 지역 교회에서 예배를 진행하고 있다.

이날 라인마인 한인교회당에서 진행된 행사에는 독일 교민들과 교회 관계자 등이 참석해 두 번째 소녀상의 건립을 축하했다. 위안부 피해자 길원옥 할머니(92)가 참석할 예정이었지만 신종 코로나바이러스 감염증(코로나19) 확산 우려로 직접 방문하진 못한 것으로 알려졌다. 대신 길 할머니는 영상을 통해 감사 메시지를 전했다. 이번 소녀상은 국내에 27개, 미국에 2개의 소녀상을 제작한 조각가 김운성 씨(56)와 김서경 씨(55) 부부가 제작했다.

출처 : 동아일보/일부인용

◎ 상식UP! Quiz

문제 위안부 문제로 인해 최초로 세워진 평화의 소녀상은 주한 일본 대사관 앞의 소녀상이다. ○ / ×

해설 평화의 소녀상은 2011년 12월 14일, 일본군 위안부 문제 해결을 요구하며 처음 설치되었다.

답 (○)

중국의 몰상식한 역사 편입

동북공정은 2002~2007년 진행된 중국의 역사연구 프로젝트로, 정식 명칭은 '동북변강역사여현상계열연구공정(東北邊疆歷史與現狀系列研究工程)'입니다. 중국은 국가 단결을 위해 중화민족론을 내세우며 자국 영토에 속하는 모든 민족이 중화민족이며, 현재 중국 영토에서 있었던 모든 과거 국가들의 역사가 중국의 역사라는 주장을 하고 있는데요. 동북 3성인 랴오닝성(遼寧省), 지린성(吉林省), 헤이룽장(黑龍江省)은 만주 일대에 있는 중국의 행정구역으로 현재는 조선족 중국 동포들이 많이 거주하고 있으며 과거에는 고구려와 발해의 영토였던 구역입니다. 중국은 만주의 역사만 왜곡하려는 것이 아닌 몽골, 위구르, 티베트, 운남 지역의 역사 또한 중국의 역사로 편입시키기 위한 노력을 계속하고 있습니다. 이것들은 지방의 방향에 따라 서북공정과 서남공정으로 불립니다.

이러한 역사 왜곡을 만들어내는 중국의 논리는 참 이중적입니다. 이들은 중국의 땅에서 일어난 모든 역사가 중국의 역사라고 말하는 '속지주의'의 논리를 내세우면서도 중국인을 한족이 아닌 중화민족이라고 설정하여 중국에 있는 모든 민족을 하나로 묶기 위해 모든 소수민족들이 고대에 이미 한족에게 지배되어 융화되어 왔다는 '속인주의'의 논리를 내세웁니다.

얼마 전에는 전 세계 국가별 왕조 시기의 영토 경계를 알려주는 영국의 온라인 역사교육 사이트 '타임맵'이 한국 고대사인 신라의 역사를 소개하는 지도에서 '발해'를 한국식 발음인 'Barhae'가 아니라 중국식인 '포하이(Pohai)'로 표기하는 것을 발견해 국내 역사 연구단체가 항의했다고 합니다. 신라에 대해서는 중국식 발음인 '신로(Sin-lo, Xinluo)'가 아닌 한국어 발음 그대로 'Silla'를 썼기에 발해에 대해서만 중국식으로 표기를 했다는 것은 발해가 중국의 역사라는 의미였죠.

한국 역사, 중국·일본보다 턱없이 적은 예산

한국과 중국, 일본 등 동북아 3국의 '역사전쟁'은 현재진행형이다. '일본군 위안부'와 '독도'에 대한 일본의 왜곡이 달라진 것이 없고, 중국은 '**동북공정**'을 통해 고조선과 고구려, 발해 등을 자국 역사로 편입하려는 야욕을 멈추지 않고 있다. '한반도의 평화'를 둘러싼 외교전쟁도 치열하게 전개되고 있다. 대한민국의 명운이 걸린 이 외교전에서 중국과 일본은 자국의 이익을 최우선시하기 마련이다. 이런 상황들은 국제무대에서 우리의 입장을 대변할 우군을 양성하는 것이 얼마나 중요한 일인지를 단적으로 보여준다.

그런 측면에서 해외 한국학의 현주소는 여러모로 아쉬움이 있다는 지적이 나온다. 해외에서 자국 학문 진흥을 위한 중심기관으로 한국은 한국국제교류재단(KF), 중국은 공자학원, 일본은 일본국제교류기금(JF)를 두고 있는데 예산과 인력, 사업 내용 등 모든 부문에서 한국이 중국·일본의 것에 크게 못 미치기 때문이다.

KF에 따르면 2018년 한국학 진흥 부문 예산이 119억원에 임직원은 83명이고 해외 사무소는 6개국에 7개소가 있다. 반면 해외 일본학에 지원하는 JF의 예산은 715억원에 달한다. 임직원은 223명으로 KF의 3배쯤 되며 23개국에 24개의 해외 사무소를 운영한다.

중국은 2004년 자국의 언어와 문화를 세계로 전파하려고 공자학원을 설립했다. 시작은 KF보다 12년가량 늦었지만 성장세는 놀라울 정도다. 현재 세계 135개국에서 1,500개 공자학원이 운영되고 있으며 예산이 연간 3,500억원 규모에 달한다. 공자학원은 현지 대학에 중국인 교수를 파견하고 중국어 교재를 제공해 중국어 보급을 늘리면서 중국 문화도 전파하고 있다.

출처 : 연합뉴스/일부인용

🔍 | **상식UP! Quiz**

문제 동북 3성에 해당하지 않는 중국의 행정구역은?

① 랴오닝성   ② 지린성   ③ 헤이룽장성   ④ 산둥성

해설 중국의 둥베이(동북)지방 3성은 랴오닝성(요녕성), 지린성(길림성), 헤이룽장성(흑룡강성)이며 산둥성은 중국 산둥반도에 위치한 행정구역이다.

답 ④

한국이 만든 역사 왜곡?

〈환단고기(桓檀古記)〉에 대해서 들어보신 적 있으신가요? 역사에 대해 조금 관심이 있는 사람이라면 누구나 한 번쯤 이름을 들어봤을 만한 책입니다. 1911년 평안북도 출신의 계연수가 〈삼성기(三聖紀)〉, 〈단군세기(檀君世紀)〉, 〈북부여기(北夫餘紀)〉, 〈태백일사(太白逸史)〉 등의 책을 한권으로 묶어 편찬했다고 알려졌으며 1979년 계연수의 제자 이유립이 이를 출간했다고 합니다.

〈환단고기〉는 한국 상고시대를 주 서술 대상으로 하고 있습니다. 우리 역사에서 첫 국가로 알려진 단군의 고조선 이전에 두 나라가 더 있었다고 하는데요. 고조선의 건국 이전 단군의 아버지로 알려진 환웅이 신시배달국이라는 나라를 세워 약 1,500년 동안 존재했으며, 이 신시배달국 이전에는 환웅의 아버지로 알려진 환인의 환국이라는 나라가 약 3,300년 동안 존재했었다는 것입니다. 〈환단고기〉는 주류 학계에서는 유사 역사서로 분류됩니다. 사학적 근거가 희박하며 과장이 심하고, 원본이 제시되지 않는 등 여러모로 위조된 학술서라는 의심을 없앨 만한 근거가 없기 때문이지요.

이 책에 대한 논란이 사회적으로 유명해지게 되었던 것은 2013년 당시 박근혜 대통령이 광복절에 〈환단고기〉의 내용을 인용한 연설문을 낭독하면서부터였습니다. 대통령이 주류 역사학계에서는 위서로 평가하는 책의 내용을 인용해 연설하는 것이 문제가 있다는 논란이 일었죠.

하지만 〈환단고기〉의 내용은 이미 우리 사이에 많이 퍼져 있기도 합니다. 바로 2002년 월드컵 때 온 국민을 하나로 만들어준 응원 서포터즈팀 붉은악마의 공식 포스터는 바로 〈환단고기〉에 등장하는 치우천황을 형상화한 그림이었으니 말입니다.

악의 상징이었던 '치우', 민족주의에 힘입어 환생하다

중국의 요순시대부터 주나라 시기까지 일어난 사건을 기록한 '상서(尙書)'의 일부인 주서(周書) 여형(呂刑) 편에는 치우(蚩尤)라는 인물이 처음으로 나타난다. 재앙을 뜻하는 '치(蚩)'와 욕심을 의미하는 '우(尤)'가 결합한 이름에서 알 수 있듯, 치우는 한족(漢族)에 대항한 악의 상징이었다.

수천년 전에 존재했다는 전설 속 인물인 치우가 현대에 갑작스럽게 환생했다. 중국에서는 1989년 발생한 톈안먼(天安門) 사태를 계기로 정부가 지향하는 민족주의의 형태가 바뀌었다. 1980년대까지는 민족의 해방이 목적이었다면, 1990년대 이후에는 중화주의에 치우쳐 '천하주의적 민족주의'를 표방했는데 이 과정에서 중국인들은 태곳적 전설의 제왕인 염제(炎帝)와 황제(黃帝)를 시조로 내세웠고, 소수민족인 먀오족이 치우를 선조로 주장하자 소수민족 통합 차원에서 중국 전체의 조상으로 승격시켰다.

중국이 아니라 이웃 나라인 한국에서도 치우가 민족의 조상이라는 주장이 제기됐다. 심지어 2002년 월드컵에서 한국 대표팀을 응원한 '붉은 악마'의 마스코트가 치우를 형상화해 만들어졌다는 말도 나왔다.

그렇다면 한민족과는 특별한 관계가 없는 치우가 어떻게 한국의 조상으로 등장했을까. 치우는 주류사학계에서 위서로 간주하는 〈환단고기〉에 치우천왕(蚩尤天王)이라는 명칭으로 나온다. 일부 재야 사학자들은 이 문헌과 귀면와(鬼面瓦)를 근거로 한국의 민족적 뿌리가 치우이고, 고대에 치우가 중국 중원에서 벌인 싸움은 한민족의 영토가 그만큼 넓었다는 사실을 말해주는 증거라고 주장했다. 치우는 케케묵은 신화 전설 속에 갇혀 있는 것이 아니라 21세기 역사전쟁의 한복판에 있다.

출처 : 연합뉴스/일부인용

🔍 | 상식UP! Quiz

문제   일제강점기 때 계연수가 편찬했으며 한국의 고대사에 대해서 다루고 있는, 유사역사 논란이 있는 역사서의 이름은 무엇인가?

해설   〈환단고기〉는 한반도의 상고시대인 환국과 배달국에 대한 내용을 담고 있는 역사서이다. 하지만 내용의 신빙성에 문제가 있어 유사역사 논란이 계속되고 있다.

📖 환단고기

DMZ 속 잊혀진 성

한반도 분단의 상징이자 전국토를 둘로 쪼개는 'DMZ', 비무장지대 안에는 어떤 것들이 있을까요? 6·25 전쟁 당시 희생된 수많은 장병들의 시신과 그때 묻힌 채 아직 제거되지 않은 지뢰들을 떠올릴 수 있습니다. 군사대치로 인해 개발이 제한되어 보존될 수 있었던 수많은 동식물과 자연환경도 떠올릴 수 있죠. 그럼 그밖에는 어떤 것이 있을까요? 역사적 테마와 관련지어 떠올릴 수 있는 것은 바로 '궁예도성'입니다.

궁예도성이란 왕건이 고려를 세우기 전까지 주군으로 모셨던 후삼국시대 속 인물, '궁예'가 세운 도성을 말합니다. 궁예는 신라시대의 승려로, 신라 말 혼란스러운 후삼국시대에 사병을 모으고 스스로 장군이 되어 나라를 건국한 인물이죠. 교과서에서 그가 세운 나라를 '태봉, 마진' 등으로 배운 기억이 있을 겁니다. 당시 그는 태봉국을 현재의 철원군 인근에 세웠는데, 그가 건립한 도성인 궁예도성은 현재 DMZ의 군사분계선 사이에 위치하여 오랫동안 발굴·조사를 할 수 없는 상태에 있었죠. 궁예도성은 외성 12.5km, 내성 7.7km, 면적 9,500만m²에 이르는 대규모 성터입니다. 서기 905년부터 918년까지 14년간 태봉국의 수도 역할을 했죠.

이러한 궁예도성은, 남북관계가 진척되면서 공동발굴 대상으로 논의되기 시작했습니다. 남북은 2018년 9·19 군사합의 당시 DMZ 내 역사유적에 대한 공동조사 및 발굴과 관련해 군사적 보장 대책을 계속 협의하기로 하면서, 우선조치로 궁예도성 발굴사업을 위한 지뢰 제거와 출입·안전보장 등을 협의하기로 했습니다. 이후 남북관계가 급격히 소강 국면을 맞으면서 사실상 논의가 중단되었지만, 궁예도성에 대한 조사 열기는 식지 않아 남측 지역만 우선 단독 발굴하는 방안이 거론되었습니다.

일반적으로는 궁예도성이라 불리지만 그 성읍을 부르는 명칭은 궁예도성 외에도 많습니다. 궁예왕궁, 궁왕도성, 태봉도성, 태봉국도성, 철원도성 등 다양하죠. 이는 학술적 한계로 인해 태봉과 마진에 대한 연구가 미진했던 탓이라 할 수 있습니다. 다만 2018년 국립문화재연구소는 궁예도성을 '태봉국 철원성'이라는 명칭으로 부르는 것이 어떠냐는 제안을 했습니다.

술술 읽힐걸? 신문GO!   News Paper

남북 군사지휘관, 철원 화살머리 고지서 악수

남북 군사당국이 비무장지대(DMZ) 공동 유해발굴 지역인 강원도 철원 화살머리 고지 일대에서 상호 조우했다. 남북은 화살머리 고지에 유해발굴 목적의 폭 12m 도로 개설을 완료한 것으로 알려졌다.

남북은 9·19 군사합의에 따라 철원 화살머리 고지에서 공동 유해발굴을 하기로 하고 지뢰 제거 및 인력과 장비 수송을 위한 도로 개설 작업을 해왔다. 우리 군은 GOP 철책으로부터 군사분계선(MDL)까지 1.7km에 걸쳐서 방탄굴착기 등을 동원해 길을 냈으며, 북한군도 북측 철책에서 MDL까지 도로를 조성했다고 한다.

도로는 공동 유해발굴 이후 궁예도성 유적 발굴, 생태공원 사업 등에 활용될 것으로 전망된다. 향후 서울과 북한 원산을 잇는 경원선의 일부가 될 것이란 관측도 나온다.

앞서 양측은 9·19 군사합의서에서 "도로 연결과 관련해 일방의 인원이나 차량이 군사분계선을 통과해야 할 경우에는 상대 측에 사전 통보한다"고 명시했다. 정부 관계자는 "서해선과 동해선에 이어 한반도의 정중앙에 남북 통로가 만들어졌다는 역사적 의미가 있다"고 했다. 남북은 공동 유해발굴이 끝난 뒤에도 해당 도로를 유지할 계획이다. 이 관계자는 "남북이 향후 역사 유적지 공동 발굴, 평화생태공원 조성 사업을 할 경우 이 도로를 사용할 가능성이 크다"고 했다.

출처 : 조선일보/일부인용

🔍 상식UP/ Quiz

문제 후삼국시대에 등장하여 '태봉, 마진' 등의 국가를 세운 이는 누구인가?

해설 궁예는 신라 말 혼란기에 자신을 '장군'이라 칭하여 사병을 모으고 국가를 세웠다. 하지만 자신을 미륵이라 하는 등 기행을 일삼아, 부하인 왕건 세력에게 축출되어 몰락한다.

📖 궁예

선사시대부터 고대까지

CHAPTER

1

농경의 시작 ; 생산 단계의 변혁

신석기시대부터 인류는 수렵과 채집하는 생활을 마감하고, 한 곳에 정착하여 농경 생활을 시작했습니다. 호주 출신의 고고학자인 고든 차일드는 자연 상태의 수렵, 채집 단계에서 식물 재배나 동물 사육을 통한 생산 단계로의 변혁을 '신석기 혁명'이라 표현하였고, 인류는 이 혁명을 통해 여러 가지 생활양식의 변화를 거쳐 사회 문화적인 발전을 하게 됩니다.

우리나라의 신석기시대는 기원전 8,000년경 시베리아에서 전래한 것으로 알려져 있습니다. 이때부터 사람들은 여러 가지 형태와 용도를 지닌 간석기를 만들어 사용하였고, 망가진 석기를 갈아서 고쳐 쓸 수 있게 되었습니다. 또 단단한 돌뿐만 아니라 무른 석질의 돌까지 가공하게 되었습니다.

학자들이 규정하는 신석기문화의 출발은 일반적으로 원시 농경의 시작과는 별개로 토기의 출현을 기점으로 설정하고 있습니다. 흙으로 그릇을 빚어 만든 토기를 사용하여 음식물을 조리하거나 저장할 수 있게 된 것은, 구석기시대에서 나타나지 않은 혁신적인 기술문화이자 생활상을 뚜렷하게 구별하는 기준이었습니다. 그래서 고든 차일드는 이 토기에 의해 나아진 생활이 농경에서 비롯되었다고 생각했고, 이런 이유로 농경의 시작을 '신석기 혁명'이라고 부르게 된 것입니다.

우리나라의 대표적인 신석기 유적지 중 황해도 봉산 지탑리와 평양의 남경 유적에서는 탄화된 좁쌀이 발견되어 신석기시대 잡곡류인 조·피·수수 등이 경작되었음을 알 수 있습니다. 당시 사용한 주요 농기구로는 돌괭이, 돌보습, 돌삽, 돌낫, 맷돌이 있으며, 조리기구로는 야생 열매나 곡물을 갈 때 사용한 갈돌과 갈판 등이 있습니다.

한반도 '신석기 혁명' 속으로 시간여행

최후의 빙하기가 절정을 이뤘던 1만 8,000년 전부터 지구의 기온은 점차 상승했다. 1만년 전쯤에는 매머드와 털코뿔소 등 거대한 동물이 사라지고, 곰과 사슴, 멧돼지 등이 등장했다. 한반도에 살던 고대인은 작고 빠른 사냥감을 잡기 위해 주무기를 창에서 화살로 바꿨다. 돌로 만든 화살촉은 뗀석기(돌을 깨서 만든 석기)에서 간석기(돌을 돌판에 갈아서 만든 석기)로 더욱 날카로워졌다. 기온이 상승하자 농경도 등장했다. 신석기인들은 주로 조와 기장을 재배했다. 곡물과 더불어 도토리·밤 등 온대성 활엽수에서 채집한 견과류를 큰 토기에 저장했다가 작은 토기로 조리해 먹었다.

해수면 상승으로 연안에 풍족한 어장이 형성되자 어업도 활발해졌다. 물고기를 잡을 작살과 그물, 강을 건널 수 있는 배가 등장했다.

수렵과 채집에서 농경과 어로로 인류 생존기술의 중심축이 이동한 이때가 바로 '신석기 혁명'의 시기다. 이 혁명의 시대를 국립중앙박물관에서 엿볼 수 있다. '선사·고대관–신석기실'에는 한반도의 주요 신석기 유적인 제주 고산리·부산 동삼동·창녕 비봉리·서울 암사동과 국내 최대 규모의 신석기 시대 묘역인 부산 가덕도 장항 유적에서 나온 유물들을 전시한다.

출처 : 한국일보/일부인용

🔍 상식UP! Quiz

문제 다음 중 신석기시대의 대표적인 토기가 아닌 것을 고르면?

① 덧무늬토기   ② 빗살무늬토기
③ 눌러찍기무늬토기   ④ 덧띠새김무늬토기

해설 덧띠새김무늬토기는 청동기시대의 유물이다. 덧무늬토기는 '융기문토기(隆起文土器)', 빗살무늬토기는 '즐문토기(櫛文土器)', 그리고 눌러찍기무늬토기는 '압인문토기(押引文土器)'라고도 한다.

답 ④

"널리 인간을 이롭게 하라"

고조선의 건국과 관련하여 〈삼국유사〉에는 다음과 같은 기록이 있습니다.

"옛날 환인의 아들 환웅이 인간 세상을 탐내므로, 아버지가 아들의 뜻을 알고 내려다보니 널리 인간을 이롭게 할만 했다(홍익인간, 弘益人間). 이에 천부인 3개를 주고 가서 다스리게 하였고, 환웅은 무리 3,000명과 풍백·우사·운사를 거느리고 태백산 신단수 아래로 내려와 세상을 다스리고 교화하였다(재세이화, 在世理化). (중략) 곰이 변한 웅녀는 신단수 아래에서 아이를 잉태해 달라고 기원하였고 환웅이 잠깐 변해 결혼하여 아이를 낳으니, 이름을 단군왕검이라 하였다"

고조선은 기원전 2333년부터 기원전 108년까지 요동과 한반도 북부에 존재한 우리나라 최초의 국가입니다. 〈삼국유사〉를 쓴 일연이 '위만조선'과 구별하기 위해 '고조선'이란 명칭을 처음 사용하였고, 이후에는 이성계가 세운 조선과 구별하기 위해 이 용어가 쓰였습니다. 지금은 단군이 건국한 조선과 위만조선을 포괄하여 '고조선'이라고 합니다.

고조선은 기원전 4세기 무렵 강력한 국가체제를 갖추었고, 기원전 194년에는 위만이 준왕을 몰아내고 왕이 되었으며 이때부터 위만조선이라고 부릅니다. 고조선 후기에는 철기가 보급되고 농업과 수공업이 발전하였으며, 대외교역도 확대되었으나 지배층의 분열로 결국에는 멸망하였습니다. 전해지는 8조법을 통해 사유재산제와 신분제가 존재한 사회였음을 알 수 있습니다.

'널리 인간을 이롭게 한다'는 '홍익인간'과 '세상에 있으면서 도리로 교화한다'는 '재세이화(在世理化)'는 인본주의적이고 현세주의적인 우리 조상의 철학사상을 잘 나타내고 있으며, 조화와 평화를 중시하는 세계관이 담겨 있는 우리나라 전통사상의 중요한 토대가 되었습니다.

되새겨 보는 홍익인간

개천절은 5대 국경일 중 하나다. 제헌국회는 삼일절, 제헌절, 광복절, 개천절을 4대 국경일로 지정했다. 이후 2006년 한글날이 국경일에 추가돼 우리나라 국경일은 모두 5개로 늘어났다.

단군왕검이 고조선을 세운 것을 기념하는 날이 개천절이라는 것은 누구나 다 아는 얘기다. 이는 삼국유사(1281년)에 '2000년 전 환웅이 웅녀와 결혼해 낳은 단군왕검이 중국 요임금과 같은 시기에 평양에 도읍을 정하고 조선을 세웠다'라는 이야기로 전해지고 있다.

단군의 통치 이념은 **홍익인간**이다. 널리 인간을 이롭게 한다는 뜻이다. 단군과 개천절은 민족의 단결과 공동체의 일체감을 추구한다. 그러나 그 이념인 홍익인간의 가치관은 보편적인 세계관에 뿌리를 두고 있다.

홍익인간은 민족주의의 편협함에서 벗어나 인권과 복지, 평화와 사랑 등 보편적 가치를 추구한다. 그러나 우리는 개천절과 홍익인간에게서 점점 멀어지고 있다. 최근 한국갤럽 설문조사에 따르면 단군이 실존 인물인지 아닌지를 묻는 질문에 응답자의 37%만이 '실존 인물'이라고 답했다고 한다. 47%는 '가상 인물', 16%는 의견을 유보했다고 한다. 20여 년 전인 1994년 조사의 '실존 인물' 49%, '가상 인물' 39%에 비해 많은 변화가 있음을 알 수 있다. 이는 가상이 현실이 되고, 현실이 가상이 되는 세상에서 관심으로부터 멀어지고 있다는 것을 의미한다. 그러나 홍익인간이라는 보편적 가치만은 놓치지 않았으면 한다.

출처 : 서울신문/일부인용

🔍 상식 UP! Quiz

문제 "교육은 '이것'의 이념 아래 모든 국민으로 하여금 인격을 도야하고 자주적 생활능력과 민주시민으로서 필요한 자질을 갖추게 함으로써…" 교육기본법 제2조의 내용 중 일부인데, '이것'은 어떠한 이념을 담고 있는가?

① 재세이화   ② 홍익인간   ③ 이도여치   ④ 광명이세

해설 ① 재세이화(在世理化) : 세상에 있으면서 다스려 교화시킨다.
③ 이도여치(以道與治) : 도로써 세상을 다스린다.
④ 광명이세(光明理世) : 밝은 빛으로 세상을 다스린다.

답 ②

계급 분화의 시작, 지배층의 등장

고인돌은 지상 또는 지하에 자연석을 이용하여 매장시설을 만들고 땅 위에 큰 돌로 윗돌을 놓아 덮개돌로 사용하는, 그리고 이것이 곧 유력자의 무덤임을 나타내는 한반도의 독특한 무덤 양식입니다. 한국의 고인돌은 안쪽에 무덤방이 있는 경우가 많아 지석묘(支石墓)라고도 하며 비파형 동검, 미송리식 토기와 함께 고조선의 영역을 가늠하는 기준으로 이용됩니다.

크게 나누면, 고인돌은 네 면을 지상에 판석으로 막아 묘실을 설치한 후 그 위에 윗돌을 올린 형식과, 지하에 만든 묘실 위에 돌을 괴고 상석을 놓는 형식으로 구분됩니다. 전자는 한반도 중부지방 이북에 대체로 집중되어 있고, 후자는 다수가 중부이남 지방에서 발견되기 때문에 이들을 각각 북방식 고인돌과 남방식 고인돌이라고도 합니다. 이외에도 묘실은 지하에 만들었으나 남방식 고인돌과는 다르게 돌을 괴지 않고 상석을 묘실 위에 바로 올린 것도 있는데, 이를 개석식 또는 변형 고인돌이라고 합니다.

고인돌은 제주도를 포함하여 전국에 분포하는데 그 중 황해도, 전라도에 가장 밀집되어 있습니다. 한 곳에 수백 기가 군(群)을 이룬 경우도 발견되는데, 이 현상은 당시의 씨족공동체(氏族共同體)와 깊은 관련이 있는 것으로 생각됩니다.

고인돌은 청동기시대에 성행하고 철기시대 초까지 이어진 거석문화(巨石文化)의 한 종류이며, 고대국가 생성 직전의 사회 모습을 보여주고 있습니다. 고인돌 축조의 필수 조건인 거대한 돌의 운반에 대규모의 인력이 필요했을 것이라는 가정에서, 이것이 족장(族長) 등 지배계급들의 묘라는 의견도 있습니다. 한편 이 시기 지배층의 일부는 청동기를 사용하였고, 신석기시대보다 발달된 반달돌칼 등의 농기구를 사용하였습니다.

세계 속의 '한반도 고인돌 문화' 기획 전시

세계 고인돌 연구 성과를 총망라한 전시가 열리고 있다.

국립광주박물관에서 열리는 '세계유산 고인돌, 큰 돌로 무덤을 만들다' 기획특별전이다. 한반도 청동기시대의 대표적인 무덤인 고인돌은 유럽과 인도, 중국 등에서도 발견되는데 우리나라에만 4만여 기가 분포해 있다. 고창과 화순, 강화의 고인돌 유적이 2000년 유네스코 세계문화유산에 지정되기도 했다.

이번 전시는 '프롤로그—세계 거석문화 속 고인돌'에서 세계의 다양한 거석문화에서 우리나라 고인돌 문화가 갖는 특징을 담았다.

이어 '1부—고인돌 알아보기'는 고인돌의 정의와 형태, 구조, 분포 양상 등을 일목요연하게 정리했다. 고인돌 축조 과정에서 적용된 과학적 원리와 당시의 공동체 의식도 조명했다.

'2부—고인돌에서 나온 유물들'에서는 비파형동검과 간돌검, 붉은간토기 등 고인돌에서 출토된 유물들을 전시한다. 암각화와 인골을 통해 고인돌에 담긴 장례의 의미를 알아본다.

'3부—옛사람들이 바라본 고인돌'은 청동기 이후 고인돌이 사람들에게 어떤 존재였는지를 다뤘다.

출처 : 동아일보/일부인용

상식UP! Quiz

문제 다음 중 북방식 고인돌이 발견된 최남단 지역은?

① 강화
② 고창
③ 화순
④ 안동

해설 북방식 고인돌은 한강 이남 지역에서는 거의 발견되지 않는데, 전라북도 고창에서 발견된 북방식 고인돌이 최남단의 것이다. 남방식 고인돌은 전라도 지방에 밀집 분포하며, 경상도와 충청도 등 한강 이남 지역에서도 많이 보인다. 한편, 개석식(蓋石式) 고인돌은 전국적으로 분포한다.

답 ②

하늘에서 내려온 알에서 수로가 깨어나다

〈삼국유사〉 2권 「기이」편 '가락국기' 중에는 다음과 같은 이야기가 적혀 있습니다.

「구지(龜旨)는 산봉우리의 이름인데 여러 마리 거북이 엎드린 모양과 같아 그렇게 불렀다. 이곳에서 수상한 소리로 부르는 기척이 있었다. 200~300명이 이곳에 모여 있었는데 사람 소리 같은 것이 있었다. 그 모습은 숨기고 소리만 내며 말하기를, "여기에 사람이 있느냐?"라고 묻자, 9간 등이 이르기를, "저희들이 있습니다"라고 하였다. (중략) 또 말하기를, "하늘이 우리에게 명하기를, '이곳에 가서 새로운 나라를 세우고 임금을 만들라'고 하였기 때문에 내려온 것이다. 너희들은 모름지기 산봉우리 꼭대기의 흙을 파면서, '거북아 거북아, 머리를 내밀어라. 만일 내밀지 않으면 구워먹으리'라고 노래를 부르면서 발을 구르고 춤추어라. 그러면 대왕을 맞이하게 되어 기뻐서 춤추게 될 것이다"라고 하였다」

금관가야의 시조인 수로왕 신화는 김해지역에 하나의 통합된 정치집단이 형성되는 과정을 전하는 자료입니다.

가야국이 건국하기 이전에는 아도간(我刀干) 등 9명의 간(干)이 백성을 통솔했다고 하는데, 이들은 김해 지역의 토착 지배 세력이라 할 수 있습니다. 반면 수로(首露) 등 황금알 6개로 상징되는 세력은 하늘에서 내려왔기 때문에 9간과는 계통을 달리하는 유이민 세력으로 해석됩니다. 그런데 하늘에서 내려온 알에서 깨어난 수로가 토착 세력인 9간의 추대에 힘입어 왕위에 올랐다는 점이 주목됩니다. 이는 곧 수로로 대표되는 유이민 세력이 토착 세력을 누르고 지배권을 차지하였음을 의미하기 때문입니다.

수로 등이 물리력을 동원해 9간으로 대표되는 토착 세력을 제압한 것도 아닌데 어뗳게 유이민 세력이 토착 세력을 지배할 수 있었을까요? 수로가 추대되었다는 점에서 수로 등의 유이민 세력은 토착 세력이 지니고 있던 문화를 압도할 만한 경제·문화적 선진성을 가지고 있었음을 알 수 있습니다. 이러한 이유로 수로왕은 큰 충돌 없이 토착 세력의 추대로 왕위에 올라 지배의 정당성을 인정받을 수 있었던 것입니다.

'국제결혼 1호' 김수로왕−허왕후, 역사일까 신화일까

금관가야 시조인 김수로왕과 허왕후의 결혼 이야기는 가야사 최대 미스터리로 꼽힌다. 삼국유사 가락국기가 전하는 김수로왕 건국신화 내용은 이렇다. 인도의 고대국가였던 아유타국 공주인 허황옥이 16세에 바다를 건너와 가야국의 시조 수로왕의 왕비가 됐다. 첫 항해에서 풍랑을 만나 바다를 건너는 데 실패한 그는 파사석탑을 싣고 재도전해 김해에 닿았다. 이른바 '한반도 1호 국제결혼 커플'이자 '다문화가족의 시조'인 셈이다.

반론도 있다. 이광수 부산외국어대 교수는 지난달 펴낸 〈인도에서 온 허왕후, 그 만들어진 신화〉라는 책에서 "허왕후가 인도에서 왔다는 사실은 만들어진 역사에 불과하다"며 "1076년 가락국기가 처음 쓰인 뒤 1000년 동안 변형되고 살이 붙어 오늘날의 신화가 완성됐다"고 주장했다. 특히 그 과정은 이해관계가 있는 종친, 지역 불교계, 관청, 일부 학자들에 의해 재구성됐다며 허왕후 신화의 역사화 과정을 정면으로 비판했다.

김해시는 이 교수의 반론에 개의치 않는 분위기다. 조강숙 김해시 관광과장은 "이 교수의 주장도 상당 부분 개인적인 추정에 기인하고 있고 삼국유사에 담긴 내용을 뒷받침하는 역사학자와 언어학자의 주장도 많다"며 "진위 여부를 떠나 이 이야기는 김해의 관광 콘텐츠로 손색이 없다"고 말했다.

출처 : 한국경제/일부인용

🔍 | **상식UP! Quiz**

문제 **금관가야의 시조는 이진아시왕이다.**   o / ×

해설 금관가야의 시조는 수로왕이다. 이진아시왕은 대가야의 시조이다.

답 (×)

백성들이 배고프지 않도록 하라

고구려가 나라의 기반을 다져가던 중 고국천왕 때 왕후의 친척들이 권력을 남용하며 옳지 못한 일을 많이 했고, 그 죄로 처형될 위기에 처하자 반란을 일으켰습니다. 임금이 이를 진압하고 국정을 맡길 현명한 사람을 구하였는데요. 이때 초야에 묻혀 있던 을파소가 천거되었습니다. 제시된 관직이 자신의 뜻을 펼치기에는 부족하다며 사양하자 바로 국상으로 등용되어 국정을 이끌게 되었습니다.

을파소의 정책 중 대표적인 것이 진대법입니다. 진대법은 봄에 곡식을 빌려 주고, 가을에 추수 후 돌려받는 것을 말합니다. 이런 정책이 없을 경우 귀족이나 부자들이 당장의 생계가 어려운 사람들을 손쉽게 좌우할 수 있어 여러 부정부패를 부르고 국가의 백성 지배력을 약화시킬 수 있기에 곡식을 지원해 주거나 빌려주는 형식의 빈민 구제책을 시행하게 된 것입니다.

훗날 고려 태조는 흑창을 설치하여 곡식을 저장하였다가 빌려주었으며, 성종 때 저장하는 곡식을 늘려 의창으로 이름을 바꾸게 됩니다. 무신정권기와 몽골의 영향을 받던 시기에는 제대로 운영되지 못하다가 고려 말에 다시 모습을 갖추어 나갔습니다. 시행하는 과정에서 빌려준 곡식을 갚지 못하는 사람도 많이 있어 보유한 곡식이 점차 줄어드는 등의 문제가 생겨 이자를 받는다든지 사창을 설치한다든지 하는 변화를 주기도 하였으나, 그것에 따른 문제점이 다시 나타나면서 또 다른 변화를 가져왔습니다.

우리 민족 공공부조의 시작, 고구려의 진대법

서기 194년 고국천왕이 사냥을 나갔다 길에서 슬피 우는 사람과 마주하게 되었다. 왕이 그 사람에게 우는 연유를 묻자 답하기를, "가난하여 품을 팔며 어머니를 간신히 모시며 살아왔습니다. 헌데 올해는 흉년이 너무 극심해 품을 팔 곳도 찾을 수 없고 곡식을 구하기도 어려워 어찌 어머니를 봉양할까 걱정이 되어 울고 있습니다"라고 하였다. 왕은 이 자를 불쌍히 여겨 옷과 먹을 것을 주어 위로하였다. 그리고 거기서 그치지 않고 당시 국상의 자리에 올라 있던 을파소(乙巴素)를 불러 대책을 강구하도록 지시하였다. 이렇게 해서 탄생한 것이 우리 민족 최초의 사회보장제도라 할 수 있는 진대법(賑貸法)이다. 즉, 정부가 보유하고 있는 곡식을 흉년이나 춘궁기(春窮期)에 가난하고 처지가 어려운 백성들에게 나누어주고 이를 가을 수확기에 갚도록 한 빈민구제의 구휼제도를 말한다. 진대법의 실시로 당시 농민이 대부분이었던 백성들은 끼니 걱정을 조금이나마 덜 수 있었다고 한다. 가난한 백성들에게 당시로서는 최소한이라 할 수 있는 먹을 곡식을 빌려주어 기초생활을 보장하고, 이는 농민들이 경제활동에 종사할 수 있도록 하여 결과적으로 국가 재정의 확보에도 기여한 것이다.

물론 후대에 이르러 본래의 취지를 벗어나 악용되기도 했지만, 이후 고려와 조선의 의창과 상평창, 사창과 환곡제도의 모태가 되었고, 당시 백성들의 고달픈 삶을 어루만지는 복지제도로서 자리매김했다.

출처 : 한국경제/일부인용

상식UP! Quiz

문제 고려 성종이 의창과 함께 설치한 것으로 풍년에는 곡식을 비싸게 사고, 흉년에는 싸게 팔아 물가를 조절하였던 기관은?

① 사창　　② 상평창　　③ 진휼청　　④ 제위보

해설 ① 사창 : 조선시대 각 지방의 사에 두었던 곡물 대여기관
③ 진휼청 : 조선시대 굶주린 백성들을 구제했던 기관
④ 제위보 : 고려의 빈민의 구호 및 질병 치료를 맡은 기관

정답 ②

국악의 혼을 심은 '악지성인(樂之聖人)'

삼국시대의 대표적인 음악가로는 고구려의 왕산악과 신라의 우륵이 있습니다. 이들은 조선의 박연과 더불어 우리나라 '삼대악성(三大樂聖)'이라 불립니다. 악성은 악지성인의 준말인데, 왕산악과 우륵은 음악의 성인에 이를 만큼 뛰어난 음악가로서 고대의 국악 발전에 지대한 영향을 미쳤습니다.

삼국사기(三國史記)에는 고구려의 제이상(第二相) 벼슬에 있던 왕산악이 중국 진(晉)나라에서 보낸 칠현금을 개량하여 거문고를 만들었다는 기록이 있습니다. 또 100여 곡을 지어 연주하였더니 검은 학이 날아와서 춤을 추었다 하여 처음에는 거문고를 현학금(玄鶴琴)이라고 하였으며, 뒤에 현금이라 불렀다고 합니다. 하지만 이 기록에서 왕산악이 활동한 시기가 정확히 언제인지는 알 수 없습니다.

다만, 357년에 축조된 안악(安岳) 제3호분 벽화의 거문고 연주 모습이나, 무용총(舞踊塚) 벽화의 거문고 연주 모습 등의 고고학적 자료를 근거로, 왕산악이 거문고를 만든 시기는 4세기 무렵일 것으로 추정하고 있습니다. 그래서 고구려에 칠현금을 보낸 나라는 '서진(西晉, 265~316)'이 아니라, '동진(東晉, 316~419)'일 가능성이 높은 것으로 봅니다.

우륵은 가야 말기 가실왕의 명을 받고 중국 악기 쟁(箏)을 토대로 12현의 가야금을 만들었으며, 가야금 연주곡인 '가야 12곡'을 지었습니다. 이 가야 12곡은 음악으로 가야 12개 지역의 정치적인 통합을 이루고자 한 노력의 산물이었습니다. 그러나 가실왕의 사망 이후 친신라계의 몰락으로 우륵은 친백제계의 탄압을 피해 신라로 망명하였습니다.

우륵은 신라에서 552년부터 약 10년간 진흥왕의 명에 따라 충주의 '탄금대(彈琴臺)'에서 계고, 법주, 만덕 등 신라인에게 자신의 음악을 전수하였습니다. 이로써 신라는 가야에서 온 가야금과 우륵을 통해, 일상을 노래하던 기존의 토속적인 신라 음악에서 정치적 통합을 노래하는 유교적 선진 음악으로 발전시킬 수 있었습니다.

술술 읽힐걸? 신문GO!

News Paper

'우륵 출신지=의령 부림면' 학계 정설로 자리 잡아

가야사를 포함한 삼국시대 기록은 고려 시대에 김부식에 의해 편찬된 삼국사기에서 처음으로 나타난다. 삼국사기는 통일전쟁에서 승리한 신라 중심의 기록으로 통일전쟁에서 밀려난 고구려나 백제는 신라에 비해 기록의 대상이나 내용이 매우 제한적이다. 특히 삼국에 밀려 있던 가야의 경우는 더 말할 나위 없다.

이 때문에 우륵의 출신지를 둘러싼 모호함도 이러한 시대적 상황과 무관치 않다는 게 의령박물관의 설명이다. 우륵은 6세기 중엽께 신라로 건너가 가야금과 우륵 12곡을 전한 것으로 전해져 온다. 12곡의 제작과 신라로 망명한 시기, 동기에 대해서는 학자들 사이에서 논쟁거리다.

출생지에 대해서는 국내외 학계에서 의령 부림설(說)이 가장 많은 지지를 얻고 있으며, 학계의 정설로서 자리를 잡아가고 있다. 충북 제천 청풍 지역이라는 일부 학설이 존재하지만 제천 지역은 가야 영역 내에 포함된 적이 없어 설득력을 크게 얻지 못하고 있다.

출처 : 시사저널/일부인용

🔍 상식UP! Quiz

문제 신라 경덕왕(742~765) 때 6두품 출신으로, 지리산 운상원(雲上院)에 들어가 30곡의 거문고 곡조를 만들어 신라 땅에 거문고의 전통을 뿌리내리는 데 공헌한 사람은?

① 박문량　　　② 옥보고　　　③ 김충의　　　④ 김생

해설 옥보고에 대한 설명이다. 박문량은 세칭 '백결선생'으로 알려져 있다. 고대 악기 중 하나인 금(琴)의 대가로, 떡방아 소리를 흉내 낸 방아타령을 지었다. 김충의는 원성왕 때 당에서 불화(佛畵)로 이름을 날렸다. 김생은 왕희지체로 유명한 통일신라의 대표 문필가이다.

답 ②

한강 유역은 최대 요충지

삼국시대의 한강은 각국의 성패에 직접적인 영향을 미치는 지리적 요충지였습니다. 한강은 삼국시대 초기까지 '대수(帶水)'라 불렸고, 광개토대왕릉비에는 '아리수(阿利水)'로 기록되어 있으며, 백제에서는 '욱리하(郁利河)'라 불렀습니다.

가장 먼저 한강을 차지한 나라는 백제였으며, 고구려는 미천왕 때부터 남하정책을 추진하여 광개토대왕 때인 396년에 한강 이북 58개 성을 함락하고 백제왕의 항복을 받았습니다. 백제는 기회를 엿보다가 신라와 동맹(나제동맹)을 맺고 551년 고구려로부터 한강 유역을 되찾았으나 신라 진흥왕은 동맹을 깨고 한강 유역을 완전히 장악하였습니다.

진흥왕은 정복한 영토에 순수비를 세웠는데 지금까지 발견된 것은 창녕비(국보 제33호), 북한산비(국보 제3호), 황초령비(북한 국보 제110호), 마운령비(북한 국보 제111호) 등 모두 4개입니다. 이 중 북한산비는 단양적성비(국보 제198호)와 함께 신라가 한강 유역을 차지했다는 결정적인 증거물입니다.

북한산진흥왕순수비는 숭례문(국보 제1호), 원각사지십층석탑(국보 제2호)에 이어 우리나라 국보 제3호로 지정되어 있습니다. 건립연대는 확실치 않으나, 진흥왕 16년(555)에서 진흥왕 30년(569) 사이로 추정됩니다. 1816년에 추사 김정희가 판독하여 세상에 알려진 것인데, 원래 북한산 비봉에 자리하고 있었으나 비(碑)의 보존을 위해 경복궁으로 옮겼다가 현재는 국립중앙박물관에 보관되어 있습니다.

현재 남아 있는 부분의 크기는 높이 1.54m, 너비 0.69m이고, 문자는 모두 12행으로 행마다 32자가 해서체로 새겨져 있습니다. 비문에는 왕이 지방을 방문한 목적과 비를 세우게 된 이유 등이 기록되어 있습니다.

1972년 8월 16일 진흥왕순수비 옮겨

주지하다시피 북한산진흥왕순수비는 한강 유역을 빼앗은 신라 진흥왕(재위 540~576)이 영토개척을 기념하고 고구려와의 국경을 표시하기 위해 세운 비석이다.

1816년 7월, 금석학자인 완당 김정희가 동네 친구 김경연과 함께 승가사에 놀러 왔다가 문제의 비석을 발견한다. 김정희는 "이것은 신라 진흥대왕순수비다. 병자년 7월 김정희 · 김경연 와서 읽다(此新羅眞興王巡狩之碑 丙子七月金正喜金敬淵來讀)"라고 비석 측면에 새겨놓았다. 1200년 동안이나 '요승'(무학대사를 낮춰 부름)의 비석으로 잘못 알려졌음을 만천하에 알리려 했다는 것이다. 그는 이듬해인 1817년 6월 8일, 조인영과 함께 다시 북한산에 올라 마모된 글자 68자를 읽어냈다. 김정희는 "이것으로 무학비라는 황당무계한 설이 변파됐다"면서 "금석학이 얼마나 세상에 도움이 되는지 알 수 있다"고 기뻐했다.

출처 : 경향신문/일부인용

🔍 **상식UP! Quiz**

문제 임금이 살피며 다닌 곳을 기념하기 위해 세운 비석을 '순수비'라고 한다. 다음 중 진흥왕순수비에 해당하지 않는 것은?

① 창녕비
② 북한산비
③ 황초령비
④ 단양적성비

해설 지금까지 발견된 진흥왕순수비는 창녕비, 북한산비, 황초령비, 마운령비 등 모두 4개이다. 단양적성비는 진흥왕 때 세워졌으나 왕의 순수비에는 해당하지 않는다.

정답 ④

백제의 발전, 고대 한·일 교류사 수수께끼

칠지도(七支刀)는 가지 모양의 철제 칼로 일본 덴리(天理)시 이소노카미 신궁(石上神宮)에 전해져 내려오는데, 1953년에 일본 국보로 지정되었습니다. 단철(鍛鐵)로 된 양날의 칼로 전체 길이는 74.9cm, 칼날의 길이는 65cm이며, 칼의 양날 부분에 굴곡진 가지가 각각 3개씩 간격이 일정하게 마치 나뭇가지나 소뿔처럼 뻗어 나와 있습니다. 칼의 양쪽 표면에는 60여 자로 된 명문(銘文)이 금상감(金象嵌) 기법으로 새겨져 있으며, 실용적인 무기로 사용하기보다는 상징적인 용도로 제의(祭儀) 등에서 쓰였을 것으로 추정됩니다.

광개토대왕비와 함께 칠지도는 한반도와 고대 일본의 관계를 알려 주는 가장 오랜 사료이지만 그 표면이 부식되어 글자의 일부는 판독이 어려운 이유로 명문 해석과 제작 연대에 관해 한국과 일본의 역사학자들 사이에 다양한 의견이 있습니다. 칠지도를 만들어 왜왕에게 준 백제의 왕이 근초고왕(近肖古王, 346~375 재위)일 것으로 대다수의 연구자는 믿고 있으나, 그 제작 연도를 간지(干支)가 딱 맞아 떨어지는 전지왕 4년(408) 또는 동성왕 2년(480)으로 추정하는 연구 결과도 있습니다.

명문에 나오는 '공후왕(供侯王)'을 풀이하면 후왕에게 제공(提供)·공급(供給)되었다는 뜻이므로 당시 일본의 상황을 감안하면 뛰어난 문화수준을 갖추고 있던 백제가 제작하여 제후왕(諸侯王)인 왜왕에게 하사한 것이라고 한국 학자들은 해석합니다. 이에 반해 일본 학자들은 백제가 왜왕에게 진상한 것이라고 하며 백제 지배설을 주장하고 있습니다.

한편, 1935년 백제의 마지막 수도였던 충남 부여 군수리의 절터에서 조선총독부 발굴단이 칠지도와 유사한 형태의 유물을 발견했다고 전해지지만, 현재까지 이것의 구체적 형태나 그 행방에 대해서 자세한 정보가 전혀 알려지지 않았습니다.

백제가 왜(倭)에 준 칠지도, '하사'일까 '헌상'일까

동아시아비교문화연구회와 한성백제박물관은 박물관 강당에서 '칠지도에 대한 새로운 이해'를 주제로 한·일 학자가 참가하는 국제학술대회를 열었다.

앞면에 새겨진 '태ㅇ사년 ㅇ월 십육일 병오'(泰ㅇ四年ㅇ月十六日丙午)라는 명문 중 연호로 추정되는 '태ㅇ'의 해석이 핵심 쟁점이다. 이를 일본 학계는 중국 동진(東晉)의 연호인 '태화(太和) 4년'과 같은 것으로 읽어 369년에 제작됐다고 주장해왔다.

기무라 마코토(木村誠) 일본 슈토(首都)대 명예교수도 "백제 왕세자 기(奇)에 의해 왜왕의 뜻에 따라 만들어진 것"이며, "왜와의 군사적 연계를 위해 칠지도를 만들었다"는 '헌상설'을 굽히지 않았다. 홍성화(역사학) 건국대 교수는 '泰ㅇ四 年'을 동진이 아닌 백제의 연호로 볼 수 있다고 했다. 연호를 쓰는 나라에서 '헌상'은 있을 수 없고 '하사'였다는 것이다.

조경철(한국고대사) 연세대 역사학과 강사는 칠지도의 모양은 고대 중국에서 달력을 상징하는 풀이라고 해서 역협(曆莢)이라고 불렸던 명협(蓂莢)과 비슷하다며 고대에 달력은 황제가 새해에 제후들에게 나누어 주었던 것으로 미뤄 "백제가 달력을 상징하는 명협을 본떠서 일본에 칼을 보냈다면 하사의 성격이 더더욱 명확해진다"고 주장했다.

'칠지도'를 놓고 처음 열리는 이번 국제학술회의에서는 그동안 일본 학계 주장의 문제점을 세밀하게 반박하고 국내 학계의 관심을 촉발한다는 데 의미가 있다.

출처 : 문화일보/일부인용

🔍 | 상식UP! Quiz

문제 다음 중 칠지도가 제작된 시기에 해당되는 중국의 왕조는?

① 후한   ② 위진남북조

③ 수   ④ 당

해설 3세기 중엽에서 6세기까지로 한정할 수 있다. 위진남북조(魏晉 南北朝) 시기는 후한(後漢) 멸망부터 수(隋) 건국까지 약 370년간(221~589)을 말한다.

답 ②

백제인, 일본 태자의 스승이 되어

4세기 이후 고대사에서 백제와 일본의 교류는 주로 백제에 의한 선진 문물 전수와 그에 대한 반대급부로 일본에서 군사력과 같은 인적 자원을 보내주는 것이 일반적인 방식이었습니다. 특히 백제에서는 박사, 장인 등 선진 기술을 전해 줄 수 있는 인적 자원을 왜(일본)에 많이 보내준 것으로 보이는데, 그 중 대표적인 인물이 바로 아직기와 왕인입니다.

아직기는 말 2필을 돌보는 자로 일본에 건너갔으며, 경전을 잘 읽었으므로 태자인 토도치랑자의 스승이 되었습니다. 왜왕이 아직기에게 "그대보다 훌륭한 박사가 또 있소?"라고 물으니, "왕인(王仁)이라는 분이 있는데 훌륭합니다"라고 대답하였다고 합니다. 이에 백제에 신하를 파견하여 왕인을 초빙했다고 전해집니다.

아직기와 왕인은 모두 유교에 능했던 것으로 보이며, 특히 왕인의 경우 〈논어〉와 〈천자문〉을 가져와 태자를 가르쳤다고 전하는 것으로 보아 백제는 이미 이 시기 이전에 유학이 전해졌으며 경전에 대한 이해가 상당히 밝았음을 알 수 있습니다.

이후에도 지속적으로 오경박사가 왜에 파견되어 활동한 것을 볼 때 백제의 선진적인 학술 문화가 일본에 영향을 미칠 정도로 뛰어난 수준이었음을 알 수 있습니다.

한국에서 일본으로 전파된 문화는 이미 삼국시기 이전부터 다양한데 신석기시대와 청동기시대의 문물을 비롯하여 삼국시대에는 고구려 · 백제 · 신라의 문화가 일본 각 지역에 넓게 퍼졌습니다. 이에 한성 도읍기 왕인 박사의 도일(渡日)은 충분히 가능하였던 것으로 생각됩니다. 다만, 아직기와 왕인의 고사가 〈삼국사기〉나 〈삼국유사〉 등 우리나라의 사서에서 기록이 남아있지 않고 〈일본서기〉 등 일본측에 기록에만 의지하고 있기 때문에 신빙성에 의문을 품는 주장도 존재합니다.

백제문화 일본 전수 … 아스카문화 융성 주역

백제문화의 우수성은 세계가 깜짝 놀랄 만큼 화려하면서도 깊이가 있다. 그 중심에는 **왕인** 박사가 있다. 영암 출신의 왕인 박사가 활동했던 근초고왕 때는 백제가 융성했던 시기로 문화도 대단히 발달했다.

당시는 일본과 백제의 문화교류가 왕성했다. 이때 **아직기**가 근초고왕의 지시로 말 두필을 끌고 일본에 건너가서 왕에게 바친 뒤 말 기르는 일을 맡아 봤는데, 말 지기 아직기가 경서에도 능통한 것을 안 일본 오진왕이 태자 토도치랑자의 스승으로 삼았다.

이후 아직기가 임기를 끝내고 고국에 돌아오게 되자 일본왕은 신하를 보내 학덕 높은 학자를 일본에 보내 달라고 간청했다. 이에 왕인 박사가 추천됐다.

왕인 박사의 탄생일은 정확하게 알려지지 않고 있다. 다만 백제 제13대 근초고왕(서기 346~375년) 때 영암군 군서면 동구림리 18번지에서 태어난 것으로 알려지고 있다.

그의 생가 앞으로는 맑은 성천(聖川)이 흐르고 그 건너편으로는 월출산의 지맥이 자리 잡고 있었다. 8세 때 월출산 주지봉 기슭에 있는 문산재에 입문했다. 그 당시 문산재는 예로부터 수많은 선비와 명유(名儒)를 배출한 학문의 전당이었다. 왕인은 그곳에서 유학과 경전을 수학했는데, 학문이 깊고 문장이 뛰어나 18세에 오경박사에 등용됐다.

왕인 박사는 논어 10권, 천자문 1권을 가지고 일본에 건너가 일본왕의 태자 토도치랑자의 스승이 됐다. 경서에 통달했던 왕인은 일본의 요청에 의해 군신들에게도 경서와 역사를 가르쳤다. 이후 그의 자손들은 대대로 일본 가와치에 살면서 기록을 맡은 역사가가 됐으며, 일본 조정에 봉사해 일본 고대문화 발전에 크게 기여했다.

출처 : 광주매일신문/일부인용

🔍 | **상식UP! Quiz**

문제   삼국 시대, 왕인과 아직기는 '이 나라'에서 일본으로 건너갔는데 '이 나라'는?

① 고구려   ② 백제   ③ 신라   ④ 가야

해설   왕인과 아직기는 백제 출신이다. 백제에서 일본으로 건너가 일본 태자의 스승이 되었고, 일본 고대문화의 발전에 크게 기여했다.

정답 ②

고구려가 세상의 중심

고국원왕의 전사 이후 소수림왕은 제도를 정비하고, 인재를 양성하는 등 내부 체제를 정비하는 데 힘썼습니다. 이후 광개토대왕은 살아서는 영락대왕이라 불렸는데, 영락은 광개토대왕의 연호이기도 합니다. 이는 우리나라에서 최초로 사용된 연호인데요. 이렇게 연호를 사용한다는 것은 자주성을 나타낸 것이라 볼 수 있습니다.

광개토대왕은 백제를 공격하여 여러 성을 차지하였습니다. 후연과의 전쟁에서도 여러 번 승리하였으며, 모용희가 죽은 후에는 고구려계인 모용운과 수교하였습니다. 또한 숙신을 정벌하고, 동부여의 남은 세력을 통합하여 요동 및 만주 대부분을 영토로 확보합니다.

이에 백제, 중국, 가야, 왜가 연합하게 되는데요. 이 연합에 힘입어 왜가 신라를 침입하자 내물왕은 광개토대왕에게 도움을 청하게 됩니다. 광개토대왕은 5만의 병력을 보내어 이를 물리치고 가야를 공격하여 연합의 힘을 약화시켰습니다. 그 결과 가야의 주도권은 금관가야에서 대가야로 넘어갔으며 가야 전체가 쇠퇴의 길을 걷게 됩니다. 신라도 실성왕자를 고구려에 인질로 보내는 등 고구려의 영향을 받게 되었습니다.

광개토대왕 사후 장수왕이 건립한 거대한 광개토대왕릉비는 고구려의 자신감을 표현한 것이라 볼 수 있으며 현재 중요한 사료가 되고 있습니다. 이후에도 장수왕은 수도를 평양성으로 옮기고 백제의 도읍인 한성을 점령하는 등 최대 영토의 전성기를 누렸고, 백제와 신라는 동맹을 맺어 고구려의 세력에 대응하였습니다.

신라 고분 호우총 속 광개토대왕 기념 유물?

호우총은 경주의 155개 고분 중에서 140호 고분으로 이름을 올려두고 있다. 외모는 고분이라는 이름이 부끄러울 정도로 왜소하지만 발굴된 유물의 가치로 치면 어느 고분에 뒤지지 않는다. 또 순수하게 우리나라 학자들의 손으로 발굴된 첫 번째 고분이라는 것에도 의의가 깊다.

호우총에서 발굴된 청동제 그릇 바닥 뒷면에 '을묘년국강상광개토지호태왕호우십(乙卯年國岡上廣開土地好太王壺十)'라는 16글자가 새겨져 있다. 이 유물의 제작 연대로 표기된 乙卯年(을묘년)은 415년에 해당돼 **광개토대왕**이 죽은 2년 후 장수왕 3년으로 광개토대왕 업적 기념물로 추정된다.

국강상(國岡上)은 만주 광개토대왕의 무덤이 있는 곳의 지명이다. 광개토지호태왕(廣開土地好太王)은 국토를 널리 확장한 훌륭한 왕이라고 해석된다. 호우는 기념하는 항아리로 풀이된다. 마지막의 십(十)자는 의미 없이 글자 수를 맞추기 위한 것이라는 설과 열 번째 제작한 기념 항아리라는 뜻이라고도 해석되고 있다.

이 글자체는 고구려 영토 전역에 남아있는 광개토대왕비석의 글자체와 일치하고 있어 고구려에서 제작됐다는 해석을 하게 한다. 이러한 고구려왕의 업적을 기념하는 그릇이 왜 신라의 고분에 묻혀 있는지는 아직도 밝혀지지 않고 있다.

출처 : 대구일보/일부인용

◌ | 상식UP! Quiz

문제 신라 실성왕은 자신을 고구려에 볼모로 보낸 내물왕의 두 아들을 고구려와 일본에 볼모로 보냈다. 후에 이들을 구해서 귀국시키기 위해 '이 사람'을 보냈으나, 본인은 일본에서 죽고 그의 아내는 망부석이 되었다고 하는 전설이 내려온다. '이 사람'은 누구인가?

① 이사부   ② 거칠부   ③ 박제상   ④ 이차돈

해설 ③ 박제상 : '삼국유사'에는 김제상으로 등장
① 이사부 : 우산국 병합
② 거칠부 : 〈국사〉 편찬
④ 이차돈 : 순교하여 불교가 공인됨

답 ③

삼국시대의 군사 동맹, 결과는 '기-승-전-신라'

삼국이 성립한 후 고구려의 멸망(668년)까지 7백여 년의 시기를 삼국시대라고 합니다. 이 긴 시간 동안 고구려, 백제, 신라는 팽팽하게 힘의 균형을 유지하였고, 어느 특정 세력이 강해지면 다른 두 세력이 군사 동맹을 맺어 견제하기도 했습니다.

4세기 백제의 근초고왕(近肖古王) 시절 백제 전성기 때는 고구려와 신라의 군사 협력이 있었습니다. 5세기에는 만주와 요동을 차지하고 한강 이남까지 진출한 고구려에 대응하기 위해 백제와 신라가 연합하게 됩니다. 고구려의 장수왕(長壽王)은 427년에 평양으로 천도하고 남진정책을 추진하였습니다. 이에 위협을 느낀 백제와 신라는 433년에 '나제동맹(羅濟同盟)'을 맺었습니다. 동맹 초기에는 백제와 신라가 힘을 합쳐 고구려의 위협을 막아내는 정도였지만, 551년에는 양국 연합군이 고구려를 공격하여 한강 유역을 빼앗기도 했습니다.

그러나 553년 신라 진흥왕(眞興王)은 돌연 백제의 한강 하류 지역을 점령하고, 신주(新州)를 설치하였습니다. 신라의 배신으로 120년간의 동맹은 깨지고 양국은 적대적인 관계로 변하였습니다.

한편, 고구려는 죽령 이북의 영토를 회복하기 위해 신라를 공격하였고, 백제와 연합하여 당항성(黨項城)을 쳐서 신라의 대당(對唐) 교통로를 차단하려 하였습니다. 642년 백제 의자왕(義慈王)이 신라의 서쪽 40여 성과 서북부 요새인 대야성(大耶城)을 빼앗자, 신라는 당나라에 구원을 요청하였고 648년에 나당연합을 맺습니다.

신라 삼국통일 비결은 외교 …
위기마다 나제동맹 · 나당연합 이끌어

위두(衛頭)-눌지-소지왕-김춘추로 이어지는 신라 외교 진용은 삼국통일의 중요한 동력이었다. 신라의 통일 과정을 들여다보면 위기마다 적절한 '외교 묘수'로 난국을 타개해 나가는 것을 볼 수 있다.

신라는 내물왕 2년(382년)에 위두를 전진(前秦)에 보내 중국과 첫 교통을 시작한다. 신라의 첫 외교사절이었다. 이 사절단은 대륙에 신라라는 존재를 처음으로 알리는 계기가 됐다. 왜(倭)의 침입으로 위기에 처했을 땐 고구려와 형제, 군신(君臣) 관계를 맺어 군사적 도움을 받기도 했다. 392년 광개토대왕의 파병이 그것이다.

후에 고구려 장수왕이 남하(南下) 정책을 펴자 눌지왕은 재빨리 나제(羅濟)동맹을 맺어 고구려 연합전선을 폈다. 493년에 소지왕은 동성왕과 혼인동맹을 맺는다. 나제동맹은 더 진전되었다. 고구려의 지도층 분열과 내정 불안을 틈타 신라는 한강 상류를 점령해 버렸다. 6세기 이후 한강 상류까지 차지해버린 진흥왕은 백제를 견제하고 고구려의 남진을 막으며 야심을 키워간다.

신라 외교의 절정은 김춘추였다. 김춘추는 4개국을 넘나들며 화려한 외교를 펼치고 마침내 나당(羅唐) 연합을 이끌어 삼국통일의 초석을 다졌다.

출처 : 매일신문/일부인용

🔍 상식UP! Quiz

문제 다음 중 신라 고분인 호우총(壺杅塚)에서 발굴한 호우명(壺杅銘) 그릇을 통해 알 수 있는 사실로 옳은 것은?

① 가야가 신라에 의해 통합되었다.
② 고구려가 천리장성을 축조하였다.
③ 신라가 고구려의 정치적 영향을 받고 있었다.
④ 백제가 요서 지역에 진출하였다.

해설 호우명 그릇은 고구려 광개토대왕의 공적을 기리기 위해 만든 뚜껑이 달린 그릇이다. 신라는 400년경 광개토대왕의 군사적 지원을 받아 백제, 가야, 왜의 침입을 물리치고 낙동강 동쪽을 차지하였는데, 고구려는 신라 땅에 군대를 그대로 주둔시켜 정치적 영향력을 행사하였다. 이러한 양국의 군사적 지원 관계는 호우명 그릇과 광개토대왕비를 통해 알 수 있다.

답 ③

독도는 1500년 전부터 대한민국 영토였다

〈삼국사기〉에 의하면 이사부의 성은 김 씨이고, 내물왕의 4세손입니다. 독도와 관련해서 우리 역사상 처음으로 등장하는 인물로, 서기 512년(지증왕 13년)에 지금의 울릉도와 독도에 해당하는 우산국을 정복하여 신라 영토로 편입시켰습니다.

지증왕 6년 하슬라(何瑟羅)주(현재 강릉)의 군주로 임명된 이사부는 성질이 사납고 거칠었던 우산국 사람들을 굴복시키기 위해 나무로 만든 사자를 배에 싣고 우산국 해안까지 가서 '항복하지 않으면 사자를 풀어 모두 죽게 하겠다'고 속여 협박함으로써 순순히 항복을 받아내고 매년 신라에 조공을 바치기로 하는 약속까지 받아냈습니다.

이후 이사부는 2번째 관등인 이찬이 되었고, 545년에는 역사 편찬의 필요성을 왕에게 제안하여 거칠부로 하여금 〈국사(國史)〉(현재 전해지지 않음)를 편찬하게 하기도 하였습니다. 이외에도 이사부의 활약으로 550년 고구려의 도살성과 백제의 금현성을 함락시켰고, 562년 사다함 등과 함께 대가야를 공격하여 가야를 멸망시키기도 하였습니다.

한편 신라에 복속된 우산국은 이후 고려시대에도 정기적으로 관리가 파견되었으며, 조선시대의 〈세종실록지리지〉와 〈신증동국여지승람〉에도 울릉도와 우산도에 관한 기록이 남아 있는데요. 독도는 조선시대에 섬이 세 개로 보인다 하여 '삼봉도', 가지어(강치)가 많다고 하여 '가지도' 등으로 불렸으며, 1900년 대한제국 '칙령 41호'로 돌섬의 한자 표기인 '석도'로 불리다가, 1906년부터 '독도'라는 명칭으로 불리게 되었다고 합니다.

이사부 '독도 복속' 군사거점 · 출항지 찾았다

독도 영유권을 둘러싸고 한일 양국이 첨예한 대립을 하고 있는 가운데 우산국(于山國 ; 울릉도와 독도)을 복속한 신라 **이사부**(異斯夫) 장군 시대에 축성된 토성(土城)이 강원도 강릉 지역에서 발견돼 학계의 비상한 관심을 끌고 있다.

6세기 초 축성된 것으로 추정되는 이 토성은 지금까지 발견된 신라시대의 토성 가운데 최대급으로 둘레가 1,000m에 이르고 원형까지 그대로 살아 있는 형태여서 관련학계가 흥분하고 있다.

더욱이 토성이 축성된 이 시기는 512년 우산국을 정벌, 울릉도와 독도를 우리 땅으로 복속한 신라의 이사부 장군이 하슬라(옛 강릉) 군주로 있던 시기다.

이런 이유로 이곳이 우산국 정벌에 나섰던 이사부의 군사적 거점임을 입증하는 것은 물론 이사부 함대의 정박지와 출항지가 파도를 피할 수 있고 대관령 등 주변의 울창한 산림에서 목재를 구해 배를 만들고 나무 사자를 손쉽게 만들 수 있었던 경포호나 강문항임을 입증할 수 있는 귀중한 자료로 평가받고 있다.

출처 : 동아일보/일부인용

🔍 **상식UP! Quiz**

문제   다음 중 독도를 부르던 우리의 옛 명칭이 아닌 것은?

① 석도(石島)
② 죽도(竹島)
③ 삼봉도(三峰島)
④ 가지도(可支島)

해설   죽도(竹道, 다케시마)는 일본이 자국의 영토라고 주장하며 부르는 독도의 명칭이다.

정답 ②

웅장하거나 미려하거나, 고구려 · 백제의 왕릉

장군총(將軍塚)은 3세기 초에서 427년까지 고구려의 수도였던 중국 지린성(吉林省) 지안현(集安縣) 퉁거우(通溝)의 용산(龍山, 또는 土口子山)에 자리하고 있는 돌무지무덤입니다.

주로 압록강 중류의 퉁거우 지방과 환인(桓仁) 지방, 대동강 유역의 평양 지역에 고구려의 무덤이 밀집, 분포되어 있습니다. 장군총은 태왕릉, 천추총 다음으로 규모가 큰 최대형인데도 비교적 형체가 가장 잘 남아 있습니다. 많은 적석무덤 중에서도 잘 다듬은 화강석을 사용해 7층의 스텝 피라미드형으로 축조되었으며, 퉁거우 평야를 서남향으로 내려다 볼 수 있는 자리에 위치하고 있습니다. 무덤의 주인공으로는 광개토대왕과 장수왕의 것이라는 두 설이 있는데, 광개토대왕릉비는 압록강으로부터 약 1km 거리에 서 있습니다. 중국측에서는 광개토대왕릉을 태왕릉으로, 장수왕릉을 장군총으로 보고 있지만, 현재 유물이 모두 도굴당하였기 때문에 추측에 의존하고 있을 뿐입니다.

무령왕릉(武寧王陵)은 충청남도 공주시 금성동 송산리 고분군(사적 제13호) 내에 있는 백제의 제25대 왕과 왕비의 무덤으로, 중국 양(梁)나라 지배층의 무덤 형식을 그대로 모방하여 만든 벽돌무덤입니다. 무덤 안에서 2매의 묘지석(墓誌石)이 발견되면서 묘의 주인이 무령왕(재위 501~523)이라는 사실이 밝혀졌습니다. 그 중 왕비의 것 뒷면은 매지권으로, 즉 1만문(文)의 돈을 가지고 묘지를 지신(地神)으로부터 사들인 매매계약서인데, 이것은 삼국시대의 무덤에서 발견된 유일한 매지권이며 백제인들의 매장풍습을 알 수 있는 사료입니다.

무령왕릉은 피장자가 정확하게 밝혀진 몇 안 되는 고대의 무덤이고 그 주인이 백제사의 중요한 역할을 했던 훌륭한 왕이었다는 점에서 더욱 중요시되는데, 왕릉 안에서는 총 4,600여 점에 이르는 많은 유물이 발굴되었으며 석수(石獸) 등 12종 17건이 국보로 지정될 정도로 백제사는 물론 전체 한국 미술사 연구에 있어서도 귀중한 자료로 평가되고 있습니다. 중국 남조계통의 무덤 형식과 중국제 도자기, 일본산 금송(金松)을 사용한 관재 등을 통하여 당시 중국, 일본과 활발한 교류를 펼친 웅진시대 백제의 국제적 활약상을 엿볼 수 있습니다.

고구려가 당(唐)의 지방정권이었다고?

고구려를 중국 지방정권으로 편입시켜 버린 동북공정 작업으로 인해 집안시 풍경은 많이 바뀌었다. 광개토왕릉비는 강화유리로 사면이 봉쇄된 비각 속에 서 있다.

광개토왕릉에서 차량으로 10분 거리에 장수왕릉이 있다. 주인 없는 **장군총**(장군이 묻힌 큰 무덤)이라 불리던 이 큰 돌무덤을 중국은 장수왕릉으로 확정을 지어버렸다. "시대적으로 이 정도 대규모 무덤을 만들 사람은 장수왕뿐"이라는 주장이 주된 이유다.

당제국 시대 지방정권 군주의 왕릉. 조선 지식인들과 대한민국 지식인들이 무관심과 논쟁으로 일관하고 있을 때 벌어진 일이다.

나라가 힘들 때면 한국인은 고구려를 이야기한다. 만주를 이야기한다. 기상과 호연지기를 이야기한다. 다시 자문해본다. 아득한 옛날이 아니라 100년도 되지 않은 그때 그 만주에서 벌어진 일들, 그 역사에 대해 나는 얼마나 알고 있는지.

출처 : 조선일보/일부인용

🔍 | 상식UP! Quiz

문제 다음 중 충남 공주 소재 무령왕릉이 있는 고분군(古墳群)은?

① 송산리 고분군   ② 능산리 고분군
③ 금척리 고분군   ④ 신촌리 고분군

해설 ② 백제 유적(충남 부여 소재)
③ 신라 유적(경북 경주 소재)
④ 삼한 중 마한 유적(전남 나주 소재)

- -

답 ①

삼국의 문화 곳곳에 배인 불교

불교가 처음 수용된 것은 고구려 소수림왕 2년(372) 중국 전진에서 순도가 불상과 불경을 가지고 오면서입니다. 백제에는 침류왕 원년(384)에 동진으로부터 마라난 타가 불교를 전하였습니다. 고구려와 백제는 이렇듯 아무런 마찰 없이 각기 국가적 인 사절을 매개로 왕실에 의하여 불교를 받아들였습니다. 한편 신라는 눌지마립간 (417~457) 때 고구려를 거쳐 온 묵호자가 들여옴으로써 불교가 전파되었지요. 하지만 그것은 개인 전도였고 박해도 심하였습니다. 그 후 진나라의 사신인 원표에 의하여 비로소 신라 왕실에 불교가 알려졌는데, 왕실은 불교의 수용을 위하여 노력하였으나 귀족들의 반대로 실패하고 법흥왕 14년(527)에 이차돈의 순교를 계기로 불교가 공인되었습니다.

삼국에 있어서 불교를 받아들이는 데 선봉적인 역할을 한 것은 모두 왕실이었으며 신라의 경우는 그것이 더욱 뚜렷이 나타납니다. 이렇듯 왕실에 의하여 불교가 수용되고 발전하게 된 것은 그 교리가 전제화한 왕권 중심의 고대국가에 있어서 정신적인 지주로서 적합하였기 때문입니다. 부족적인 전통을 지닌 무속신앙 대신에 하나의 불법에 귀의하는 같은 신도라는 신념은 하나의 국왕을 받드는 같은 국민이라는 생각과 함께 국가의 통일에 큰 역할을 하였습니다. 그러므로 삼국시대의 불교는 무엇보다도 왕실불교요, 국가불교였습니다.

삼국시대의 불교는 때로는 개인의 구복신앙을 엿볼 수도 있었지만, 이보다는 국가의 발전을 비는 호국신앙이 더욱 강하게 나타납니다. 예컨대 황룡사의 9층목탑은 신라 사람들의 신념, 즉 주위 9개국을 정복하여 조공받을 것을 상징했다는 것입니다. 미륵불이 화랑이 되었다는 신념도 이러한 호국신앙의 표시이며, 나아가 호국과 호법을 위하여 전쟁에서 용감하기를 권하는 승려들의 설법은 국가를 위해 전쟁에 나가는 군사에게 용기를 북돋아 주었습니다.

너른 산하 아우르며 세상살이 공부하는 터 …
신라 불교 최초 도래지

불교가 한반도에 전래된 시기는 삼국시대이다. 가장 먼저 고구려 소수림왕 2년(372년), 중국 전진의 왕 부견이 사신과 함께 승려 순도를 고구려에 보내 불상과 경전을 전했다. 12년 후 백제 침류왕 1년(384) 인도의 승려 마라난타가 중국 동진을 거쳐 오늘의 영광 법성포로 들어왔다. 신라는 고구려, 백제에 불교가 전래된 지 150여 년 후에 이차돈이 순교하고 법흥왕이 불교 공인을 이뤘다.

정확히 삼국의 불교 전래는 국가에서 공인했던 때를 말한다. 실제로 불교는 이보다 먼저 민간에 전래됐다고 보는 것이 정설이다.

신라불교의 최초 사찰로 알려진 도리사(417년 창건)가 바로 그 현장이다. 요즈음 도리사가 자리한 태조산은 붉고 노란 가을 옷을 갈아입어 황홀하기 그지없다. 그렇지만 산을 오르는 내내 절 이름인 복숭아(桃)와 자두나무(李)는 보이지 않는다. 절에 가까워지면서 아름드리 노송이 즐비하다. 옛말에 '못생긴 나무가 선산을 지킨다'고 했다. 저 소나무들도 한때는 볼품없어 사람들의 눈길을 받지 못했을 것이다. 쓸만한 나무는 일찍 베여 여염집 기둥이 됐고, 쓸모없던 나무가 도리사를 외호하고 있다. 이제는 안락과 편안함을 주는 노송이 되어 사람들에게 무한한 사랑을 받고 있다.

출처 : 광주매일신문/일부인용

🔍 상식UP/ Quiz

문제 고구려, 백제, 신라 삼국 중 불교를 가장 먼저 수용한 나라는?

① 고구려   ② 백제   ③ 신라

해설 불교가 수용된 순서는 고구려(372년, 소수림왕) → 백제(384년, 침류왕) → 신라(5세기, 눌지왕) 순이다. 신라는 불교가 전래된 후에도 공인받지 못하다가 법흥왕 시기 이차돈의 순교로 공인되었다.

국가	전래국	전래 시기	전래자
고구려	전진	소수림왕(372년)	순도
백제	동진	침류왕(384년)	마라난타
신라	고구려	눌지왕(5세기)	묵호자

답 ①

신라, 드디어 한강 유역을 점령하다

고구려가 전성기를 지나 내부 권력 투쟁과 돌궐(突厥)의 침입으로 어려움을 겪는 동안 진흥왕(眞興王)은 성왕(聖王)과 힘을 합쳐 고구려를 공격하여 한강 유역을 점령하였습니다.

한강 하류는 백제, 상류는 신라가 차지하였으나, 2년 후 신라는 백제를 공격하여 한강 하류까지 차지하였습니다. 이에 백제는 태자 여창(餘昌)을 중심으로 신라와 한강 하류를 연결하는 요충지인 오늘날 충북 옥천의 '관산성(管山城)'을 공격하여 치열한 전투 끝에 함락시킵니다.

하지만 성왕은 소수의 친위군만 이끌고 관산성으로 가다 신라의 기습으로 전사하게 되고, 신라는 그 기세로 관산성을 다시 빼앗으며 3만에 가까운 백제군을 모두 죽였습니다. 한강 하류의 차지는 중국과 직접 교역할 수 있는 요충지를 확보한 것으로 매우 의미가 있는 것입니다.

또한 진흥왕은 북방으로 함경도까지 영토를 넓히고 대가야를 복속하는 등 한반도의 절반 이상을 차지하였는데요. 점령한 곳에는 '진흥왕순수비(眞興王巡狩碑)'를 세웠으며 '단양적성비(丹陽赤城碑)'도 세웠습니다. 현재까지 발견된 순수비는 마운령비(磨雲嶺碑), 황초령비(黃草嶺碑), 북한산비(北漢山碑), 창녕비(昌寧碑)가 있습니다.

한편 이사부(異斯夫)의 건의에 따라 거칠부(居柒夫)에게 국사를 편찬하도록 하였고, '화랑도(花郎徒)'를 조직해 화랑이 여러 낭도(郎徒)를 거느리도록 하여 귀족의 자질을 키우고 시험하여 삼국 통일의 기반을 닦았습니다.

"진흥왕 정말 '분칠'한 화랑이었을까" …
드라마 속 상상과 역사

신라의 전성기를 이끈 **진흥왕**. 왕이 되기 전 소년 삼맥종으로서 귀족 자제들과 함께 먹고자며 부대끼며 문무를 갈고 닦는다. 동료와는 검술뿐만 아니라 한 여인을 두고도 경쟁을 벌인다. 역사적으로 생각해보면 발칙한 상상이다.

화랑의 기원은 아름다운 여성들로 구성된 원화(源花)였다. 그러나 남모와 준정이라는 원화가 시기심으로 살인을 저지르면서 폐지됐고, 귀족 가문의 곱상하고 총명한 남자아이들로 구성된 화랑으로 부활했다고 전한다.

KBS 2 TV에서 방송된 〈화랑〉에선 남모와 준정의 이야기가 얼핏 언급됐다. 바로 지소태후가 여주인공 아로를 원화로 삼아 원화의 운명으로 살게 하겠다고 '협박'하는 대목이다.

이 부분에서 지소태후가 남모가 죽은 후 자신의 손으로 준정을 죽여버리는 회상 장면이 오버랩되며 '원화의 운명'이 곧 죽음을 의미한다는 것을 보여준다.

종영된 드라마 〈화랑〉에 대해 한 전문가는 "진흥왕 초기 지소태후가 섭정했기 때문에 태후가 원화제도를 사실상 만들었다고도 볼 수 있고, 그 원화를 태후가 지명했을 가능성은 충분히 있다. 그러나 그 외의 이야기는 사실인지 알 수 없다"고 말했다.

출처 : 연합뉴스/일부인용

🔍 | 상식UP! Quiz

문제 신라에는 화랑제도에 앞서 여성 청소년 조직이 있었다고 하는데, 이것은?

① 준정　　　　② 원화　　　　③ 미실　　　　④ 남모

해설 원화였던 준정과 남모는 서로 질투하여 준정이 남모를 죽이게 되자 원화는 폐지되었다고 전해진다. 미실은 〈화랑세기〉에서 등장하는데, 신라시대의 인물로서 왕실과 원화를 휘하에 두고 권력을 장악하였다고 묘사된다.

답 ②

신라의 청소년 교육 가치는 이러했다

신라의 '화랑도(花郎徒)'와 관련 있는 한 유물의 이야기로 시작합니다. 보물 제 1,411호인 '임신서기석(壬申誓記石)'은 비문의 첫머리에 임신(壬申)이라는 간지(干 支)가 새겨져 있고, 충성을 맹세한 내용이 자주 보여 붙여진 이름입니다.

비문에는 두 젊은 화랑의 맹세가 5줄 74글자로 새겨져 있습니다. "임신년 6월 16 일에 두 사람이 함께 맹세하여 기록한다. 하느님 앞에 맹세한다. 지금으로부터 3년 이후에 충도(忠道)를 지키고 허물이 없기를 맹세한다. (중략) 만일 나라가 편안하지 않고 세상이 크게 어지러우면 충도를 행할 것을 맹세한다. 또한 따로 앞서 신미년 7월 22일에 크게 맹세하였다. 곧 시경(詩經) · 상서(尙書) · 예기(禮記) · 춘추전(春 秋傳)을 차례로 3년 동안 습득하기로 맹세하였다"라는 내용입니다. 비문 내용 중에 화랑도의 근본정신인 충도를 실천할 것을 강조했는데, 이 점으로 보아 화랑도가 융 성했던 어느 임신년, 즉 진흥왕 13년(552년), 또는 진평왕 34년(612년) 중 어느 한 해에 제작한 것으로 보는 견해가 유력합니다.

화랑도가 정식으로 제정된 것은, 삼국 간의 영토 확장 경쟁이 치열해진 진흥왕 때 입니다. 신라 조정에서는 군대를 보충할 병력이 당장 필요했고, 또 장기적으로 이 를 통해 국가의 대들보가 될 인재를 양성하기 위하여 서둘러 화랑도를 제정한 것입 니다. 실제로 화랑도에서 신라가 삼국을 통일할 때까지 많은 동량지재(棟梁之材)를 배출하였습니다.

화랑도는 왕족과 귀족, 그리고 평민 출신 등 여러 계급의 청년들이 함께 어우러져 있으면서 조직 자체는 어디까지나 국가에 대한 충성을 강조하는 가치를 공유하였 기 때문에 골품제라는 신분사회에서 발생하는 갈등을 부분적으로나마 완화하는 역 할도 하였습니다.

화랑 맹세 새긴 임신서기석은 552년 유물 … 서술어 반복이 근거

학계에서는 임신서기석에 기록된 '임신년'을 두고 뚜렷한 단서를 찾지 못해 552년설, 612년설, 732년설이 대립하고 있다.

이러한 상황에서 이용현 국립경주박물관 학예연구사는 이 박물관이 발간한 '신라문물연구' 9집의 논고를 통해 552년설을 지지했다.

이 학예연구사가 552년설을 주장하는 근거는 문체다. 그는 "하느님 앞에 맹세한다. 지금으로부터 3년 이후에 충도를 지키고 허물이 없기를 맹세한다(天前誓 今自三年以後忠道執持過失无誓)"는 문장에서 '맹세할 서(誓)'자가 앞쪽과 뒤쪽에 두 번 나온다는 점에 주목했다.

그러나 591년 유물인 남산신성비와 804년 제작된 선림원종에는 한 문장에서 서(誓)자가 한 번만 사용됐다.

이 학예연구사는 "서술어 반복 문제가 쓰이는 시기를 보면 임신서기석의 임신년은 다수설인 612년이 아니라 552년이 확실하다"며 "이로써 한자를 빌려 우리말을 표기하는 이두가 6세기부터 사용됐음을 알 수 있게 됐다"고 말했다.

출처 : 연합뉴스/일부인용

🔍 | **상식UP! Quiz**

문제 | **다음 중 화랑도에 대한 설명으로 옳지 않은 것은?**

① 귀족의 자제들로만 구성되었고, 평민은 참여할 수 없었다.
② 여러 계층이 같은 조직 속에서 일체감을 느끼며 활동하였다.
③ 진흥왕 때 국가적 차원에서 활동을 장려하여 조직이 확대되었다.
④ 원광은 화랑들에게 세속5계를 가르쳐 마음가짐과 행동의 규범을 제시하였다.

해설 | ① 화랑도는 소수의 화랑과 화랑을 따르는 낭도로 구성되는데, 평민의 자제들은 낭도로 참여하였다.

* 세속5계 : 화랑이 지켜야 할 계율을 말한다. 그 내용은 다음과 같다.
• 사군이충(事君以忠) : 임금을 충성으로 섬김
• 사친이효(事親以孝) : 부모를 효로 섬김
• 교우이신(交友以信) : 친구는 믿음으로 사귐
• 살생유택(殺生有擇) : 생명을 죽일 때는 가림이 있어야 함
• 임전무퇴(臨戰無退) : 전투에 임해서는 물러나지 않음

📖 ①

4천년 역사의 제1대 위인, 을지문덕

일제강점기의 사학자 단재 신채호는 을지문덕에 대해 '우리나라 4천년 역사의 제1대 위인(大東四千載 第一大偉人)'이라고 표현하였으며, 김부식은 〈삼국사기〉 열전에서 김유신에 이어 두 번째로 을지문덕을 소개할 만큼 중요한 인물로 다루었습니다.

을지문덕은 고구려 제26대 영양왕 때의 인물로, 당시의 고구려는 전성기를 지나 서서히 내리막길로 접어들 무렵이고, 589년 중국을 통일한 수나라는 612년 여름 113만의 병력으로 고구려를 공격하였습니다.

그러나 요동성 부근에서 고구려의 방어에 막히자, 별동대 30만으로 평양을 공격하려 하였습니다. 을지문덕은 거짓 패배로 이들을 평양성 근처까지 유인한 후 유명한 '여수장우중문시(與隋將于仲文詩)'를 보냈고, 보급이 되지 않아 지친 우중문은 마침내 회군을 결정하게 됩니다.

귀신같은 계책은 하늘의 이치를 헤아리고 (神策究天文, 신책구천문)
신묘한 계산은 땅의 지리를 꿰뚫었네   (妙算窮地理, 묘산궁지리)
전쟁에 이겨 그 공이 이미 높으니   (戰勝功旣高, 전승공기고)
만족함을 알고 그치기를 바라노라.   (知足願云止, 지족원운지)

을지문덕은 수나라 군이 살수(지금의 청천강)를 건널 때를 기다려 배후에서 공격함으로써 30만 대군을 격멸하였고 겨우 2,700명만이 살아 돌아갔다고 전해집니다. 이후 수나라는 두 차례 더 고구려를 공격하려 하였으나 실패하였고, 국력의 소진으로 618년에 멸망하였습니다.

세계 전쟁사에서도 으뜸으로 꼽히는
을지문덕의 살수대첩

수나라 역사서인 〈수서(隋書)〉에 따르면 수나라 황제 양제(煬帝)는 612년 정월에 고구려 원정에 나선다. 이때 양제가 동원한 군사가 24군에 113만 3,800명이라고 한다. 군량 등 물자 수송에는 그 2배의 인원이 동원되었다고 하니 거의 300만에 이르는, 당시까지는 세계 역사상 최대 규모의 원정군이었다.

이렇게 호기롭게 바다와 육지로 쳐들어온 수나라 대규모 군대였지만, 을지문덕이 지휘하는 20만명의 고구려군과 조의선인들에 의하여 '살수'에서 궤멸된다. '살수대첩'이 얼마나 큰 승리였는지, 살아서 요동성(현재의 하북성 창려)으로 돌아간 수나라 병력은 겨우 2,700여 명에 불과할 정도였다고 한다. 세계전쟁사에서도 첫손가락에 꼽힐 뛰어난 승전이었다.

수나라의 장수 우중문에게 보낸 시(與隋裵于仲文詩)를 보면 무인뿐 아니라 문인으로서 을지문덕의 재능도 뛰어났음을 알 수 있다.

"그대의 신기한 책략은 하늘의 이치를 다했고, 오묘한 계획은 땅의 이치를 다했노라. 전쟁에 이겨서 그 공 이미 높으니, 만족함을 알고 그만두기를 바라노라"

모든 훌륭한 리더들이 그러하듯 을지문덕 장군 역시 '천지인 사상'을 바탕으로 한 사고체계를 갖추고 있었다.

출처 : 브레인미디어/일부인용

🔍 | 상식UP! Quiz

문제 을지문덕은 '살수(薩水)'에서 수나라의 30만 대군을 섬멸하였다. 살수는 지금의 어느 강에 해당할까?

① 압록강
② 두만강
③ 청천강
④ 대동강

해설 '살수(薩水)'는 평안남도와 평안북도의 경계를 이루는 청천강의 옛 이름이다.

 ③

018 김유신

망국 가야의 후손에서, 삼국통일의 주역으로

본관은 김해로, 금관가야 마지막 왕인 구해왕의 증손이며 수로왕의 12대손입니다. 백제 성왕은 관산성전투에서 김유신의 조부에게 전사당했고 모친은 진흥왕의 부친 입종갈문왕(立宗葛文王)의 손녀 만명입니다.

김유신이 일곱 별의 정기를 타고 태어나(595) 등에 칠성(七星)의 무늬가 있었다는 이야기가 〈삼국유사〉에 기록되어 있고, 〈삼국사기〉에는 태종무열왕 김춘추의 셋째 딸인 지조와 결혼해 원술 등 5명의 아들과 4명의 딸을 낳았다고 기록되어 있는데, 누이동생은 무열왕의 왕비인 문명왕후이기에 그는 곧 문무왕과 김인문의 외삼촌이기도 합니다.

15세 때 화랑(花郎)이 되어 용화향도(香徒)라 불리는 낭도를 이끌었는데, 홀로 산속에서 수련할 때 난승이라는 노인에게서 삼국을 통일할 비법을 배웠다는 이야기가 수록되어 있습니다.

〈삼국사기〉에는 선덕여왕 16년, 염종과 비담이 반란을 일으켰을 때 큰 별이 왕이 머물던 월성(月城)에 떨어져 군사들이 동요하자 불붙인 연을 한밤에 하늘로 띄워 다시 별이 하늘로 올라간 것처럼 꾸며 병사들의 사기를 북돋은 후에 반란군을 진압했다는 이야기가 전해집니다.

진덕여왕 사후에 그는 김춘추를 왕으로 세우고 상대등으로 임명되었으며, 그해 당과 연합해 사비성을 점령하여 백제를 멸망시켰는데요. 김유신의 정치적 영향력이 이렇듯 커지자 당 고종은 칙서를 보내 그를 회유하려 했으며 장남인 삼광을 당으로 불러들여 볼모로 삼았습니다.

668년 고구려 침략 원정 때 친히 군사를 이끌고 출병한 문무왕을 대신해 내정을 책임졌으며, 문무왕은 고구려를 멸망시킨 뒤 김유신에게 새로 태대각간(太大角干)이라는 직위를 만들어 내렸습니다.

김유신(金庾信)은 673년(문무왕 13년)에 79세의 나이로 죽었으며 조선시대에도 삼국통일의 주역으로 높이 숭배되어 1563년(명종 18년)에 최치원, 설총과 함께 경주의 서악서원에 배향되었습니다.

술술 읽힐걸? 신문GO!   News Paper

적을 내편으로, 승패의 관건은 포용력

김유신(595~673)은 신라 삼국 통일 최대의 공로자다. 7세기 삼국 통일이 불완전한 통일이라는 지적도 있지만 고조선 붕괴 후 혼란스러웠던 한민족의 정통성을 세우고 유지·발전시킨 공로가 있다. 김유신은 신라에 병합된 적국(가야) 출신으로 차별을 받는 상황에서 이러한 성과를 냈다.

전투가 계속되는 가운데 자신의 집을 지나치면서도 가족을 만나지 않은 일화 등 스스로에 대한 절제가 뛰어났다. 신라는 적국 출신을 지배계급으로 편입시키는 포용력을 보여줬다. 삼국 가운데 신라가 마지막 승자가 될 수 있었던 이유다.

출처 : 서울경제/일부인용

🔍 **상식UP! Quiz**

문제 다음 중 신라의 장군·외교가로서 당에 파견되어 나당연합군을 조직, 소정방과 연합하여 백제·고구려를 멸망시켰고 이후 당에 머문 사람은?

① 김서현   ② 김대문   ③ 김흠순   ④ 김인문

해설 ④ 김인문 (629~694) : 태종무열왕의 둘째 아들이자 문무왕의 아우로 당경(唐京)에 머물다 병사(病死)하였으며 영구는 신라에 호송되고 효소왕으로부터 태대각간에 추증(追贈)되었다. 유학의 대가로도 이름을 떨쳤고, 사어(射御)·향악(鄕樂)·예서(隸書)에도 능하였다.
① 김유신의 부친
② 〈화랑세기〉를 쓴 신라 중대의 학자
③ 김유신의 동생

답 ④

당, 욕심이 과했소!

신라와 당은 648년(신라 진덕여왕 2년) 군사 동맹을 맺으면서 대동강(大同江) 이남은 신라가 차지하기로 약속하였습니다. 하지만 당나라는 백제를 멸망시킨 후 백제의 옛 땅에 웅진 도독부를 설치하였고, 고구려 땅에도 안동 도호부를 두었습니다. 나아가 신라 땅까지 병합하려는 욕심을 드러내자 신라는 당을 몰아내기 위한 전쟁을 준비하였습니다.

신라의 대당전쟁은 고구려국의 부흥군이 당병과 싸우는 현장으로 1만의 신라군을 투입함으로써 개시되었습니다. 신라가 고구려국 부흥군과 합세하여 당병과 싸우는 이유는 기본적으로 그들을 한반도로부터 축출하려는 데 있었습니다. 문무왕 10년 6월 고구려 부흥집단을 안치하고, 다시 안승을 고구려왕으로 책봉한 이유는 바로 당병·백제인을 견제키 위한 신라의 책략이었을 것이며, 나아가 이들을 백제 경략에도 동원해서 당병축출의 선봉에 내세웠을 가능성이 큽니다.

당나라는 675년 유인궤를 지휘관으로 하는 대규모 신라 원정군을 파견하였습니다. 신라는 이에 맞서 싸웠지만, 675년 2월 유인궤 군대에게 칠중성을 빼앗기고 말았는데요. 하지만 겨울이 다가오고 식량 보급도 여의치 않아 당군의 상황은 좋지 못하였습니다. 이를 간파한 신라가 매소성을 적극적으로 공략하자, 이근행 군대는 말 3만 380필과 많은 무기를 버리고 북쪽으로 퇴각하였습니다.

매소성 전투로 나당전쟁의 승기를 잡은 신라군은 이후 기벌포 전투에서 크게 승리하며 유리한 위치를 차지하였습니다. 고구려 원정을 시작으로 오랜 기간 전쟁을 지속하면서 내부 여론이 악화된 당은 서쪽 토번과의 전선에 집중하기 위해 신라와의 전쟁을 그만두었습니다.

나당전쟁 격전지 '매소성=대전리 산성' 유력

신라와 당나라의 **'나당전쟁'** 격전지로 전해지는 '매소성전투'의 현장이 바로 경기도 연천 '대전리 산성'이었음을 입증하는 증거들이 학계를 통해 속속 드러나고 있다. 최근 발굴조사 결과 대전리 산성의 축성기법과 인근 출토 유물 등을 통해 대전리 산성이 매소성이었을 가능성이 높아지고 있다.

경기문화재단 경기문화재연구원과 연천군은 나당전쟁기의 매소성으로 유력하게 지목돼온 대전리 산성에 대한 1차 발굴조사를 마무리했다. 경기문화재연구원 관계자는 "이번 조사는 문헌상의 매소성으로 가장 유력하게 지목되고 있는 대전리 산성의 실체를 파악하고 확실성 여부를 판단하기 위해 실시됐다"며 "성벽의 구조와 출토된 유물들을 통해 이미 나당전쟁 7세기 중후반 이전에 신라가 대전리 산성을 축성하고 관리했던 사실을 확인했다"고 설명했다.

하지만 매소성을 대전리 산성이라고 단정하기엔 이른 감이 있다. 당나라 군대의 주둔 여부를 확인할 수 있는 결정적인 고고학적 증거를 확보하지는 못했기 때문이다. 이번 발굴은 성벽을 대상으로만 이루어졌고, 발굴된 성벽 또한 전체 681m의 성벽 중에서 남쪽과 남서쪽 성벽 일부를 대상으로 한 15m에 불과해 아직 추가 조사가 남아있다.

출처 : 아시아경제/일부인용

상식UP! Quiz

문제 나당전쟁은 신라의 '이 왕' 시기에 마무리되어 삼국 통일의 위업을 달성할 수 있었다. '이 왕'은 누구인가?

① 문무왕   ② 무열왕   ③ 진흥왕   ④ 법흥왕

해설 문무왕은 무열왕과 문명왕후의 맏아들로, 나당전쟁에서 당나라 군대를 격퇴함으로써 676년에 삼국통일을 이루었다.
- 무열왕 : 신라 제29대 왕, 삼국통일의 토대 마련
- 진흥왕 : 한강 유역 점령(단양적성비), 화랑도를 군사조직으로 개편
- 법흥왕 : 관등제 정비, 율령 반포, 골품제 정비, 불교 공인

답 ①

고구려는 망했으나…

고구려가 멸망한 이후 많은 유민(遺民)들은 중국 당나라(唐)에 끌려가서 갖은 고초를 겪었습니다. 하지만 그중에서 당에 중용(重用)될 만큼 뛰어난 인재들도 있었습니다.

당나라에서 무장으로 활동하던 고사계(高舍鷄)의 아들 '고선지(高仙芝)'는 당에 등용되어서 뛰어난 전략으로 서역(西域)을 정벌하는 데 많은 공을 세웠고, 벼슬도 올라갔습니다. 그러나 안녹산의 난(安祿山의 亂)을 진압하던 중, 군사를 옮긴 것에 대해 개인적인 원한을 품고 있던 부장이 과장하여 밀고함으로써 참형되었습니다.

한편 역시 고구려 유민의 후손인 '이회옥(李懷玉)'도 당의 평로(平盧) 지역에서 활동하다 절도사(節度使)가 되었으며, '정기(正己)'라는 이름을 받아 사용하였습니다. 그러다 안사의 난(安史의 亂) 이후 산둥성 전역의 통치자로 군림하며 당나라 중앙 정부의 영향력을 거부하였습니다.

산둥성 일대에는 당의 소금 생산량 절반을 차지할 만큼 거대한 염전이 잘 정비돼 있었고, 또 당나라 전체 곡물의 10%를 생산할 만큼 비옥한 농지가 있었습니다. 또한 이웃 발해나 신라와의 활발한 교역에서 발생하는 수입도 있었습니다.

이런 이유 때문에 이정기가 급사(急死)한 후에도 아들인 이납(李納), 손자인 이사고(李師古), 이사도(李師道)에 이르는 4대 55년 동안 왕과 같이 독자적 세력을 유지할 수 있었습니다.

서역 '종이길'을 만든 건 팔할이 고선지였다?

인류 4대 발명품의 하나인 종이가 서쪽 세계로 전파된 현장이 바로 사마르칸트였다. 751년 7월 이 일대에서는 당나라가 이슬람의 아바스왕조와 일전을 벌였다.

일명 탈라스 전투로 불리는 문명 간 충돌이었다. 5일간의 전투에서 아바스왕조 이븐 살리히 장군에게 무릎을 꿇은 이는 고구려 유민인 **고선지**(?~755) 장군이었다.

제지술이 서역으로 전파된 것은 순전히 우연이었다. 탈라스 전투 당시 고선지 휘하의 병사 2만여 명이 포로로 잡혀가면서 제지술이 덩달아 넘어간 것은 어느 쪽의 작전 계획에도 없던 일이었다.

이는 668년 멸망한 고구려 백성 70여 만명 중 30여 만명이 당나라로 끌려갔기 때문이다. 포로인 고구려인에게 가장 빠른 신분상승은 군인이 되는 것이었고, 고선지의 부친 고사계도 중원으로 이주해 무인이 됐다.

고선지는 파미르고원을 넘어 아랄해 남부와 아프가니스탄, 파키스탄까지 복속시키는 등 서역 평정의 일등공신으로 이름을 날렸으나, 탈라스의 패배만큼 인류에 공헌한 전투는 없었다. 역사의 아이러니다.

출처 : 한국일보/일부인용

🔍 | **상식UP! Quiz**

문제 고선지의 탈라스 전투로 인해 서양에 전달된 제지술은 중국의 4대 발명품에 포함된다. 다음 중 중국의 4대 발명품에 포함되지 않는 것은?

① 나침반
② 인쇄술
③ 측우기
④ 화약

해설 ③ 측우기는 조선 세종 때 발명된 것이다.

답 ③

불심(佛心)으로 대동단결!

삼국통일 후 고구려와 백제의 유민들을 포용하고 융화하는 데 불교의 역할이 무척 중요하였습니다. 그래서 통일신라는 불교를 국가이념으로 삼아 지배층에서부터 민중에게까지 널리 알려 대중적인 종교로 변모시켰고, 사회 안정을 이루는 데 활용했습니다.

이렇게 불교가 융성함에 따라 불교 건축물과 탑, 불상, 공예 등이 많이 만들어졌는데요. 이 중 가장 대표적인 것이 사찰인 '불국사(佛國寺)'와 범종인 '성덕대왕신종(聖德大王神鐘)'입니다. 삼국유사에는 신라 35대 경덕왕 10년에 재상이었던 김대성이 전세(前世)와 현세(現世)의 부모를 위하여 각각 석굴암과 불국사를 창건하였다고 수록되어 있습니다.

불국사는 신라 땅에 불국토(佛國土)의 이상을 조화와 균형 감각으로 표현한 사원으로 무려 80여 종의 건물이 있었다고 합니다. 정문 돌계단인 청운교와 백운교는 직선과 곡선을 조화시켰으며, 세속과 이상 세계를 구분 짓는 축대는 자연의 선에 인공적으로 맞추어 자연과 인공을 연결합니다. 그리고 복잡하고 단순한 좌우 누각의 비대칭은 간소하고 날씬한 석가탑, 복잡하고 화려한 다보탑과 어울려 세련된 균형감을 살리고 있습니다.

국보 제29호인 성덕대왕신종은 현재 국립경주박물관에 보관 중인데요. 경덕왕이 아버지인 성덕왕의 명복을 빌기 위해 만들기 시작하여 그의 아들 혜공왕 대에 완성하였다고 합니다. 맑고 장중한 종의 소리에 따라 '에밀레종'이라고도 부르며, 천상의 세계를 나타내 보이는 듯한 경쾌하고 아름다운 비천상(飛天像)으로도 유명합니다. 우리나라 최대의 종이며 섬세하고 우아한 무늬와 뛰어난 쇠를 다루는 기술을 고스란히 보여주는, 8세기 신라의 통일예술을 대표하는 명작입니다.

역사 속으로 떠나는 시간여행, 경주 문화원

경주문화원은 1926년부터 1975년까지 국립경주박물관이었던 곳으로 박물관이 신축되어 옮겨간 뒤 문화원으로 사용되고 있다. 고려시대와 조선시대에는 경주지역의 주요 행정을 담당했던 관청이 있었던 곳이다.

경주문화원에 들어서면 고풍스런 분위기를 느낄 수 있다. 100여m 길게 이어지는 길이 정원 가운데 나있고, 양쪽으로 오래된 석재와 나무 사이로 고색창연한 한옥들이 정면과 동, 서쪽에 있다. 입구에 **성덕대왕신종** 종각도 일제강점기 당시 모습으로 남아 있다.

정면에 보이는 남향 기와집은 향토사료관으로 조선시대 문물들을 전시하고 있다. 사료관은 신라시대 원형 초석을 사용해 팔작지붕의 목조와가로 지었다. 1926년 조선총독부박물관 경주분관의 전시관으로 온고각이라는 현판을 걸고 신라 이후의 유물을 전시했다.

출처 : 대구일보/일부인용

상식 UP! Quiz

문제 다음 중 통일신라의 불교 문화재 중 국보로 지정되지 않은 것을 고르면?

① 다보탑과 석가탑   ② 석굴암
③ 불국사   ④ 청운교와 백운교

해설 불국사는 명승 및 사적 제1호이나, 국보로 지정되지는 않았다.
① 다보탑은 국보 제20호, 석가탑은 국보 제21호
② 국보 제24호
④ 국보 제23호

답 ③

거대한 해상왕국을 꿈꾸다

1200여 년 전 한반도 주변의 해적을 소탕하고 당나라와 일본, 나아가 이슬람 세력과의 무역까지 주도했던 인물인 장보고는 우리나라의 〈삼국사기〉나 〈삼국유사〉보다 중국의 〈신당서〉, 일본의 〈일본후기〉, 〈속일본기〉 등의 기록에 더 많이 등장하는 국제적인 인물입니다. 특히 일본 헤이안 시대의 승려 엔닌은 장보고에 대해 '평소에 모시지 못했으나, 엎드려 우러러 존경합니다'라는 흠모의 글을 남기기도 하였습니다.

장보고는 완도 부근에서 출생한 것으로 전해지며, 어릴 때부터 무예가 뛰어나 젊은 시절 당나라로 건너가 군직에도 올랐고 그곳에서 기반을 닦으며 해상무역의 터전을 만들어 나갔습니다. 그러나 신라인들이 해적에게 잡혀와 노예로 매매되는 일이 빈번하자 신라로 돌아와 828년 흥덕왕의 지원을 받아 청해진(지금의 완도)을 설치하고 해적을 소탕해 나갑니다. 이후 청해진은 당대 최고의 국제무역항으로 성장하였으며, 장보고는 서해와 남해의 해상권을 완전히 장악하고 당나라와 일본에 견당매물사와 회역사를 파견하는 등 해상무역을 주도하였습니다.

836년 흥덕왕이 아들 없이 죽고 사촌들 간의 권력 다툼이 일어나자 이를 피해 청해진으로 들어온 김우징은 장보고에게 의탁하였습니다. 839년 김우징은 장보고의 지원을 받아 민애왕을 죽이고 신무왕의 자리에 오르게 되는데, 이것은 신라 최초의 군사 쿠데타에 해당합니다. 이후 장보고는 신무왕의 아들 문성왕에게 자신의 딸을 시집보내려 하였으나 귀족들의 반대로 뜻을 이루지 못하였고, 조정에서 보낸 자객 염장에 의해 살해되었습니다. 851년 청해진은 폐쇄되었고, 이후 500여 년간 사람이 살지 않는 폐허로 변했다고 합니다.

바다를 지배하는 자가 세계를 지배할 것

장보고는 신라시대의 무장이다. 당시 외국과의 교류는 물론 국내에서도 문물교류가 활발하지 않았지만 우리 민족이 바다로 뻗어야 번영할 수 있다는 진실을 1200여 년 전에 증명한 인물이다.

장보고는 청년기에 친구 정년과 함께 당나라에 건너갔고, 서주 무령군에서 복무해 장교가 됐다. 해안지역 출신으로 바다에 익숙했던 장보고는 해상무역에 대해 깊은 인상과 이해를 터득했다. 그 무렵 당나라나 신라 모두 흉년과 기근으로 전국 각지에서 도적이 횡행했다. 바다에서도 해적이 신라 해안에 자주 출몰해 많은 주민들을 납치하고 중국의 노예로 팔았으며, 무역선도 해적의 위협을 받았

다. 이런 상황에서 장보고는 신라인에 대한 해적의 포획에 대해 분노했고, 국제무역에 대한 강렬한 욕망을 가졌으며, 스스로 해상권을 통괄해 독자적인 세력을 키워볼 야망을 불태웠다. 귀국한 장보고는 왕에게 남해의 해상 교통요지인 완도에 해군기지를 건설해 황해의 무역로를 보호하고 해적을 근절할 것을 주장했다. 왕의 승인을 받아 지역민을 규합해 군대를 갖추었는데, 이는 장보고를 중심으로 한 독자적인 세력이었다. 이를 바탕으로 해적을 소탕하고 동중국해 일대의 해상권을 장악하여 해상권을 토대로 당·신라·일본을 잇는 국제무역을 주도했다.

출처 : 광주매일신문/일부인용

🔍 | **상식UP! Quiz**

문제　신라시대 호족 출신인 장보고는 청해진을 설치하여 해적을 소탕하고, 당·신라·일본을 잇는 해상무역을 주도하였다. 청해진이 설치된 곳은 어디인가?

① 목포
② 거문도
③ 완도
④ 흑산도

해설　장보고는 남해의 해상 교통요지인 완도에 청해진을 설치하였다.

답 ③

9년간의 여행, 당(唐) 안 또 하나의 신라

〈입당구법순례행기(入唐求法巡禮行記)〉는 일본 승려 엔닌(圓仁)이 견당사(遣唐使)의 일원으로 파견되어 당나라의 불교 성지를 견학하고 기록한 여행기로, 정치 및 불교사의 한 측면을 전함과 동시에 9세기 전반 동북아시아의 정세를 기록한 귀중한 문헌입니다. 생생한 일기 형식으로 838~847년까지의 기록을 8만여 자 모두 4권으로 엮었습니다.

〈입당구법순례행기〉는 1883년 일본의 동사(東寺) 관음원에서 필사본으로 발견되었는데, 그 중 2권에는 당시 청해진 대사 장보고가 세운 적산법화원에 대한 이야기가 나옵니다. 그 내용에 따르면 이 사원 소유의 논에서 생산되는 쌀은 1년에 500석이었고 겨울에는 묘법연화경을, 여름에는 금광명경을 강의하였고 승려는 모두 30명이었으며 그 중 일본인은 6명이었습니다.

기록에서는 재당(在唐) 신라인의 도움으로 엔닌의 당나라 입국과 체류가 가능했음을 언급하고 있으며, 장보고와 적산(赤山) 신라원의 관계, 장보고의 선단, 장보고가 당에 파견한 무역사절인 견당매물사(遣唐買物使), 당으로 가는 여정에 거친 신라의 서남해안 섬들에 대해서도 언급합니다.

정확하고 상세한 그의 일기에서 일본인들은 자주 등장하지 않으나 신라인들은 중국인과 비등하게 자주 나타나고 있으며, 당나라에 머무는 여러 외국인 중에서 신라인들은 가장 많은 수를 차지하고 있음을 알 수 있습니다.

중국 대륙을 여행한 기록은 이 책 이후에도 여러 가지가 나왔으나 광범위한 지역을 돌아보며 9년간에 걸쳐 기록한 예는 없습니다. 불교사의 연구 분야뿐만 아니라 당시의 당·신라·일본 3국 및 발해의 정치·외교·법·민속·지리·교통 등의 연구에 귀중한 자료이며, 그 중에서도 장보고와 재당 신라인 사회에 대한 연구에서 꼭 필요한 사료입니다.

장보고 잊지 않는 일본, 불교 성지에 기념비 세워

일본 불자(佛者)들이 성지순례 하듯 찾는 사찰이 있으니 '연력사(延曆寺 · 엔랴쿠지)'이다. 우리에게는 생소하지만 일본에서는 천태종의 개창지이자 수많은 고승을 배출한 불교 성지이다. 유네스코 세계문화유산으로도 지정돼 있다. 이 절에는 고대 한일 교류를 보여주는 뚜렷한 흔적이 남아 있는데 신라명신(新羅明神)을 모신 사당인 적산궁(赤山宮)과 장보고를 기념하는 비석이다.

장보고와 일본 불교의 인연은 최징의 제자이자 천태종의 2대조로 불리는 원인(圓仁 · 엔닌 794~864)에서 비롯된다. 중국 여행을 마친 원인은 10년에 걸친 고행과 순례를 기록한 여행기 '**입당구법순례행기**'를 남기는데 이는 현장의 '대당서역기', 마르코 폴로의 '동방견문록'과 함께 동양의 3대 여행기 중 하나로 꼽힌다.

출처 : 동아일보/일부인용

🔎 | 상식UP! Quiz

문제 다음 중 승려 엔닌이 〈입당구법순례행기〉를 기록하고 일본의 귀족들에게 밀교의 비법을 전한 일본의 고대 시대는?

① 야요이 시대
② 아스카 시대
③ 나라 시대
④ 헤이안 시대

해설 헤이안 시대(平安時代, 794~1185년)이다. 이 시기는 대륙의 문화를 받아들여 우아한 궁정 문화가 꽃핀 시대로, 효과적인 중앙집권적 군사조직이 결여되어 있었으므로 무사집단이 차츰 그 세력을 확장해 나가기 시작했다.
① 야요이 시대(弥生時代, 기원전300년경~300년경) : 선사시대
② 아스카 시대(飛鳥時代, 593~710년) : 원사(原史)시대
③ 나라 시대(奈良時代, 710~794년) : 고대

🔖 ④

예나 지금이나 민심이 가장 중요한 것

왕건은 송악(지금의 개성) 출신입니다. 신라 말기 중앙 정부의 통제가 약해지면서 여러 지방 군진 세력이 호족으로 성장하였는데, 그의 집안은 해상 무역을 통해 부를 축적하였습니다. 왕건은 궁예 밑에 들어가 많은 공을 세웠고, 이후 궁예가 민심을 잃자 그를 몰아내고 부하들의 추대를 받아 왕위에 오릅니다.

그는 신라에 대해 우호적인 정책을 펴면서 후백제와는 대립했습니다. 신라 경애왕을 구원하려 출병한 고려군은 신숭겸, 김락 장군을 잃는 등의 희생을 감수하면서도 신라에 대한 우호 정책을 지속합니다. 그 결과 935년 신라 경순왕의 항복을 받아 전쟁 없이 신라를 통합할 수 있게 됩니다. 이후 고려는 경순왕을 사심관으로 삼아 우대하였습니다.

고창 전투(930)의 승리로 고려는 후백제와의 경쟁에서 앞설 수 있었고, 엎친데덮친 격으로 후백제는 왕위 계승을 둘러싸고 내분이 일어났습니다. 큰아들 신검이 아버지 견훤을 가두고 왕위를 빼앗자, 견훤은 왕건에게 귀순하였습니다. 이 틈을 타 고려는 후백제를 공격해 멸망시키고, 마침내 후삼국을 통일하게 되었습니다(936).

왕건이 후삼국 통일의 주역이 될 수 있었던 것은 각 지역 호족 세력들과 백성들의 지지를 얻었기 때문인데요. 결혼 정책으로 유력한 호족들을 포섭하고, 호족들에게 자신의 성인 '왕'씨 성을 주어 가족과 같은 대우를 하였습니다. 또한 백성들의 무거운 세금을 줄여 주었으며, 빈민을 구제하고 억울하게 노비가 된 사람들을 풀어 주어 백성들로부터 칭송을 받았습니다.

신라의 삼국 통일은 옛 고구려의 영토를 잃어버리고 북쪽에 고구려를 계승한 발해가 존재한 불완전한 통일인 반면, 고려의 통일은 옛 삼국 출신의 세력과 발해인까지 포용하여 한민족 전체를 아우른 민족 통일의 완성이었습니다.

후삼국 통일을 완성한 왕건의 리더십

남북 관계가 개선되면서 고려사에 대한 관심이 커지고 있다. 고려는 외세 간섭 없이 스스로의 힘으로 통일을 이룬 우리 역사상 최초의 진정한 통일국가라 평가된다. 올해는 고려 건국 1100년이 되는 해이다. 개방적이고 다양성과 유연함을 가진 고려는 조선과는 크게 다른 역사를 가진 나라로 보다 많은 관심을 기울여야 할 나라다. 특히 고려를 고려답게 만든 건국시조 왕건은 통일을 준비하야 하는 우리 시대에 재조명되어야 할 인물이다. 900년 극심한 혼란기에 처한 신라 땅에서 견훤이 후백제 건국을 선언하고, 다음해 궁예가 후고구려의 건국을 공포함으로써 **후삼국시대**가 열렸다. 분열은 재통일을 위한 과정이다. 후삼국을 통일한 인물은 견훤도 궁예도 아닌, 877년 신라의 변방인 송악에서 태어난 왕건이었다. 왕건은 지방의 상인 출신 호족의 아들로 태어났지만, 골품제 사회인 신라에서 내세울만한 명문가 출신은 아니었다. 그 때문인지 왕건은 뛰어난 능력을 과시하는 지도자가 아닌, 다른 이들을 포용할 줄 아는 지도자가 되었다. 그는 어려서서 힘든 일도 직접 겪으면서, 자신을 내세우기보다 다른 이들을 존중하고 받아들이고 그들의 재주를 알아보고 그들을 쓸 줄 아는 사람이었다. 왕건은 패도가 아닌 왕도를 실천하려 노력한 뛰어난 리더였다.

출처 : 머니투데이/일부인용

🔍 상식UP! Quiz

문제 신라 말~고려 초에 활동한 지방의 토착세력으로서 지방 내에서 지배자로 독자적인 군사력을 보유하기도 한 세력을 무엇이라 하는가?

① 귀족　　　　② 사대부　　　　③ 권문세족　　　　④ 호족

해설 호족은 신라말에 등장한 새로운 세력으로 지방에 기반을 두었다. 후삼국을 통일한 왕건 역시 호족 출신이다.

① 귀족 : 혈통이나 문벌에 의해 일반 민중과는 다른 특별한 권한을 부여받은 세력으로 지방보다는 주로 중앙에서 활동한다.

② 사대부 : 고려 말~조선 초에 활동한 신흥세력으로 유교적 지식인층을 의미한다.

③ 권문세족 : 고려 후기의 지배세력

답 ④

발해, 고구려를 계승하고

요서(遼西) 지방의 영주(營州)는 당나라 동북쪽의 이민족을 통제하던 거점 도시로, 거란족(契丹族)·말갈족(靺鞨族) 등과 함께 많은 고구려 유민도 이곳에서 억류생활을 하였습니다.

거란족의 반란이 진압될 때를 틈타, 고구려 유민 집단을 이끈 걸걸중상(乞乞仲象)과 말갈 추장 걸사비우(乞四比羽)가 각각 무리를 이끌고 영주를 탈출하여 요동(遼東)으로 건너왔습니다. 하지만 당나라의 토벌군과의 싸움에서 패하였고, 이 과정에서 걸사비우와 걸걸중상이 사망하였는데요. 그 후 걸걸중상의 아들인 '대조영(大祚榮)'이 양쪽 무리를 이끌고 698년에 발해를 건국하였습니다.

발해의 2대 무왕(武王)은 정복 군주로서 영토의 기틀을 마련하였으나, 주변국과의 마찰이 많았습니다. 3대 문왕(文王)은 아버지와 달리 발해의 안정을 추구하였습니다. 우선 주변국과 우호적으로 지냈고, 복식과 제도 등을 정비하였는데, 당의 영향을 많이 받았습니다.

이후 여러 왕이 교체되는 혼란기를 겪었지만, 대조영의 동생 대야발(大野勃)의 4대손인 10대 선왕(宣王)이 즉위하여 발해의 전성기를 이끌었습니다. 영토를 크게 넓히고 행정 통치 체제를 완성했을 뿐만 아니라, 대외관계도 안정시켜 일본과도 많은 교류를 하였습니다. 선왕 때 당에서는 발해를 '해동성국(海東盛國)'이라 불렀는데, 이는 단지 영토가 확장되었기 때문이 아니라 발해의 정치, 문화, 경제 등의 다양한 영역에서 발전을 이루었기 때문입니다.

말갈과 발해

중국은 발해를 당나라의 속국으로 간주하고 그 독립성을 인정하지 않는다. 고구려도 중국의 지방정권이라고 강변하는 터이니, 발해야 말할 것도 없겠다. 당의 현종이 대조영을 발해군왕으로 책봉하였는데, 중국이 주변의 나라들에게 책봉을 하는 것은 당시의 외교적 관례다.

발해가 독자적인 연호를 사용하였다는 사실은, 발해가 중국을 중심으로 하는 정치공동체가 아닌 독립국, 그것도 천자국임을 과시하는 일이다.

발해를 건국한 고왕 대조영(大祚榮)이 699년 천통(天統)이라는 연호를 사용하였고 2대 무왕이 인안(仁安), 3대 문왕이 대흥(大興), 5대 성왕이 중흥(中興), 6대 강왕이 정력(正曆), 7대 정왕이 영덕(永德), 8대 희왕이 주작(朱雀), 9대 간왕이 태시(太始), 10대 선왕이 건흥(建興)이라는 연호를 사용하였다. 또한 선왕 재위 기간 당은 발해를 '해동성국'이라 부를 만큼 융성하였다. 그리고 11대 대이진(大彝震)의 함화(咸和)까지 모두 10개의 연호를 사용한 것이 기록으로 전해진다.

중국에서 발해를 건국 초기에 말갈발해라 일컫다가, 중기 이후에는 말갈이란 수식어가 사라졌다. 이는 고구려를 멸망시키고 만주지방을 차지하려던 당의 야욕이 대조영의 등장으로 무산되자 이에 한을 품어 말갈족의 나라라고 폄하한 것으로 보인다.

출처 : 경북일보/일부인용

Q 상식UP! Quiz

문제 발해의 10대 왕으로 '건흥(建興)'이라는 독자적 연호를 사용하였으며, '이 왕'의 재위기간 중에는 당에서 발해를 해동성국이라 부를 만큼, 전성기를 맞이하였다. 다음 중 '이 왕'은 누구인가?

① 고왕
② 무왕
③ 문왕
④ 선왕

해설 ④ 발해의 제10대 임금인 선왕은 발해의 전성기를 이끌었다(재위 818~830)

답 ④

홍경래와 김삿갓

방랑시인 김삿갓으로 알려진 김병연은 평생 삿갓으로 얼굴을 가리고 살았다. 왜 그랬을까? 이유는 향시에서 자신의 할아버지를 비판한 글을 쓴 것에 대한 자책 때문이었다. 그의 할아버지 김익순은 홍경래의 난 때 선천부사였는데 교전에서 패하고 항복했다. 그런데 뒤에 홍경래가 관군에게 패하고 사살되자 죄를 모면하려고 농민 조문형에게 1,000냥을 주기로 약속하고 반군의 장수 김창시의 목을 베어 오게 했고, 약속대로 김창시의 목을 받았다. 하지만 약속을 어기고 돈을 지불하지 않자 조문형은 조정에 김익순을 고발했고, 그 결과 김익순은 모반 대역죄로 참수당했다.

그 일로 멸문의 화를 당한 김병연의 아버지는 얼마 지나지 않아 화병으로 죽었고, 어머니는 자식들의 앞날을 위해 강원도 영월로 도피하여 숨어 살았다. 세월이 흘러 성인이 된 김병연은 출사를 위해 향시에 응시했다. 그런데 이때 출제된 시제(試題)가 "홍경래의 난 때 죽음으로써 저항한 가산군수 정시의 충절을 찬양하고, 난적에 투항하여 불충을 저지른 선천부사 김익순의 죄를 개탄하라"였다. 사건 당시 너무 어려서 내막을 몰랐던 그는 김익순을 날카롭게 비판하는 답글 형식의 글로 장원의 영예를 안았다. 그러나 이내 김익순의 손자라는 사실이 밝혀지면서 급제는 무효처리가 되고 말았다. 어머니에게 그간의 자초지종을 듣게 된 김병연은 하늘을 보며 하염없이 울었다고 한다. 결국 조상을 세상에 욕보였고 조롱했다는 자책과 폐족의 멸시를 견디기 어려웠던 그는 처자식을 뒤로 하고 방랑의 길을 떠났다. 그리고 죄인의 자손으로서, 조상을 욕보인 패륜아로서 차마 하늘을 올려다 볼 수 없다며 이후로 평생 갓을 쓰고 다녔다.

중세

CHAPTER

2

고려가 한반도의 패권을 장악하다

고려의 왕건과 후백제의 견훤은 신라의 국경 부근인 지금의 안동과 합천 지역을 확보하기 위해 치열한 공방전을 벌였습니다. 후백제는 920년 보마군(步馬軍) 1만명으로 오늘날 합천 지역의 대야성을 함락시킨 후, 군사를 전북 무주의 진례성으로 이동시켰는데요. 잇따른 후백제의 침공에 당황한 신라는 아찬 김률을 고려에 급파하였습니다.

신라의 요청으로 고려는 안동과 상주 지역에서 후백제와 치열한 전투를 벌였는데, 대체로 고려의 전세가 불리하였습니다. 그러다 화친을 맺기도 하지만 견훤이 고려에 볼모로 보낸 진호가 병사하자, 견훤은 왕건이 보낸 볼모 왕신을 죽이고 고려를 공격합니다. 927년에 견훤은 상주 부근의 근품성을 점령하고, 영천 지역의 고울부를 습격한 뒤 곧이어 신라로 진격하여 경애왕을 죽이고, 경애왕의 동생뻘인 김부를 경순왕으로 세웁니다.

이에 고려는 백제에 맞서나 견훤의 군대에 번번이 힘을 못 쓰다 결정적인 반격을 가하게 되는데, 바로 그 계기가 된 싸움이 929년의 고창전투입니다. 견훤은 의성부를 공격하여 왕건의 충복이었던 성주 홍술을 죽였고, 견훤의 군사들은 고창군으로 밀려들었습니다. 하지만 이내 벌어진 전투에서 견훤은 왕건에게 대패하여 8천여 명의 사상자를 내고 퇴각하게 됩니다. 다음날 견훤은 병사를 모아 순주성을 빼앗고, 성의 백성을 전주로 이동시켰으나 이미 크게 타격을 받은 상태였습니다.

이렇게 왕건이 고창에서 대승을 거둘 수 있었던 것은 이 지역 호족(豪族)들의 적극적인 협조에서 기인한 것으로 보입니다. 고창전투는 후삼국통일의 주도권 장악을 놓고 벌인 전투라 할 수 있습니다. 여기서 패배한 후백제는 깊은 내상을 입고 서서히 붕괴하기 시작하였습니다.

안동 태사묘

신라가 망해가던 10세기 초, 권력의 중심은 지방의 호족들로 재편되고 있었다. 가장 강성했던 세력은 후백제의 견훤이었고, 왕건은 시나브로 힘을 키워나가던 때였다.

8세기 경덕왕 때부터 고창군으로 불렸던 안동은 고려군이 남진해 신라에 이르는 중요한 교통로였기에 이곳을 차지하기 위한 싸움은 잦았다. 그러나 왕건은 아직 견훤의 세력을 꺾을 만큼 강하지 못했고 상주 출신의 견훤에 비해 개성을 근거로 한 왕건의 지역적 기반은 매우 약했다. 927년 대구 공산전투에서 승리한 견훤이 점차 북진함에 따라 결국 왕건은 설욕을 위해 남진한다. 그리고 두 나라는 고창, 지금의 안동에서 만난다. 930년 정월의 **고창전투**다.

왕건은 승리한다. 이로써 안동, 울산, 청송, 강릉에 이르기까지 11개 성이 고려에 귀부하였고 왕건은 후삼국 통일의 유리한 고지를 차지하게 된다.

이 승리의 중심에 지역의 호족 세력이었던 김선평, 권행, 장정필이 있었다. 왕건은 이들의 공을 기려 김선평을 대광(大匡)으로, 장정필과 권행은 대상(大相)으로 등용하고 군을 부로 승격시켜 안동(安東)이라 이름을 바꾸었다. '동쪽을 편안하게 했다'는 뜻이다.

출처 : 영남일보/일부인용

🔍 | **상식UP! Quiz**

문제 다음 사건을 시간 순서대로 나열하시오.

> ㉠ 왕건의 고려군은 대구 공산전투에서 견훤의 후백제군에게 패퇴하였다.
> ㉡ 신라 경순왕 김부는 국가 유지가 어렵다고 판단하여 왕건에게 항복하였다.
> ㉢ 선산 일리천전투와 황산전투에서 후백제군은 고려군에 격파당하고 전주성을 점령당해 멸망하였다.
> ㉣ 고창전투에서 고려군은 후백제군을 크게 격파하였다.

해설   ㉠ 공산전투(927년)
         ㉡ 경순왕의 귀순(935년)
         ㉢ 일리천전투와 황산전투(936년)
         ㉣ 고창전투(930년)

답 ㉠ - ㉣ - ㉡ - ㉢

경사를 널리 읽어 과거를 거울삼고 현재를 경계하라

왕건은 신라의 삼국통일 이후 두 번째로 한반도를 통일하는 위업을 달성하였습니다. 그의 출생과 관련하여 아버지가 용왕의 딸과 결혼하여 왕건을 낳았기 때문에 왕씨 일족의 겨드랑이에는 대대로 용의 비늘이 돋았다는 전설이 있으며, 왕건이 17세 되던 해에 승려 도선이 찾아와 "너는 장차 왕이 될 운명이다"라고 알렸다고 전해집니다.

25살에 궁예의 장군이 된 왕건은 각종 전투에서 공을 세웠고, 타락한 궁예를 몰아내고 고려를 건국(918)한 후 신라(935)와 후백제(936)를 차례로 병합하며 후삼국을 통일하였습니다. 통일 이후 왕건은 조세를 크게 낮추고 흑창을 설치해 빈민을 구제하고 궁궐과 복식 등을 검소하게 하는 등 애민 정책에 힘을 썼고, 943년 67세로 세상을 떠나면서는 '훈요10조'를 남겨 후세에 귀감이 되고자 하였습니다.

'훈요10조'의 내용은 다음과 같습니다.
1. 국가의 대업은 부처의 힘을 얻어야 하므로 사원을 짓고 승려를 보내 도를 닦고 그 업을 다스리게 하라.
2. 도선이 점쳐놓은 곳 외에 함부로 사원을 짓는 것을 경계하라.
3. 맏아들이 왕위를 계승하는 것이 상례이지만, 맏아들이 불초할 때는 여러 사람에게 신망을 받는 아들에게 왕위를 계승하게 하라.
4. 당의 풍습을 굳이 따를 필요는 없으며, 거란의 풍습은 본받지 말라.
5. 서경은 우리나라 산천의 근본이니, 매년 100일 이상 머물며 국가의 안녕을 도모하라.
6. 연등회와 팔관회를 가감 없이 지금처럼 시행하라.
7. 신하의 간언을 따르고 세금을 낮추어 백성의 신망을 얻으라.
8. 차현이남(車峴以南) 공주강외(公州江外)의 인물은 등용하지 말라.

9. 관리의 녹봉을 공정하게 정하고 함부로 증감하지 말라.

10. 경사를 널리 읽어 과거를 거울삼고 현재를 경계하라.

술술 읽힐걸? 신문GO!

News Paper

왕건 훈요10조의 '공주강외'는 청주일 가능성

훈요10조 제8조의 '차현이남 공주강외'(車峴以南 公州江外)는 후백제 전 지역을 가리키는 것이 아니라는 주장이 다시 제기됐다.

'차현 남쪽 공주강 바깥은 산과 땅의 형세가 모두 반역의 모양으로 달리므로 인심 또한 그러하다. 그 아래 주군인은 조정에 참여하거나 왕후국척과 혼인을 하게 되어 국정을 장악하게 되면 국가에 변란을 일으키거나 통합에 대한 원한으로 범죄를 저지르거나 난을 일으킬 것이다'

이와 관련하여 조선 후기 실학자 성호 이익이 '차현이남 공주강외 = 후백제 지역'으로 단정한 이래, 이병도 등 상당수 학자들이 정도의 차이는 있지만 이 주장을 무비판적으로 수용하였다.

이에 대해 이재범(경기대 사학과) 교수는 얼마 전 발표한 논문에서 △ '외'는 북쪽을 의미할 수 있고 △ 공주강은 금강 본류가 아닌 지천도 의미할 수 있으며 △ 따라서 '공주강외'는 청주 미호천을 지칭하는 것으로 볼 수 있다고 밝혔다. 그의 이 같은 주장은 '차현이남 공주강외 = 청주'로 자연스럽게 연결되고 있다. 그는 부연 설명으로 왕건이 청주를 반왕건파 지역으로 인식, 풍수지리를 이용해 후대 왕들에게 경각심을 전달하려 했다고 밝혔다.

출처 : 충북일보/일부인용

🔍 상식UP! Quiz

문제 신라 말기의 승려이자, 풍수지리의 대가였던 '이 사람'은 왕건의 '훈요10조'에도 언급되어 있다. '이 사람'은?

① 원효   ② 의상   ③ 지눌   ④ 도선

해설 도선은 신라 하대 선종 계통의 승려로, 우리나라 풍수지리학의 조종으로 불린다. 고려와 조선을 거치면서 우리 민족의 생활과 문화에 큰 영향을 끼친 인물이다.

답④

호족(豪族)을 잡아라, 왕권 강화를 위한 사투

고려는 후삼국을 통일한 뒤 태조 때부터 호족세력을 억압하기 위한 여러 정책을 실시하였으나 큰 성과를 얻지 못했는데, 이에 광종은 과거(科擧) 시행, 칭제건원(稱帝建元), 사색공복제(四色公服制) 제정 등과 더불어 왕권 강화책의 일환으로 노비가 된 양인을 다시 양인으로 회복시키는 노비안검법(奴婢按檢法)을 실시(956년)하였습니다.

토지와 함께 노비는 호족의 경제·군사적 기반이 되었고 이는 곧 왕권을 위협하였기에 제한해야 할 필요성이 컸는데요. 노비안검법은 호족이 거두어들이던 세(稅)를 국가에 환원시키고 사병(私兵)을 줄임으로써 호족의 약화, 즉 왕권의 강화라는 결과를 가져오게 하였습니다. 하지만 호족의 강력한 반발을 받았고, 심지어는 왕후까지 이에 반대하는 입장을 표합니다. 그대로 시행하지만 갈수록 거세지는 호족의 반발에 결국 987년(성종 6년) 노비환천법(奴婢還賤法)을 실시하게 됩니다.

관리를 채용하기 위한 시험은 신라 원성왕 4년에 시행한 독서삼품과가 시초입니다. 과거제는 958년 후주(後周)에서 귀화한 쌍기의 건의에 의해 당의 제도를 참고하여 실시되었는데, 초기의 과거는 제술과·명경과·잡과를 두었으며 인종 14년(1136년)에 이르러서 정비되었습니다. 이 밖에 승과가 있었으며 당시 귀족들은 경학(經學)보다 문학을 숭상했습니다. 원칙상 양인 이상이면 과거 시험을 볼 수 있었지만 천민이나 승려의 자식은 예외였고 농민 또한 사실상 응시가 불가능했습니다.

과거는 예부에서 주관하였는데 그 시험관을 지공거(知貢擧)라 하였고, 최종 시험에 합격한 자에게는 합격증으로 홍패(紅牌)를 주었습니다. 과거를 통하여 지공거와 합격자는 좌주(座主)와 문생(門生)의 관계를 맺고 일생 동안 그 예(禮)가 부자간과 같았으므로 그들 사이에 여러 학벌이 만들어져 출세의 배경이 되었습니다. 과거제는 상류층의 자손을 시험에 의하지 않고 특별히 임용하는 특혜, 즉 음서제의 병행으로 불완전성을 나타냈으며, 문(文)을 중시하여 고려 때는 무과가 없었는데 반해 조선 시대에는 문·무 양과가 있었습니다.

술술 읽힐걸? **신문GO!**

News Paper

노비안검법·과거제도, 뒤에 가려진 '피의 숙청'

SBS 월화드라마 '달의 연인-보보경심려'에서는 아이유가 죽음의 고비를 넘기며 황자들 중 형제들을 죽이는 고려의 4대 황제 광종이 존재한다는 것을 깨달았다. 이에 따라 고려 광종에 대한 관심이 뜨겁다.

일련의 개혁 작업은 좋았지만 960년에 발생한 공신세력의 참소사건을 시작으로 공신들의 숙청작업의 시작되었으며, 고려 제2대 왕 혜종과 3대왕 정종의 외아들을 죽이기에 이르고 말년에는 부인인 대목왕후와 자신의 외아들인 경종을 의심의 눈초리로 쳐다보기도 하는 등 공포정치가 행해졌다.

이로 인해 광종은 상반된 평가를 받고 있다. **노비안검법**과 **과거제도**를 통해 공신세력을 축출해 왕권을 강화시킨 왕임과 동시에 지나치게 숙청작업에 몰두한 피의 군주라는 면에서 양면성을 지닌 왕으로 기록되기도 한다.

출처 : 국제신문/일부인용

🔍 | **상식UP! Quiz**

문제 다음 중 과거시험 1차 합격자들을 다시 선발(재시 : 2차 시험)했던 고려 최고의 국립교육기관은?

① 국학　　　　　② 주자감　　　　　③ 국자감　　　　　④ 성균관

해설 ③ 국자감 : 국가에서 필요한 인재 양성 기관
① 국학 : 통일신라의 최고 교육기관
② 주자감 : 왕족과 귀족을 대상으로 한 발해의 교육기관
④ 성균관 : 고려 말과 조선시대 최고의 교육기관

답 ③

유교정치의 시작, 성종과 최승로의 케미로!

시무 28조는 고려 성종이 5품 이상의 관리들에게 정치의 득실을 논하여 밀봉해서 올리게 하자 신라 6두품 계열 유학자인 최승로가 올린 두 상소문 중 하나입니다. 28개 조항 중 22개 조항에서는 정치, 사회, 문화 전반에 걸친 개혁안이 담겨 있고, 나머지 6개 조항의 내용은 현재 전하지 않습니다. 또 다른 상소문은 고려 태조부터 경종까지 5조의 정치 업적을 평한 오조치적평(五朝治績評)입니다.

상소문은 내용상 크게 불교 비판, 대외 관계, 사회 제도, 통치 체제 등 네 부분으로 나누어 볼 수 있는데요. 첫 번째 부분에서는 불교 자체를 비판한 것이 아니라 광종 당시 지나치게 커진 불교 의식과 이로 말미암은 사회적 폐단을 지적하였습니다.

두 번째 대외 관계 측면에서는 광종 당시 무분별하게 중국 문화와 중국 인재를 도입한 것을 비판하고, 중국 문물을 받아들이더라도 고려의 실정에 맞게 하자고 주장하였습니다. 또한 북쪽 변방 지역의 방비를 위해 토착인을 활용할 것을 건의하였습니다.

세 번째 사회 제도 측면에서는 신라 말 이후 복식 제도나 신분 제도, 가옥 제도 등이 문란해졌음을 지적하고 이를 정비하자는 것입니다.

네 번째 통치 체제에서는 수령을 파견하여 지방 민생을 살피고, 섬 지역의 곤궁함과 불교 사원으로 인한 폐단 등을 살필 것을 주장하였습니다. 또한 광종 이후 전반적으로 과다해진 왕실의 숙위 군인과 공급해야 할 말, 노비 등을 줄이자고 건의하였습니다.

최승로의 건의는 성종에게 많은 영향을 끼쳐 고려 초 국가체제를 정비하는 데 기본 토대가 되었습니다. 성종은 최승로의 보필을 받아 유교를 정치 이념으로 확립하고 당의 제도를 도입해 각종 제도를 정비하여 중앙 집권 체제를 확립하였습니다.

"거지 한명 돕겠소, 온 백성 돕겠소?"
최승로, 왕에게 묻다

"스스로 교만하지 말고 아랫사람을 공손히 대하셔야 합니다. 죄지은 자는 모두 법에 따라 벌의 경중을 결정하십시오. 적은 은혜는 두루 베풀어지지 못합니다. 악을 징계하고 선을 권장한다면 복이 올 것입니다"

981년 고려 6대왕 성종은 즉위와 동시에 유교사회 건설을 표방하고 이듬해 정5품 이상의 모든 관리에게 시무와 관련한 상소를 올릴 것을 명했다. 이때 정광행선관어사상주국으로 있던 유학자 최승로는 올바른 정치를 하기 위해서는 임금 스스로 모범을 보이고 백성을 위해 바른 정치를 펼쳐야 함을 주장했다. 이것이 바로 성종이 단행한 개혁의 중심이 된 '시무(時務)28조'다.

상소문을 올린 982년 당시 최승로의 나이는 56세였다. 최승로는 농익은 학문적 역량과 정치적 내공을 기반으로 젊은 성종을 보좌했다. 서슴지 않고 잘잘못을 지적했고 개방적인 인물이었던 성종은 그의 쓴소리를 적극적으로 수용했다.

그의 학식은 어렸을 때부터 두드러졌다. 최승로가 태조 왕건을 만나 논어를 줄줄 외는 총명함을 보였을 때 그의 나이는 불과 12살이었다. 최승로의 천재성에 감탄한 태조는 상을 내리고 그를 학자들이 드나드는 원봉성(元鳳省)의 학생으로 보내 영재교육을 받도록 했다. 이후 그는 혜종, 정종, 광종, 경종을 거쳐 6대 성종에 이르기까지 왕들을 섬기게 된다. 하지만 신라 6두품 가문 출신인 최승로는 20여 년 동안 좀처럼 정치 중심으로 떠오를 기회를 잡지 못했고, 과거 출신자들이 신진관료로 등장하게 되는 광종 후반기에 들어서면서부터 역량을 발휘하기 시작했다.

출처 : 아시아경제/일부인용

Q | 상식UP! Quiz

문제　최승로의 시무28조는 고려의 '이 왕' 대에 작성된 것인데, '이 왕'은 누구인가?

해설　성종은 최승로의 시무28조를 채택하여 유교정치에 의한 국가 기반을 정립하였다.

답 성종

가장 성공적인 실리 외교

고려는 발해를 멸망시킨 거란(契丹)과 수교(修交)하지 않았고, 이에 불만을 품은 거란은 993년에 고려를 침략하여 항복을 요구하였습니다. 이에 고려에서는 항복하자는 의견과 땅을 일부 떼어 주고 화의(和議)를 청하자는 의견이 대립하게 됩니다.

하지만 대답이 늦어지는 사이 거란의 소손녕(蕭遜寧)은 안융진(安戎鎭)을 공격했고, 실패하자 다시 항복을 독촉하였습니다. 서희(徐熙)는 항복을 요구하는 모습에서 전쟁을 원치 않는다는 것을 알아채고 회담에 나섰습니다. 그리고 절을 하라는 요구에 대해 왕에게는 절을 하더라도 대신들끼리 절을 할 수 없다며 버텼습니다.

결국 회담이 시작되었고, 서희는 소손녕의 "옛 신라 땅에서 건국하였는데 어찌 우리 땅을 침범하였느냐"는 말에, 우리는 고구려의 후예로 이름도 고려라고 하고 평양도 중시하는데 거란은 어찌 우리 땅에 들어와 있느냐고 반문했습니다.

그러자 소손녕은 고려는 "왜 국경을 맞대고 있는 거란이 아닌 바다 건너 송나라를 섬기느냐"며 따졌고, 서희는 거란과의 사이에 여진(女眞)이 있기 때문이라며 여진을 몰아내고 그 땅을 주면 거란과 교류하겠다고 하였습니다.

서희의 외교 담판의 결과로 거란은 이에 합의하고 소손녕은 철수하였는데요. 거란의 대군을 돌려보내고, 오히려 이를 전화위복으로 영토까지 얻었으니 우리 역사상 '가장 성공한 실리적인 외교'라고 평할 만합니다.

'초당적 외교' 서희의 전력을 배워야

993년(성종 12), 고려 건국 75년 만에 거란은 송을 공략하기에 앞서 고려를 먼저 침공하였다. 봉산군을 함락시킨 거란 장수 소손녕은 "80만의 군사가 출병했다. 만약 항복하지 않으면 섬멸할 것이니, 국왕과 신하들은 빨리 우리 군영 앞에 와서 항복하라"고 고려를 위협했다. 그러나 성종의 신뢰를 등에 업은 서희는 당당하게 맞서 담판으로 소손녕을 굴복시켰다. 서희가 이 외교 담판을 통해 평안북도 강동 280리를 차지해 고려의 영토를 압록강 경계로 확대시킨 업적을 남긴 전략은 크게 세 가지이다.

현군(賢君)과 적절한 실리외교가 전쟁을 막고 영토를 확장할 수도 있지만, 잘못된 외교전략은 국가에 치명적인 결과를 초래할 수 있다는 점, 외교는 초당적이어야 국익을 지킬 수 있음은 동서고금의 진리다.

'협상의 시대'라고 할 만큼 국가 간 협상이 중요해진 요즘, 서희의 '협상 리더십'을 되새겨 본다. 1000년 전 서희 외교의 성공 사례처럼 대한민국의 지정학적·전략적 가치를 당당하게 설파할 수 있는 '제2의 서희' 출현을 기대한다.

출처 : 일요서울/일부인용

상식UP! Quiz

문제 서희는 소손녕과의 외교 담판으로 강동 6주를 회복하게 되는데, 소손녕은 어느 나라의 장수인가?

① 여진　　② 몽골　　③ 거란　　④ 송나라

해설 고려는 거란이 발해를 멸망하게 했다는 이유로 거란과 수교하지 않았는데, 서희는 거란과의 싸움에서 출혈 없이 오직 말로써 강동 6주를 회복했다. 이때 서희와 외교 담판을 벌인 인물은 거란의 장수 소손녕이다.

답③

화폐와 대외무역으로 본 고려의 경제활동

고대 사회에서 고려로 넘어왔을 때 농업생산량의 증가로 인해 남은 생산물을 팔기 위한 시장과 상업 및 수공업이 발전하였습니다. 이에 따라 경제활동에서 두드러지게 나타난 특징은 바로 시장에서 화폐를 사용하게 된 것과 활발해진 대외무역을 꼽을 수 있습니다.

우리나라 최초의 화폐인 '건원중보(乾元重寶)'는 고려가 당나라 숙종 때 유통한 화폐를 모방하여 앞면에는 '乾元重寶'라 새기고, 뒷면에는 중국 입장에서 고려를 지칭하는 '동국(東國)'이라고 표기하여 주조하였습니다.

건원중보 철전은 성종 때인 996년에 처음으로 주조되어 이듬해까지 창고에 보관하다 유통되기 시작하였으나 1002년까지 유통되다가 그해에 목종이 교지를 내려 유통을 중단했습니다. 원래 목종은 성종의 뜻을 이어 건원중보의 저잣거리 유통을 더 확대하려 하였는데요. 주전(鑄錢)만을 통용한다면 나라 곳간에 현물 대신 주전만 들어찰 뿐이고, 또 현물을 제조·거래하는 백성들의 원성이 높아지게 될 것이라는 시중(侍中) 한언공(韓彦恭)의 상소를 받아들여, 화폐는 다주점(茶酒店)이나 식미점(食味店) 등에서만 사용하고 그 밖의 사적인 거래에서는 기존 방식처럼 토산물을 사용하게 하였습니다.

'벽란도(碧瀾渡)'는 고려 때의 대표적인 국제무역항으로 황해도 예성강 하류에 있어 예성항이라고도 합니다. 기슭에는 벽란정(碧瀾亭)이라는 관사가 있어 이곳에서 외국 사신들을 접대하곤 했는데, 벽란도라 불리게 된 것은 이곳에서 유래한 것입니다.

후삼국 시대의 벽란도는 해군기지가 있던 곳에 불과하였지만, 고려시대에는 수도 개성의 관문에 위치한 덕에 고려의 가장 큰 무역항이 되었습니다. 송나라 상인은 물론 일본과 동남아시아 국가들뿐만 아니라 멀리 아랍의 해상(海商)들까지 이곳을 자주 드나들어 국제적인 교역항으로 발전하였습니다. 이때 고려란 이름이 코리아 (Korea)라고 불리기 시작하였습니다.

술술 읽힐걸? 신문GO!   News Paper

개성 벽란도(碧瀾渡)

벽란도는 개성에서 서해로 흘러가는 예성강 끝자리에 있는 포구였다. 서해와 바로 만나는 지점에 있는 벽란도는 말 그대로 푸른 물결이 넘치는 곳으로, 밤도 낮처럼 환하게 밝혀진 곳이었다. 이곳은 중국 상인들이 대부분이었지만 멀리 아라비아 상인들과 유럽의 상인들도 교역하러 왔다. 지중해에서부터 고려의 벽란도까지 무역하러 올 정도로 개성에는 없는 물품이 없었다.

송나라 사절의 한 사람으로 고려에 왔던 중국인 서긍(徐兢)이 쓴 책 〈고려도경〉에 따르면 당시 개성엔 화려한 저택이 즐비했고 외국인 전용 숙소도 여럿 있었다. 여성은 물론 남성도 비단으로 치장했다. 기름·종이·말(馬)·돼지의 시장이 각각 있을 정도로 다양한 상업이 발달했다.

벽란도가 국제 무역항으로 번성할 수 있었던 것은 그 뛰어난 지리적 여건과 세심한 외국인 배려정책에 힘입은 바가 크다. 외국인들의 편의를 위해 외국 사신이 들어오면 벽란정으로 안내해 우벽란정에 조서(詔書)를 안치하고 좌벽란정에서 사신을 대접해 사신이 도착하거나 떠날 때 반드시 하루씩 묵었다가 갈 수 있게 했다. 타인들에 대한 고려인들의 배려는 외국인들이 벽란도를 찾게 하는 기반이었다. 이처럼 고려인들의 개방성과 신뢰를 주는 행동은 개성을 세계적인 도시로 만들었고 자연스럽게 금속활자와 같은 전 세계 최고의 문화를 만들어 냈다.

출처 : 경인일보/일부인용

🔍 | **상식UP! Quiz**

문제 다음 중 고려 성종 때 발행한 우리나라 최초의 화폐를 고르면?

① 상평통보   ② 명도전   ③ 반량전   ④ 건원중보

해설 건원중보에 대한 설명이다. 상평통보는 조선, 명도전은 중국의 전국시대, 반량전은 중국 진(秦)대의 화폐이다.

답 ④

스무 살 이상의 모든 남자는 별무반으로…

별무반은 1107년(예종 2년)부터 1109년까지 짧은 기간 존재했던 군사조직입니다. 하지만 20세 이상의 남자 중에서 과거 응시자가 아닌 모든 백성이 편제된 의무군 이었으며, 귀족에서부터 아전·농민·상인·노비·승려 등 모든 국민이 총동원된 거국적인 부대였습니다. 별무반은 북만주에 위치해 있던 여진족의 완옌부가 두만 강 유역까지 세력을 확장하자 이를 정벌하기 위해 편성되었으며 그들과의 화친이 성립되면서 해체되었습니다.

1104년(숙종 9년) 숙종은 여진 정벌을 위해 임간과 윤관을 연이어 보냈으나 모두 패하였고, 이에 윤관은 기병 중심의 여진을 상대하기 위해 왕에게 별무반의 설치 를 건의하였습니다. 별무반은 기병인 신기군, 보병인 신보군, 승병으로 구성된 항 마군, 그리고 도탕군, 경궁군, 정노군, 발화군 등의 특수군으로 구성되었는데요. 1107년 윤관을 원수, 오연총을 부원수로 한 17만명의 별무반은 여진을 소탕하고 동 북 9성을 축조하였습니다(동북 9성의 위치에 대해서는 두만강 북쪽이었다는 설부 터 함흥평야 일대라는 설까지 여러 학설이 대립함).

하지만 1109년 동북 9성의 반환을 조건으로 여진이 화친을 요구하자, 오랜 전쟁으 로 인한 물자와 인력의 피해를 감당하기 힘들었던 조정에서는 어쩔 수 없이 이에 응하였고 강화가 성립되면서 별무반 또한 해체되고 말았습니다.

별무반은 짧은 기간 존재한 임시조직이었지만 기존의 직업군인제와는 달리 전 국 민이 참여하는 국민개병제도로의 변화를 보여주었다는 데 큰 의의가 있습니다. 또 한 동북 9성의 위치에 대해서는 간도 문제와 함께 올바른 역사 기록을 위해 반드시 연구되어야 할 과제 중 하나입니다.

경기도를 빛낸 역사 인물 윤관

윤관은 고려 예종 때 여진정벌의 공을 세운 명장이다. 윤관의 묘는 사적 제 323호로 지정돼 파주에 있다.

태조를 도운 삼한공신 신달의 고손이며 검교소부소감을 지낸 집형(執衡)의 아들이다. 고려 문종(文宗) 때 문과에 급제하였고 숙종 9년(1104)에 동북면행영병마도통이 되어 국경을 침범하는 여진정벌에 나섰다. 하지만 여진의 강한 기병에 패해 임기응변으로 강화를 맺고 철수했다. 그 후 특수부대인 별무반(別武班)을 창설했다.

대원수가 되어 부원수 오연총과 함께 17만 대군을 이끌고 여진을 정벌하고 9성을 쌓아 국방을 수비하게 했다. 윤관은 문무를 겸한 공신이었다. 세상을 뜬 후에 예종의 묘정(廟廷)에 배향됐다.

세월이 흐르면서 묘의 소재가 알려지지 않았지만 1764년 윤관의 구비파편(舊碑破片)이 발견된 후 영조가 봉분을 새로 조성하고 치제(致祭)하게 함으로써 윤관의 묘소임이 공인됐다.

출처 : 경기일보/일부인용

🔍 상식UP! Quiz

문제   만주 동북 쪽에 살던 여진족은 시대에 따라 다른 이름으로 불렸다. 다음 중 여진족을 가리키는 명칭이 아닌 것은?

① 거란족

② 말갈족

③ 숙신족

④ 만주족

해설   춘추전국시대엔 숙신(肅愼), 한나라 때는 읍루(挹婁), 남북조시대에는 물길(勿吉), 당나라 때는 말갈(靺鞨)로 불리다가 송나라 이후 여진(女眞)으로 불렸고 청나라 때는 만주족으로 불렸다.

답 ①

조선 역사상 일천년래 제일대사건

고려 서경(西京, 평양)의 승려 출신 묘청(妙淸)이 수도를 개경에서 서경으로 옮기려 하였고 후에 천도가 좌절되자 무력으로 중앙정부에 저항한 사건입니다.

12세기 나라 밖에서는 여진족의 금(金)이 송(宋)을 멸망시킨(1126) 후 고려 침략의 기회를 엿보고 있었고, 안으로는 척신 이자겸의 난(1126)으로 고려의 정치상황은 혼란스러웠습니다. 이러한 대내외적 위기가 심화되자 개경의 유교·사대주의 세력에 대항하여, 고려의 민심을 지배해 온 도참설을 이용하여 서경에 근거지를 둔 일파들에 의해 서경천도설이 표면화되었습니다.

묘청 등은 칭제건원(稱帝建元)과 금국정벌을 주장하며 인종을 부추겼습니다. 하지만 서경에 신궁을 건설하는 과정에서 개경파의 반발이 거세졌고, 또한 서경을 행차하는 중에 폭우가 쏟아져 시종들이 사망하고 인종이 길을 잃고 헤매는 일이 발생했습니다. 게다가 천도를 주장하는 서경파의 농간이 폭로되어 민심이 이탈하게 되자 결국 인종이 천도를 중지하면서 서경천도는 좌절되고 말았습니다.

사태가 반전되자 묘청은 1135년 반기를 들고 정부에서 파견된 관리들을 잡아가두는 한편, 자비령(황해도에 있는 고개) 이북의 길을 막고 서북 여러 고을의 군대를 모두 서경으로 집결시킨 후 국호를 대위국(大爲國), 연호를 천개(天開)라 선포하고, 군대를 천견충의군(天遣忠義軍)이라 부르며, 서북면의 모든 관청의 관리들을 서북인만으로 충당한 다음 개경으로 진격해 들어갈 뜻을 밝혔습니다.

조정에서는 김부식을 평서원수로 하는 토벌군을 파견하였는데 반란군 가운데 조광 등이 묘청·유참 등의 목을 베어 정부군에 항복의 뜻을 표시하고 죄를 용서해줄 것을 요청하였고, 결국 1136년 2월 관군의 평양성 총공격으로 조광 등이 죽음으로써 반란은 진압되었습니다.

묘청의 난, 자주적 민족기상의 표출? or 권력투쟁?

묘청은 동아시아의 신흥 강자 금나라에 대한 사대를 반대하고, 정벌에 나서자고 주장했다. 풍수지리를 근거로 땅의 기운이 다한 개경에서 서경으로 도읍을 옮길 것을 설득했다. 개경파 문벌귀족 김부식은 현실성이 없다며 이를 반대했다. 인종은 묘청의 손을 들어줬다. 하지만 천도 직전 불길한 사건·사고가 이어졌다. 묘청의 권위가 하락하고 개경파와 서경파의 대립은 심화됐다. 결국 묘청은 1135년 군사를 일으켜 문벌귀족 타도에 나섰다.

반란은 1년 만에 진압됐고, 묘청의 시신은 무덤에서 파헤쳐져 부관참시됐다. 1920년대 민족주의 역사학자 단재 신채호는 '**묘청의 난**'을 1000년간 민족사의 성쇠를 좌우한 사건 중 첫 번째로 평가했다. 사대주의를 거부한 진취적 사상이 식민지 현실에서 재평가될 필요가 있다고 여긴 것이다. 하지만 묘청이 러시아의 그리고리 라스푸틴에 비견될 '요승'이라는 평가도 있다.

출처 : 경향신문/일부인용

🔍 | 상식UP! Quiz

문제 독립 운동가이자 민족 사학자인 단재 신채호의 다음 저서 중 묘청의 난을 가리켜 "이 운동이 성공했다면 조선사가 독립적, · 진취적 방면으로 진전했을 것"이라고 평가한 것은?

① 조선상고사
② 조선혁명선언
③ 조선사론
④ 조선사연구초

해설 ④ 동아일보에 발표하였던 논문을 홍명희가 수집한 것으로 1929년에 발행. 6편의 논문이 수록되어 있다. 〈독사신론〉, 〈조선상고사〉와 더불어 한국 역사 연구를 위한 방법론의 문제와 관련하여 중요한 자료로 평가받고 있다.

답 ④

고려인들은 참으로 기이하다?

"신이 듣기에 고려는 땅이 넓지 않으나 백성은 매우 많다. 사민(四民)의 업(業) 중에 유학자를 귀하게 여기므로 고려에서는 글을 알지 못하는 것을 부끄럽게 여긴다. 산림이 매우 많고 넓고 평탄한 땅이 적기 때문에 경작하는 농민이 장인에 미치지 못한다. 주군(州郡)의 토산물이 모두 관아에 들어가므로 상인은 멀리 다니지 않는다. 다만 대낮에 도성의 시장에 가서 각각 자기가 가진 것과 자신에게 없는 물건으로 바꾸는 정도에 만족하는 듯하다"

이 사료는 북송 사신으로 고려에 온 서긍이 1123년 6월 개경에 들어와 귀국할 때까지 체류기간 동안의 견문을 그림과 함께 엮어 고려 사회 모습을 담은 〈선화봉사고려도경(宣和奉使高麗圖經)〉입니다.

1123년은 대외적으로는 북송이 금나라에 의해 멸망하기 4년 전으로 금의 압박이 강해지고, 대내적으로는 인종 즉위 다음 해로 문벌귀족 사회의 모순이 표출되기 시작한 때였습니다. 서긍은 자신이 보고 듣고 느낀 고려의 산천과 풍속, 각종 제도, 도로 등을 상세히 기록했는데요. 그 중 고려의 민생을 다룬 이 사료에는 당시 고려의 풍속과 사농공상의 경제 활동이 구체적으로 잘 드러나 있습니다.

서긍은 당시 송의 사대부들과 마찬가지로 중국을 선진 문화, 이민족을 후진 문화로 규정하고 주변 민족을 중국 문화에 동화된 민족과 그렇지 않은 오랑캐로 철저히 구분하고자 하였습니다. 그러면서 선진적 중국 문화가 고려에 유입되어 고려를 어떻게 중국화했는가와, 그럼에도 불구하고 변화하지 않은 고려 고유의 문화적 특수성을 함께 관찰해 기록하고 있습니다. 그러나 이러한 한계에도 불구하고 〈고려도경〉은 외국인의 눈에 비친 당대 고려 사회에 대한 자세한 기록으로, 우리 측 사료의 공백을 메워 주고 보완해 주는 중요한 역할을 하고 있습니다.

시냇물서 속살 드러낸 채 남녀혼욕 즐긴 고려인들?

서긍은 한 달간의 사행 기간 동안 경험한 견문을 바탕으로 40권의 책을 지었는데 〈고려도경〉을 말한다. 한 달 남짓한 체류 기간 동안 보고 들은 고려의 역사, 정치, 경제, 문화, 종교, 인물 등 광범위한 부분을 글과 그림으로 빠짐없이 정리했다.

〈고려도경〉은 〈고려사〉나 〈고려사절요〉 등 한정된 고려시대 사료에서 찾아볼 수 없는 역사적 사실을 전하며 도자기, 궁궐, 군사와 병기제도, 복식, 선박 등의 분야에서도 당시의 기술을 연구·복원하는 중요한 근거 자료로 평가받고 있다.

책은 철저히 중국의 시각에서 쓰였다. 서긍은 고려를 오랑캐 국가로 인식하면서도 중화의 풍속을 잘 모방해 사이(四夷)와는 다른 면모를 갖고 있다는 것을 설명하는 데 많은 부분을 할애하고 있다. 종묘와 사직을 세웠으며 문궐도 졸렬하기는 하나 옛 제후(기자)의 예를 따라 지었고 관복도 송의 제도를 따라 입어 의복제도가 잘 갖춰졌다고 했다. 음식을 먹고 마실 때 그릇을 사용하고 문자는 해서와 예서를 모두 쓰고 서로 주고받을 때 무릎을 꿇고 절하며 엄숙히 공경하므로 충분히 우러러볼 만하다고 추어올렸다. 그러나 실제에서는 난잡스러운 오랑캐의 풍속을 끝내 다 고치지 못했다고 했다.

그는 "고려 사람들은 은혜를 베푸는 일이 적고 여색을 좋아하며 쉽게 사랑하고 재물을 중히 여긴다. 남녀 간의 혼인에서도 가볍게 합치고 쉽게 헤어진다. 참으로 웃을 만한 일이다"라고 했다.

고려인들은 아침에 일어나면 목욕을 한 후에야 집을 나서며 여름에는 하루에 두 번씩 목욕을 했다. 흐르는 시냇물에 남녀가 모여 모두 의관을 언덕에 놓고 속옷을 드러내는 것을 괴상하게 여기지 않는다. 서긍은 "고려인들은 중국인들을 때가 많다고 늘 생각했다"면서 "중국 문헌에 고려인은 예로부터 깨끗하다고 했는데 여전히 그러했다"고 적었다.

출처 : 매일경제/일부인용

역사에서 민족의 자긍심을

현존하는 우리나라 최고(最古)의 역사서는 〈삼국사기(三國史記)〉입니다. 삼국시대에도 고구려에는 〈유기(留記)〉와 〈신집(新集)〉, 백제는 〈서기(書記)〉, 그리고 신라는 〈국사(國史)〉라는 역사서가 있었다고 하는데, 현재는 전해지지 않습니다.

거란의 침입을 물리치고 난 고려는 민족의 자긍심을 높이고, 역사를 뒤돌아보며 현재의 여러 문제점을 해결하는 방향을 찾기 위해 역사서를 편찬하기로 하였습니다. 그래서 나온 것이 이 〈삼국사기〉인데요. 김부식(金富軾)은 뚜렷한 역사의식을 가지고 보조원 8명과 함께 집필하였습니다. 〈삼국사기〉의 형식은 송(宋)이 발간한, 당(唐)의 역사책인 〈신당서(新唐書)〉를 모방하여 기전체(紀傳體)로 서술하였습니다.

〈삼국사기〉는 신라본기(新羅本紀) 12권(통일신라 7권 포함), 고구려본기(高句麗本紀) 10권, 백제본기(百濟本紀) 6권, 연표(年表) 3권, 지(志) 9권, 열전(列傳) 10권으로 구성되어 있습니다. 여기서 지는 통치제도 등을 분야별로 기술한 것입니다. 〈삼국사기〉에는 역사적 사실뿐만 아니라 자연현상이나 자연재해도 기록되어 있습니다. 〈삼국사기〉는 1145년에 편찬되었으나 초간본은 남아있지 않고 13세기 후반에 판각된 것이 일부 남아 있습니다.

〈삼국사기〉가 여러 자료를 정리하여 편찬되었으나, 여기에서 다루지 않은 것도 있을 것입니다. 그 후 일연(一然)은 〈삼국사기〉에서 다루지 않은 내용을 모아 〈삼국유사(三國遺事)〉를 집필하였는데요. 〈삼국유사〉에는 삼국 이전의 내용이 들어 있고, 특히 단군신화나 향가 14수 등의 중요한 사료가 들어 있습니다. 1280년대에 편찬된 것으로 보이나 1512년에 발간된 것이 현전하는 것 중 가장 오래된 것입니다.

"〈삼국유사〉는 생태문학 보고"

일연 스님이 저술한 〈삼국유사〉에는 모두 24종의 나무와 관련된 51편의 이야기가 등장할 만큼 풍부한 생태문학적 상상력을 내포하고 있다. 나무와 관련된 다채로운 이야기들은 당시의 정치적·사회적 상황을 상징적으로 보여주고 있다는 점에서 중요한 의미를 지닌다.

하지만 〈삼국유사〉 속 나무 이야기들이 드러내고 있는 상징성을 학술적으로 주목한 사례가 적었다는 사실은 아쉬움으로 남아왔다. 이런 상황에서 〈삼국유사〉의 생태문학적 상상력과 그 의미를 고찰하는 논문이 발표돼 관심을 모은다.

김 교수는 "일연 스님은 〈삼국유사〉의 내용을 효과적으로 전달하기 위해 나무의 상징을 적절히 활용하고 있다"며 "특히 '기이'편은 풍부한 상상력을 동반한 생태문학의 보고"라고 강조했다. 실제 〈삼국유사〉에는 24종의 나무가 등장하는데, 동일한 나무를 활용한 각 편의 내용까지 합치면 모두 51종에 이른다.

구체적으로 '기이'편 18종, '탑상'편 11종, '피은'편 6종, '의해'편 6종 등이다. 빈번하게 등장하는 나무는 소나무, 대나무, 향나무 등으로 소나무는 박혁거세, 김유신, 원효성사 등과 연계되고 있다.

출처 : 법보신문/일부인용

🔍 | 상식UP! Quiz

문제 〈삼국사기〉 열전 권46에는 현존하지 않는 김대문의 여러 저서가 소개되어 있다. 그런데 1989년 박창화가 '이 책'의 필사본을 공개하였으나 내용이 기존의 역사 연구 결과와 달라 위서로 보고 있는데, 이 책은 무엇인가?

① 고승전
② 화랑세기
③ 악본
④ 한산기

해설 보기의 저서는 모두 김대문의 저서이나 현재는 전하지 않아 내용은 알 수 없다. 〈화랑세기〉 필사본에는 화랑의 기원, 역대 풍월주의 계보 및 행적, 향가 등이 기록되어 있었다.

정답 ②

왕건이 당부한, 고려의 국가적인 불교 행사

'연등회(燃燈會)'는 '팔관회(八關會)'와 함께 신라 진흥왕 때의 불교 의식에서부터 유래하였으며, 불교를 숭상한 고려시대에는 국가적인 행사로 자리 잡았습니다. 연등회는 연꽃 모양의 등에 불을 지핌으로써 어둠을 환하게 밝히는 부처의 공덕을 기리고, 선한 행동으로 덕을 쌓고자 하는 불교 공양의 일종인데요. 이날은 궁궐에 많은 등을 달아서 밝히고, 임금과 신하가 함께 술과 음식을 즐기며 국가와 왕실의 안녕을 기원하였습니다.

팔관회는 신라 진흥왕 때 온 나라가 태평성대를 맞이하기 바라며 처음 행해졌으며, 고려시대에는 정기적인 국가 행사로 자리 잡았습니다. 불심이 남달랐던 태조는 '훈요십조(訓要十條)'에서 후손들에게 연등회와 팔관회를 경건히 하라는 말을 남길 정도였습니다. 본래 팔관회는 불교에서 말하는 8가지의 계율을 하루 동안 엄격하게 지키는 불교 의식이었습니다.

그런데 우리나라 토속신에게 제사 지내는 것으로 그 성격이 바뀌면서, 나라의 발전을 기원하고, 개인의 복을 빌며 외국 사신들이 선물을 진상하는 형태의 국제적인 행사로 변모하였습니다. 팔관회는 수도인 '개경'과 지금의 평양인 '서경'에서 열렸으며, 성종 때 최승로(崔承老)의 건의로 잠시 폐지되기도 했지만 1010년(현종 원년)에 부활하여 거의 매년 행해지던 고려의 국가의례였습니다.

"연등회, 종교 초월한 한국의 전통문화"

"숭유억불 시대인 조선에서도 사월 초파일에 연등을 대문 밖에 달지 않으면 관료들이 벌을 내렸다. 대부분의 관료가 유학자임에도 불구하고 이렇게 했던 것은 당시 부처님 오신 날을 세시 명절로 인식한 조상들의 자세를 보여주는 단면이라 추정된다"

부처님 오신 날인 사월 초파일에 여는 연등 행사가 단순한 불교 행사를 초월한 한국 전통 세시 명절로서 그 중요성을 이어 왔었다는 주장이 제기됐다.

부산불교연합회(회장 경선)는 11월 23일 범어사 설법전에서 '2016년 팔관회 전통문화보전 학술대회'를 개최했다. 이 자리에서 '부산 연등회의 전승 방안'에 대한 주제로 발표한 황경숙 민속학 박사는 연등회를 단순히 불교 문화로만 인식하기엔 전통성이 간과되는 것임을 학술대회를 통해 전달했다. 이어 황 박사는 부산 연등회를 무형 문화재로 올리기 위한 과제로 '학술적 연구'와 '역사성을 담은 재현성'을 제안했다.

출처 : 현대불교신문/일부인용

🔍 | 상식UP! Quiz

문제　다음 중 고려의 숭불정책(崇佛政策)과 성격이 다른 하나를 고르면?

① 훈요십조
② 연등회와 팔관회
③ 시무28조(時務二十八條)
④ 팔만대장경(八萬大藏經)

해설　시무28조는 유학자인 최승로가 당면한 과제에 대해 본인의 의견을 밝힌 글이다. 최승로는 시무28조에서 불교 의식의 폐단에 대해 언급하였다. 팔만대장경은 국보 제32호로 몽골의 침입을 부처의 힘으로 막기 위해 만들었다.

답 ③

돈을 통해 인간의 욕심을 꾸짖다

가전체 문학은 사물이나 동물 등을 의인화하여 인간사의 단면을 우회적으로 표현함으로써 풍자와 교훈을 주는 형식의 작품으로, 고려 중기부터 말기에 크게 유행하였습니다. 패관문학이 설화를 중심으로 한 작품인 데 반해 가전체 문학은 작가의 순수한 창작물로, 설화와 소설을 연결하는 중간 형태의 특징이 있습니다.

당송팔대가의 한 사람인 한유의 〈모영전〉을 가전체 문학의 시초로 보며, 신라 때의 〈화왕계〉도 이에 속합니다. 주요 작품으로는 임춘의 〈국순전(술)〉, 〈공방전(엽전)〉, 이규보의 〈국선생전(술)〉, 〈청강사자현부전(거북)〉, 이첨의 〈저생전(종이)〉, 이곡의 〈죽부인전(대나무)〉, 식영암의 〈정시자전(지팡이)〉, 혜심의 〈빙도자전(얼음)〉 등이 있습니다.

고려시대에 가전체 작품이 많이 나온 것은 무신정권으로 세력을 잃은 문인들이 자신들의 불편한 심기와 세태에 대한 비판을 우회적으로 표현하는 방식으로 가전체가 적절했기 때문으로 보입니다.

〈공방전(孔方傳)〉은 무신정권 때의 문인 임춘의 작품으로, 둥근 엽전의 모양에서 공(孔)을, 네모난 구멍의 모양에서 방(方)을 따 붙인 이름입니다. 줄거리는 밖은 둥글고 안은 모나게 생긴 공방이 임기응변을 잘하여 한나라의 관리가 되었으나 성질이 탐욕스럽고 더러우며 재물을 가진 자만을 가까이 하다 탄핵을 받고 쫓겨나게 된다는 내용입니다.

작품에서는 인간 세상에 필수불가결한 요소로 돈이 만들어져 쓰이지만, 결국 그로 인해 생기는 인간의 타락상을 역사의 사례를 통해 묘사하고 있으며 돈의 존재가 세상을 그릇되게 하므로 후환을 없애기 위해서는 그것을 없애야 한다고 이야기하고 있습니다.

돈이 둥근 이유

동전이 둥근 것은 현실적 필요성 때문이라고 한다. 원형이 아닐 경우 서로 부딪히면서 마모된다는 것이다. 한국과 중국에서는 철학적 우주관을 동전에 담았다. '하늘은 둥글고 땅은 모나다'는 천원지방(天圓地方)이 그것이다. 그래서 엽전을 둥글게 만들고 중앙에 네모난 구멍을 뚫었다.

고려 숙종 때 대각국사 의천이 왕에게 이러한 형태의 동전을 만들어 사용할 것을 건의했다. 만물을 하늘이 덮고 땅이 실어 없어지지 않게 하는 이치를 구현한다는 의미다. 고려 12세기 말 임춘이 지은 가전체 작품 **공방전**(孔方傳) 역시 둥글고(공) 모난(방) 엽전을 의인화한 것이다.

이러한 현실적 필요성이나 거창한 우주관보다 서민들의 피부에 와 닿는 해석이 있다. 돈이 어디든 잘 굴러가라고 둥글게 만들었다는 것이다. 돈이 이리저리 잘 구른다는 것은 사회 전체적으로 장사가 잘된다는 뜻이니 모두의 얼굴에 웃음꽃이 필터이다.

출처 : 국제신문/일부인용

상식UP! Quiz

문제 다음 가전체 작품 중 동물을 의인화한 것은?

① 저생전
② 국선생전
③ 정시자전
④ 청강사자현부전

해설 저생전은 종이, 국선생전은 술, 정시자전은 지팡이, 청강사자현부전은 거북을 각각 의인화하였다.

답 ④

극치(極致)의 비색(翡色)에 상감을 더하다

상감청자(象嵌靑瓷)는 12세기 중엽에 만들어진 고려인의 독특한 청자를 말하는데, 반건조된 그릇의 표면에 무늬를 음각한 후에, 그 속을 흑토나 백토로 메우고 초벌 구이한 다음, 청자유를 바른 후 재벌구이를 하여 유약을 통해 무늬가 보이도록 제작됩니다. 이 상감기법은 고려의 도공들에 의해 처음 창안된 방법이었습니다.

최초의 상감청자 제작 시기는 보통 12세기 중엽으로 보고 있는데요. 그 이유는 1123년 고려를 방문한 송나라 사람 서긍이 고려의 청자를 칭찬하는 중에도 상감에 대해서는 언급하지 않았으며, 1146년 서거한 인종의 장릉(長陵)에서도 순청자(純靑磁)류만 출토된 것에 반해, 1159년 사망한 문공유의 묘에서는 청자상감보상당초 문(靑磁象嵌寶相唐草文)의 대접이 발견된 것에 근거하고 있습니다. 그러나 금속공 예의 입사수법이나 목칠공예의 나전수법이 청자의 상감기법과 그 맥락을 같이하고 있다는 점에서 그 시기는 좀 더 앞당겨질 가능성이 있습니다.

상감청자에 쓰인 문양으로는 여러 가지가 있는데요. 특히 국화무늬와 운학무늬가 가장 많이 쓰였고, 이 중 국화무늬는 조선시대에도 즐겨 사용되었습니다. 충분한 공간을 남겨두는 것이 상감청자의 특징이며, 상감문양을 전체적으로 쓴 경우에도 배경으로서의 여백은 여유롭게 남기고 있습니다. 또한 기계적인 단일 문양의 반복 이 아니라, 죽(竹)·화(花)·유(柳) 등의 중심 문양을 크게 전경(前景)에 내세우고, 수(水)·암(岩)·조(鳥)·인물 등을 조화롭게 배치하여 하나의 화폭과 같은 시각효 과를 냅니다. 운학무늬의 경우를 봐도 단순히 문양으로서가 아닌 하나의 화면으로 만들고자 하는 의도가 보입니다.

현존하는 상감청자의 대표격으로는 이화여자대학교에 소장된 죽문병(竹文瓶), 국 립중앙박물관에 소장된 모란문매병(牧丹文梅瓶), 간송미술관에 소장된 천학문매병 (千鶴文梅瓶) 등을 들 수 있습니다.

부안 가마터에서 유물 출토, 생산 시기 밝혀지나

고려시대 **상감청자** 생산지로 널리 알려진 전북 부안군 보안면 유천리 가마터(사적 제69호)에서 조세로 거둬들인 현물과 청자 등을 보관하던 '조창'으로 추정되는 건물터가 발굴됐다. 또 한국 최대의 상감용무늬매병편(굽지름 32cm)이 기와건물지에서 초벌 상태로 발견됐다.

(재)전북문화재연구원은 전북 부안군 보안면 유천리 가마터에서 고려시대 각지방에 있던 12개의 조창(漕倉) 가운데 하나인 '안흥창(安興倉)'으로 추정되는 기와 건물터 2곳을 발굴했다고 밝혔다.

전북문화재연구원은 고려 때 세곡과 함께 청자도 중앙으로 운송했기 때문에 안흥창이 가마터 옆에 건립된 것으로 보고 있다.

중요 유물로는 상감파룡문대매병(象嵌波龍紋大梅瓶) 초벌편 1~2개체분이 1호 건물지 바닥면에서 무더기로 출토됐는데 국내에서 발견된 유물 가운데 가장 크다. 건물지 내부에서는 '신동(申棟)'명 기와가 출토돼 이 지역 청자의 생산 시기를 밝히는 데 중요한 자료가 될 것으로 보인다.

출처 : 경향신문/일부인용

🔍 **상식UP! Quiz**

문제 다음 중 전라북도 부안군 청자 요지와 함께 쌍벽을 이루는 곳으로, 고려청자 연구에 가장 중심이 되는 도요지가 있는 곳은?

① 전라남도 구례군
② 전라남도 강진군
③ 경상남도 양산시
④ 강원도 평창군

해설 ② 세계 최대의 고려청자 생산지(국가 사적 제68호)로서 9세기부터 14세기에 이르기까지 500년간 고려 왕실에 납품했던 유일한 관요이다. 독창적인 상감청자를 창안해 우수성을 과시하며 명성을 떨쳤다.

답 ②

보현원 놀이의 끝

정중부의 난이라고도 하는 무신정변은 사회 모순을 바로잡지 못하고 심화된 고려 사회의 문제가 표출된 것이라 할 수 있습니다. 무신정변 발발의 원인은 크게 보면 고려 사회의 구조적 문제와 무신 세력에 대한 억압, 의종 정권의 파행적 정국 운영 등입니다.

고려 전기 이래 무반에 대한 차별 대우가 있었습니다. 고려의 무반은 법적으로 문반과 함께 양반을 구성하여 동등한 대우가 보장되어 있었지만, 실제로는 정3품의 상장군까지만 마련되어 있어 2품 이상의 재상이 될 수 없었습니다. 이는 곧 무신은 국가의 정책 결정 및 군통수권에 참여할 수 없음을 의미합니다.

의종의 실정 또한 무신정변의 중요한 원인이 되었습니다. 의종은 정치 개혁 등에 별다른 뜻이 없었고, 정치 운영은 왕의 측근과 환관에 의해 좌우되며 다분히 즉흥적이었으며, 왕실에서는 사치스러운 행사가 빈번하여 행사를 치를 때마다 정중부를 비롯한 무인과 병사들이 주변을 지켜야 했던 것입니다.

이러한 상황에서 김부식의 아들인 김돈중에 의해 정중부의 수염이 불타고, 한뢰가 대장군 이소응의 뺨을 쳐 그를 계단에서 떨어뜨리는 등 무신들에게 모욕을 준 사건이 발생했습니다. 이에 참지 못한 무신들은 1170년 8월 개경 부근 보현원에서 난을 일으켜 의종을 폐위하여 거제도로 유배하고, 의종의 동생인 명종을 왕위에 추대하게 됩니다.

무신정변은 고려 귀족 사회 내부에 축적되어 온 구조적 모순과 불만, 지배층의 오만함 등이 복합되어 나타난 결과였습니다. 이 정변으로 고려의 문벌귀족정치는 무신정권으로 대체되었고, 1세기 동안 지속된 무신들의 지배는 고려의 정치 · 사회 · 경제 · 문화 등 다방면에 걸쳐 변화를 가져오는 계기가 되었습니다.

정중부는 왜 반란했나?

고려시대 정중부가 중심이 되어 일어난 반란이 '무신정변'이다. 고려 초기는 외침과 반란이 잦았고 이를 진압하는 데 무인이 많은 공을 세운 까닭에 무반이 우대를 받았다. 그러나 한동안 나라가 평안해지자 문반이 다시 득세하고 무반이 열등해졌다. 고려는 왕건을 중심으로 한 무인이 건국해 정치권력을 누렸으나 세월이 가면서 문인이 과거를 통해 정치권력을 잡고 군대를 지휘 · 통수하는 형태로 바뀌었다. 문반은 고리대업와 토지개간 · 토지탈점, 대외무역 등을 통해 엄청난 부를 축적해갔다.

이런 양극화 현상에 무반의 불만이 고조되고, 서민의 불만도 높아졌다. 하지만 임금(의종)은 문신들과 함께 유락으로 세월을 보내며 국가재정을 낭비하고, 백성 돌보기를 소홀히 했다. 이러할 때 무인인 대장군 정중부를 분노케 하는 사건이 발생했다.

의종이 보현원이라는 개성 인근 사찰에 가는 도중 시신(侍臣)들과 함께 술을 마시며 무인으로 하여금 오병수박의 놀이를 하게 했는데, 이때 문신 한뢰가 나이 많은 대장군 이소응이 패한 것을 비난하며 뺨을 때린 사건이 일어났다. 이를 지켜본 정중부는 얼마 전에 〈삼국사기〉 저자 김부식의 아들 김돈중이 자신의 수염을 촛불로 태웠던 일을 생각하고는 분노를 참지 못했다.

이윽고 저녁 때 왕의 가마가 보현원에 가까워지자, 이고 · 이의방과 함께 한뢰를 비롯한 문관 및 대소신료 · 환관을 몰살했다. 무인들은 다시 개경으로 군졸을 보내 "문관(文冠)을 쓴 자는 서리라도 씨를 남기지 말고 모조리 죽이라"는 명을 내렸고 이에 많은 문신이 화를 입었다. 정중부는 왕을 거제도로 내쫓고 대신 왕제를 왕으로 세웠으니 바로 명종이다.

출처 : 충청투데이/일부인용

🔍 | 상식UP! Quiz

문제   개성에 있는 '이 사찰'은 무신정변이 일어난 역사적 현장으로, 정중부는 이 곳에서 문신들을 살해했다. '이 사찰'은?

해설   보현원은 의종이 향연을 즐기던 곳이다. 무신들이 천대받고 무시당하자 이를 참지 못하고 정중부, 이의방 등은 보현원에서 문신들을 살해하고 의종을 폐하였다.

📖 보현원

60년 최씨 정권을 세우다

무신정권은 정중부(鄭仲夫), 경대승(慶大升) 등을 거쳐 천민 출신인 이의민(李義旼)에게 넘어왔습니다. 최고의 무인 가문 출신이지만, 그리 높은 관직까지 오르지 못했던 최충헌(崔忠獻) 형제는 이의민 일가의 횡포를 못마땅하게 생각했는데요. 그렇게 벼르던 중 이의민의 아들 이지영(李至榮)이 최충헌의 동생 최충수(崔忠粹)의 비둘기를 강탈한 것을 계기로 최충헌은 이의민을 제거하고 권력을 잡았습니다.

처음에는 봉사10조(封事十條)를 올리는 등 개혁을 추진하는 것처럼 보였으나 결국은 권력을 이용하여 온갖 횡포를 부렸고, 많은 정적을 제거하였습니다. 최충헌을 제거하려 했던 희종(熙宗)을 퇴위시켰고, 심지어 동생인 최충수도 제거하였습니다.

최충헌은 기존의 중방(重房)을 무력화하고 교정도감(敎定都監)을 두어 자기 뜻에 따라 모든 일을 처리하였으며, 자기 아들 최우(崔瑀)에게 권력을 승계하였습니다. 최우는 자택에 정방(政房)을 설치하여 인사권을 장악했고, 문신들과도 많이 교류하였는데요. 글씨를 잘 써서 신품사현에 들기도 했습니다.

최씨 정권은 몽골 침입에 대항하여 강화도로 수도를 옮겼고, 권력은 최항에 이어 최의까지 4대로 이어졌습니다. 하지만 최의가 가노(家奴) 출신인 김준(金俊)에게 살해되면서 최씨 정권은 막을 내리게 됩니다. 이후 무신정권은 세력이 크게 약화되었고, 몽골의 압력 등 외부적인 요인까지 더해지며 쉽게 무너졌습니다.

왕이 될 수 있었지만 왕이 되지 않은 1인자 '최충헌'…
욕심을 참는 절제력, 명분과 여론을 중시한 냉정함

역사가들은 고려조에서 가장 강력한 권력을 행사했던 인물로 **최충헌**을 꼽는다. 국왕도, 문벌 귀족도, 지방 토호도 아닌 일개 무장 출신인 그는 강력한 무신정권을 수립했다.

최충헌이 돋보이는 것은 4대에 걸쳐 약 60년간 세습된 최씨 무신정권을 유지했다는 점이다. 권력의 세습이 국왕만의 전유물이었던 시대에 최씨 무신정권은 왕실을 대신해 독보적인 존재로 고려를 통치했다. 그에 대한 역사의 평가는 냉정하다. 조선 학자들은 〈고려사〉에서 최충헌을 반역자로 규정했다. 주자학의 관점에서 국왕을 폐위하고, 국정을 농단한 것을 반역죄로 본 것이다. 하지만 최충헌에 대해 우리가 들여다 볼 점은 두 가지이다.

무신의 난에 참여하지 않았지만 무신정권의 핵으로 등장한 과정, 또 4명의 왕을 교체하고 사실상 국왕을 능가하는 권력을 갖고 있으면서도 스스로 왕이 되려 하지 않았던 점이다. 이런 관점에서 최충헌은 전임 무신정권과는 그 궤를 달리하는 영리함을 갖고 있었다.

출처 : 매일경제/일부인용

🔍 | 상식UP! Quiz

문제 다음 중 최우가 설립한 권력기구로서, 문무백관의 인사 행정을 담당하기 위해 자택에 설치한 것은?

① 서방(書房)
② 정방(政房)
③ 도방(都房)
④ 교정도감(教定都監)

해설 ①의 서방은 최우가 설립한 기구로 문학적 소양과 행정 실무 능력을 갖춘 문신을 등용하는 업무를 담당하였다. ③ 도방은 경대승이 신변을 보호하기 위해 만든 기구이다. ④의 교정도감은 최충헌이 반대 세력을 제거하기 위해 설치하였으나, 점차 관리의 감찰, 인사 행정 및 재정권까지 담당하는 최고 집정부의 구실을 하였다.

답 ②

왕후장상(王侯將相)의 씨가 따로 있겠는가?

1170년 고려 중기에 일어난 무신정변(武臣政變)은 당시의 정치혼란과 함께 신분계급에 큰 변동을 일으켜 하극상의 풍조가 팽배하였습니다. 중앙정부는 정치투쟁과 권력다툼으로 관리기능이 약화되었고 관리들의 부정부패는 극에 달했으며 하층민에 대한 과중한 세금 부과 및 착취가 심했습니다.

최충헌의 사노(私奴)인 만적은 공사(公私)의 노비들을 모아놓고 "정중부(鄭仲夫)의 난 이래 나라의 공경대부(公卿大夫)는 노예계급에서도 많이 나왔다. 왕후장상이 어찌 원래부터 씨가 있겠는가, 때가 오면 누구든지 다 할 수 있다. 우리는 주인의 매질 밑에서 근골(筋骨)의 고통만을 당할 수는 없다. 최충헌을 비롯하여 각자 자기 상전을 죽이고 노비의 문적(文籍)을 불질러 우리나라를 노비가 없는 곳으로 만들면 우리도 공경대부 같은 높은 벼슬자리를 차지할 수 있다"라는 연설을 하였습니다.

노비들은 만적의 연설에 호응하여 관노들은 조정의 청사 내에서 권신들을 죽이고, 사노들은 개경 성내(城內)에서 먼저 최충헌 등 자기 상전을 죽인 후 노비문적을 불태워버리고 자기네들이 집권하자는 계획을 세웠습니다.

그러나 율학박사 한충유의 사노 순정이 계획을 상전에게 밀고하여 거사 전에 발각되었고 만적을 비롯한 수백명의 노비가 체포되어 모두 강물에 던져져 죽임을 당하였습니다. 한편, 반란 음모를 밀고한 순정은 은(銀) 80냥(兩)을 상금으로 받고 양민(良民)이 되었으며, 한충유도 합문지후(閤門祗候)라는 높은 관작을 받았습니다.

만적의 난이 실패로 끝났으나 당시 사회에 끼친 영향은 컸으며 이후에도 신분해방을 위한 민란은 한동안 계속됩니다. 신분계급이 엄격한 시대에 그들이 했던 생각, 즉 계급사회를 타파하고 새로운 질서를 구현하려 했던 그 구상과 그들이 나타낸 투쟁의욕은 높이 평가됩니다.

'역사 저널 그날' 노비 만적, 신분해방을 외치다 …
망이 · 망소이의 난, 차별 없는 세상의 깊은 족적

1198년 5월 개경의 북산에 노비들이 모인다. 당시 고려 최고 권력자인 최충헌을 제거하고 각자의 주인을 죽인 뒤, 천민이란 신분의 굴레에서 벗어나기 위해서였다. 반란의 주동자인 만적과 노비들은 '정(丁)' 자가 적힌 누런 종이를 표식으로 삼아 나눠서 치밀하게 난을 계획했다.

노비들도 장수와 재상이 될 수 있다고 외치며 신분 해방을 꿈꾼 만적과 노비들. 만적의 난을 통해 짐승보다 못한 대우를 받았던 고려 노비들의 삶과 자신들의 비참한 운명에서 벗어나고자 했던 노비들의 저항과 투쟁에 대해 '역사 저널 그날'이 짚어본다.

한편, 치밀하게 난을 준비해온 만적. 하지만 거사 당일 모인 노비들의 숫자는 수백 명뿐. 만적과 노비들은 일이 실패할 것을 염려해 후일을 기약하고 해산한다. 그러나 동료 노비 순정의 밀고로 반란 계획이 최충헌에게 알려지고 만다.

결국 만적과 노비들은 체포되고 산 채로 강물에 수장당한다. 처절하게 끝나버린 만적의 난. 그러나 자신들만의 힘으로 신분 해방과 정권 쟁취를 외치고, 새로운 시대를 꿈꿨던 노비들의 의지와 노력은 우리 역사에 깊은 족적을 남긴다.

차별 없는 세상을 꿈꾸며 일어선 만적, 망이, 망소이의 삶을 통해 오늘 우리가 누리는 헌법적 권리의 소중함을 '역사 저널 그날'에서 확인할 수 있다.

출처 : 뉴스핌/일부인용

🔍 | 상식UP! Quiz

문제   무신정권 시기에 일어난 반란 중 신분제 타파를 기치로 내건 것을 다음에서 고르면?

① 김보당의 난   ② 이비의 난
③ 망이 · 망소이의 난   ④ 이연년의 난

해설   망이 · 망소이의 난은 1176년에 공주 명학소에서 신분제 타파를 목적으로 일어난 봉기이다. 김보당의 난은 1173년에 일어난 최초의 반무신의 난으로 의종의 복위를 꾀하여 일으켰다. 이비의 난은 신라부흥운동이며, 이연년의 난은 백제부흥운동의 성격을 띤다.

답 ③

몽골에 대항한 고려의 자주정신

삼별초는 고려시대 최씨 무신정권의 사병조직입니다. 최우 집권기에 도둑이 들끓자 용사들을 모아 밤마다 순찰을 담당하는 조직인 '야별초'가 처음 조직되었습니다. 이후 도성을 순찰하고 민간의 치안까지 담당하면서 조직이 커지자 '좌별초'와 '우별초'로 확대되었으며, 몽골의 침략으로 포로로 잡혀갔다가 탈출한 병사들로 구성된 '신의군'이 결성되면서 이들을 합쳐 '삼별초'라 총칭하게 됩니다. 삼별초는 전국의 경찰권을 행사하였으며, 도둑뿐만 아니라 반역죄인까지 관할하였고 군사 활동에 있어서 수도경비와 친위대의 임무까지 맡아 수행하였습니다.

1232년(고종 19년) 고려는 몽골군을 피하기 위해 개경에서 강화도로 천도하였고, 삼별초는 약 30년간 몽골에 맞서는 대몽항쟁을 벌였습니다. 그러나 1270년(원종 11년) 고려 조정은 몽골의 압력에 못이겨 개경으로 환도하였고 삼별초의 해산을 명령하였습니다.

이에 삼별초는 배중손 장군을 중심으로 항쟁을 일으켰으며 반몽 세력을 규합해 강화도에서 전라남도 진도로 이동하여 용장산성에 터를 잡고 몽골과 고려 조정에 대항하였습니다. 그러나 1271년 여·몽 연합군에 의해 진도가 함락되고 배중손은 전사하게 됩니다. 다시 삼별초는 김통정 장군의 지휘 아래 제주도로 이동하여 항쟁을 계속했으나, 1273년 연합군 세력에 패하면서 모두 진압되었습니다.

삼별초는 고려의 자주성을 주장하며 조정과 몽골에 대항하였으며 삼별초가 소멸된 이후에는 전혀 몽골에 대항하지 못했다는 점에서 이들의 저항은 고려의 자주 정신을 보여준 사건으로 높이 평가되고 있습니다.

삼별초 마지막 항쟁지 제주 항파두리 복원한다

제주 항파두리 항몽유적은 고려 조정이 몽고군과 강화를 맺고 강화에서 개경으로 환도하자 이에 맞서 최후까지 항쟁했던 **삼별초**의 마지막 요새다. 1271년(원종 12년) 5월 진도가 여몽연합군에 함락되자 삼별초의 김통정 장군은 남은 군사를 이끌고 제주로 와 제주시 애월읍 고성리 일대 내·외성으로 된 항파두리 성을 축조했다. 삼별초는 이 성을 본거지로 2년에 걸쳐 싸우다 1273년 김방경과 몽고의 흔도가 이끄는 여몽 연합군에 함락됐고 삼별초 항쟁은 끝이 났다. 항파두리 항몽유적은 1997년 4월 사적 제396호로 지정됐다. 제주시가 항파두리 항몽유적 토성복원사업을 추진한다고 13일 밝혔다. 올해는 8억원을 투입해 토성 서측 구간 112m 지점을 복원한다. 하지만 항파두리 항몽유적이 모두 복원되기까지는 시간이 다소 걸릴 전망이다. 항파두리 복원 사업은 지난 1977년에 1km를 복원했다. 복원사업은 이후 중단됐다가 2000년대 들어 100~200m 구간씩 복원사업을 추진 중이다. 현재 전체 토성구간 3.8km 가운데 2.3km구간이 완료됐다.

출처 : 경향신문/일부인용

🔍 | **상식UP! Quiz**

문제   다음 중 삼별초가 진압되기 직전 마지막까지 항쟁했던 섬은?

① 강화도

② 진도

③ 거제도

④ 제주도

해설   수도 천도(1232년) 이후 강화도를 중심으로 활동하던 삼별초는 1270년 진도, 1271년 제주도로 이동하여 항쟁을 하였고, 1273년에 마지막으로 진압되었다.

📖 ④

숭고한 불심으로 외침을 물리치다

경남 합천군 해인사 경내 네 동의 장경판고에 보관되어 있는 대장경판으로 1962년 국보 제32호로 지정되었으며, 8만 1,258판에 8만 4,000번뇌에 해당하는 법문이 실려 있습니다. 2007년 6월 '고려대장경판 및 제경판'으로 유네스코 세계기록유산에 등재되었습니다.

경판의 크기는 세로 24cm 내외, 가로 69.6cm 내외, 두께 2.6~3.9cm무게는 3~4kg가량으로, 길이 1.8cm의 글자가 23행, 각 행에 14자씩 새겨져 있으며 현재도 원형을 잃지 않고 보존상태가 좋은 편입니다.

제일 처음 조조(雕造)된 것은 〈초조대장경〉 또는 〈초판고본대장경〉이라고 하는데, 1011년(현종 2년) 거란의 내침을 이겨내기 위해 선종 4년까지 77년에 걸쳐 6,000여 권의 경판(經板)을 완성하였습니다. 그 후 문종의 아들인 대각국사 의천이 1073년부터 1090년(선종 7년)까지 교장(敎藏)과 불서 모은 것을 엮어 이 목록에 의하여 인간(印刊)한 것을 〈속장경〉이라고 합니다. 이 경판은 부인사에 이관·소장되어 있었으나 1232년(고종 19년) 몽골군의 침입으로 소실되었으며, 〈초조대장경〉은 일본 교토에, 〈속장경〉은 순천 송광사와 고려대 도서관 및 일본 나라, 나고야 등에 각각 흩어져서 일부만이 남아 있을 뿐입니다.

몽골의 침입으로 강화도로 천도한 고려는, 부인사의 〈대장경〉이 소실되자 외침을 물리치기 위하여 다시 대장경을 조조하여 불력(佛力)의 가호를 빌기로 하였습니다. 그리하여 대장도감을 새로이 설치하고 1236년부터 1251년(고종 38년)까지 재조(再雕)대장경을 완성했는데, 이것이 지금의 팔만대장경입니다.

〈대장경〉의 조조는 고려가 가장 어려웠던 국난의 시기에 초조판부터 헤아려 240년이라는 장구한 시일을 통하여 이룩한 거국적 민족사업인데요. 대장경 인쇄를 둘러싼 주변국 송·거란과의 경쟁 속에서 우리 문화의 우수성을 보였을 뿐 아니라, 인쇄술과 출판술의 발전에도 크게 공헌하였습니다.

술술 읽힐걸? 신문GO!   News Paper

팔만대장경, 고려인의 정성

불교를 숭상한 고려는 부처의 힘으로 외세를 막고자 팔만대장경 사업을 추진한다. 현종(1009~1031년 재위) 때 시작한 초판 대장경은 고종 19년(1232)의 몽골 침입 때 불타고 말았다. 고종 23년(1236)에는 강화도에 장경도감을 설치하고 8만 1,137장의 대장경을 완성했는데, 이것이 해인사 팔만대장경(八萬大藏經)이다. 현재 보존하고 있는 대장경판은 조선시대와 일제강점기 때 새긴 것까지 합해 총 8만 1,352장이다.

무려 16년이 걸려 완성한 대장경판은 교정이 정밀하고 오자와 탈자가 없다. 각각의 경판은 가로 70cm, 세로 24cm, 두께 3cm, 무게 3.5kg으로 모두 합하면 280톤이나 된다. 경판 1장에 약 644자가 새겨졌으니 전체 5,200만이 넘는 글자가 담긴 어마어마한 경전이다. 불심과 호국정신으로 똘똘 뭉쳐 외세의 침략을 이겨내고자 한 고려인의 정성과 노력이 실로 대단하다.

출처 : 한국일보/일부인용

🔍 **상식UP! Quiz**

문제 다음 중 팔만대장경판을 100여 년간 보관했던 곳이며, 당시 최고권력자인 최우의 원찰(願刹)로 고려시대 호국불교를 대표하는 '이 절'은?

① 선원사   ② 지천사
③ 송광사   ④ 해인사

해설 ① 순천 송광사와 더불어 고려 2대 사찰로 강화도에 현재 절터(사적 제259호)만 남아 있으며 팔만대장경은 처음 강화도성 서문 밖의 대장경 판당(板堂)에 수장되어 있었는데 후에 선원사(禪源寺)로 옮겨졌고, 그 후 조선 초기에 다시 해인사로 이운(移運)되었다.

📖 ①

학문과 예술을 사랑한 충선왕

충선왕은 1313년 왕위를 아들 충숙왕에게 물려주고, 이듬해 원나라 수도인 연경에 가서 자신의 저택에 서재를 짓고 만권당(萬卷堂)이라 이름 지었는데요. 충선왕은 이곳에서 조맹부 등 중국의 유명한 학자들과 학문을 나누었으며, 자신을 시종하던 고려의 신하들도 함께 교류하도록 하였습니다. 특히 이때 이제현은 중국 학자들과 교류하며 대학자로 성장할 수 있었습니다.

충렬왕 때 과거에 합격한 뒤 본격적인 관리 생활을 시작한 이제현은 상왕이었던 충선왕의 부름을 받아 만권당에서 머물며 앞서 충선왕을 섬기며 성리학을 연구하던 백이정에게 학문을 전수받았습니다. 중국의 성리학을 직접 접하면서 성리학에 대한 깊은 이해를 바탕으로 고려 성리학의 수용 및 발전에 매우 큰 역할을 하였을 뿐만 아니라 이는 훗날 이색, 정몽주 등 고려 말 신진사대부에게 전수되기도 하였습니다.

만권당에 드나들던 요수가 과거 제도를 시행해야 한다고 건의하자, 충선왕은 이를 원나라 황제에게 전하여 원나라에서 과거제가 실시되는 데 영향을 주었습니다. 이곳에 모인 학자들은 대부분 남송 출신으로 주자 성리학과 시·서·화에 조예가 깊어, 훗날 고려에 주자 성리학이 보급되고 조맹부의 송설체 등 새로운 예술적 기풍이 수입되는 계기가 되기도 하였습니다. 만권당이 언제 폐지되었는지는 분명치 않으나, 1320년(충숙왕 7년) 원나라 인종(仁宗) 황제가 사망한 뒤 충선왕이 실각하면서 그 기능을 상실하였던 것으로 보입니다.

오늘날의 만권당

대구시 중구 수창동의 대구예술발전소 별관에서는 개관 준비 문화 행사가 한창이다. 아카이브실인 3층을 제외한 5층 전관과 야외에서 여러 전시 행사가 열리는데 2층에 '만권당'(萬卷堂)이라는 공간이 있다. 요즘 말로 하면 북 카페쯤 될 터이다.

만권당은 고려말 충선왕(1275~1325)이 아들 충숙왕에게 양위한 다음 해인 1314년 원나라 수도인 대도(大都, 베이징)에 세운 서재다. 고려와 원의 학자가 학문을 연구하고 교류하는 곳이었다. 700년 전, 충선왕이 만든 만권당이 학문 연구와 문화 교류가 목적이었다면 이

곳은 책과 공간을 매개로 문화예술인과 시민이 만나는 사랑방 정도로 이해하면 될 듯하다.

만권당이 자리 잡으려면 대구시의 노력이 필요하다. 현재 대구예술발전소는 운영 주체를 정하지 못했고, 만권당도 이번 개관 준비 행사의 하나로 꾸며졌을 뿐이다. 행사가 끝나고 나서 어떻게 할 것인지는 아직 결정되지 않았다. 그러나 모처럼 꾸민 괜찮은 공간을 일회성 행사만 치르고 없애는 것은 낭비다. 이를 잘 활용하는 것도 대구 문화예술정책의 중요한 과제일 것이다.

출처 : 매일신문/일부인용

🔍 | **상식UP! Quiz**

문제 만권당은 원나라의 수도에 설치되었는데, 그곳은 어디인가?

해설 원나라의 수도인 연경(현재의 베이징)에 설치하였다.

- -

📖 연경(베이징)

새로운 지배 세력의 탐욕

'권문세족(權門世族)'은 고려 후기 대표적인 정치세력의 하나로 무신정권(武臣政權)이 붕괴한 후에 등장하였습니다. 권문세족은 기존 문벌귀족(門閥貴族) 중 일부와 무신정권기에 정권을 잡은 일부 무신, 그리고 원(元)의 세력을 배경으로 성장한 친원파(親元派) 등으로 구성되었습니다.

이들은 여러 명분으로 토지를 점유하였고, 농민들은 토지를 잃고 권문세족의 노비로 전락하는 경우가 많았습니다. 이를 바로잡기 위하여 1269년(원종 10년)에 최초로 전민변정도감(田民辨正都監)을 설치하였는데요. 전민변정도감은 궁극적으로 위와 같은 농장의 확대를 억제하며, 부정·폐단을 개혁하자는 목적에서 설치한 것입니다. 그리하여 농장은 원래의 주인에게 돌려주고, 농장에 소속된 노비가 양인이 되려고 하면 환량(還良)시켜 주었습니다.

그 뒤에도 전민변정도감은 후대 왕들에 의해 몇 차례 더 설치되었지만, 소기의 목적을 달성하였거나 유명무실해질 때마다 폐지되곤 했습니다.

대체로 전민변정도감에 대해 당시의 사회상을 부정적으로 보는 유학자들은 긍정적으로 평가하였고, 또 일반 민중들도 지지하는 입장이었습니다. 하지만 공민왕(恭愍王) 때는 여러 개혁정책이 과격하게 추진된 데다 전민변정도감이 당시 위정자들의 이해관계와 크게 어긋나는 바람에 그들의 반발로 인해 결국에는 실패로 돌아가고 말았습니다.

원을 등에 업고 권력을 키운 세력 '권문세족'

어린 시절 원에 갔다 온 왕자들에게는 통역관이나 환관, 호위무관 등이 곁에 있었는데 왕자들이 왕위에 오르면서 이들 역시 자연스럽게 권력을 갖기 시작했다.

또한 원에 관련하여 몽골어를 잘 하거나 매를 잘 다스린다거나 하는 사람들 역시 원의 총애를 받으며 권력을 키울 수 있었고 지방 권력가들이나 권세가 남아있던 문벌귀족들이 이들과 혼인 등으로 관계를 맺어 큰 권력 세력을 만들게 되었는데 이들을 가리켜 권문세족이라고 불렀다.

노비가 늘어날수록 국가에 세를 내야 할 백성들이 점점 줄어들게 되었고 이로 인해 국고는 텅텅 비어갔다.

부실한 국고로 인해 왕권은 하염없이 떨어지게 되었고 권문세족들은 원만 쳐다보며 고려가 원의 속국이 되기를 바라기도 하였다. 그리고 이 상황은 원의 간섭기가 끝나갈 때까지 유지되었다.

자국의 독립성을 키우기 보다는 간섭 국가에 충성하여 권력을 잡길 원했던 권문세족. 침략국에 붙어서 권력을 키우는 세력들은 공통적으로 자국민들에게 더욱 악랄한 행동을 보이는 것 같다.

출처 : 시선뉴스/일부인용

🔍 | **상식UP! Quiz**

문제 다음 중 권문세족에 대한 설명으로 옳지 않은 것을 고르면?

① 음서(蔭敍)로써 신분을 세습하고 가문을 유지하였다.
② 문학이나 유교적 소양이 뛰어났고, 불교를 배척하였다.
③ 친원적 성향을 띠었으며, 원의 앞잡이가 되어 고려에 폐해를 끼쳤다.
④ 대규모의 농장을 소유하고도 국가로부터 면세특권을 누렸다.

해설 ② 권문세족은 문학이나 유교적 소양이 떨어졌으며, 불교를 옹호하였다.

- -

답 ②

고려의 마지막 개혁 군주, 공민왕

오랫동안 고려 내 부패의 온상이던 기철(奇轍) 일파를 제거한 뒤에야 공민왕은 지지부진하던 개혁에 박차를 가할 수 있었습니다. 원의 연호를 중지하고 원나라의 압력으로 변경했던 관제를 다시 되돌리는 등 공민왕의 반원·자주화 정책은 순조롭게 진행되는 듯 보였습니다. 그러다 뜻하지 않은 외세의 침입이 걸림돌이 되었습니다. 원나라 군대에 쫓긴 홍건적이 고려를 퇴로로 삼아 침범한 것입니다.

실의에 빠져 있던 공민왕이 다시 힘을 얻을 수 있도록 옆에서 도왔던 이들은 왕후인 노국공주(魯國公主)와 승려인 '신돈(辛旽)'이었습니다. 신돈은 공민왕의 개혁정책에 전폭적인 지지를 보내는 '새로운' 인물이었기에 공민왕은 항상 그의 존재를 든든히 여겼습니다. 두 사람의 정성 어린 격려로 힘을 얻은 공민왕은 신돈을 왕사(王師)로 봉하고 본격적으로 긴밀한 의견 교환을 통해 많은 난관에 부딪쳐 흔들리던 개혁정책에 다시금 박차를 가했습니다.

하지만 이처럼 뜻을 같이하며 견고하게 유지되던 공민왕과 신돈의 관계는 노국공주의 갑작스러운 죽음 이후 서서히 금이 가기 시작했습니다. 고려의 앞날에 관해 토론하던 진지한 모습은 온데간데없이 사라지고, 하릴없이 손수 그린 왕후의 그림만을 붙들고 낮이나 밤이나 술에 취한 주정뱅이만 남은 것입니다. 그런 공민왕에게 직언하는 신돈은 신임을 잃었고, 그에게 눌려 기를 펴지 못하고 있던 반대 세력들은 하루가 멀다고 공민왕을 찾아가 신돈에 대한 험담을 늘어놓았습니다.

결국 판단력을 잃은 공민왕은 신돈을 유배지로 보내 처형했습니다. 함께 고려의 개혁을 꿈꾸던 두 사람을 모두 잃은 공민왕은 더 지탱할 곳이 없어져 결국은 신하의 손에 목숨을 잃고 말았습니다. 공민왕과 노국공주, 신돈의 죽음 후 고려는 개혁의 꿈을 묻은 채 조용히 내리막길로 향합니다.

평생 여자 멀리하며 예술가적 삶 추구했던 고려 공민왕

고려 제31대 왕인 **공민왕**(1330~1374, 재위 23년)은 14세기 원의 간섭을 뿌리치고 자주국 고려의 위상을 회복한 왕이다. 우리는 그를 '자주군주', '개혁군주'로 부른다.

즉위와 동시에 주권 회복 정책을 강력히 추진해 친원파인 기씨(奇氏) 일족을 몰살하고 몽골이 함경도 영흥 이북을 직접 통치하기 위해 설치했던 쌍성총관부를 철폐했으며 빼앗긴 고토를 회복했다. 내부적으로는 권신들 통치기구인 정방(政房)을 폐지하고 전민변정도감(田民辨整都監)을 설치해 귀족들이 뺏은 토지를 원소유자에게 되돌려주고 불법으로 노비가 된 사람들도 해방시켰다.

'무인' 기질이 넘쳤을 것 같지만 사실 공민왕은 예술가적 감성이 풍부해 거칠고 호방한 것을 싫어했다. 고려의 왕들 중 유일하게 사냥을 하지 않았으며 말조차 타지 않았다고 한다. 고려를 대표하는 화가이자 서예가였던 공민왕은 그림, 글씨 등 여러 분야에서 걸작을 쏟아냈다.

예술가 삶을 동경했던 공민왕은 평생 여자를 가까이 하지 않았다. 노국대장공주와 후궁 6명을 뒀지만 자식은 후궁 반야 소생인 우왕뿐이다. 반야는 **신돈**의 시비(侍婢) 출신이어서 우왕이 신돈 자식이라는 소문이 파다했다. 강력한 정치적 후원자였던 노국대장공주가 사망하고 개혁정책을 지휘하던 신돈이 숙청된 후 정치를 멀리하고 술과 남색에 빠져 방황했으며 결국 자신 주변의 미소년들에게 살해된다.

출처 : 매일경제/일부인용

🔍 | **상식UP! Quiz**

문제 | 다음 설명과 관련 깊은 고려의 기구는?

> 고려 후기 권문세족들이 부당하게 빼앗은 토지와 노비를 본래 소유주에게 돌려주거나 양민으로 해방시켰으며, 이를 통하여 권문세족들의 경제 기반을 약화시키고 국가 재정수입의 기반을 확대하였다.

① 중추원　　　② 도병마사　　　③ 식목도감　　　④ 전민변정도감

해설 | 공민왕은 권문세족이 불법적으로 소유한 토지와 노비를 빼앗기 위해 전민변정사업을 추진하였다.

답④

역사를 바꾼 가장 중요한 발명

예전에 미국의 한 시사잡지는 1000년 간 인류 역사의 100대 사건을 선정해 발표한 적이 있는데, 그 중 첫 번째 사건으로 구텐베르크의 금속활자 발명을 꼽았습니다.

〈직지심체요절〉은 서양 최초의 금속활자본인 구텐베르크의 성서보다 78년이나 앞선 1377년에 인쇄된 책으로, 당시 우리 조상의 문화적 우수성이 세계 최고의 수준임을 확인하게 해주는 중요한 자료입니다.

〈직지심체요절〉의 정식 명칭은 〈백운화상초록불조직지심체요절〉이며, 고려 말의 승려인 백운화상이 여러 경전의 내용 중에서 선을 깨닫는 데 필요한 내용만을 발췌해 1377년에 인쇄하였습니다. 중심 주제인 '직지심체'는 '직지인심견성성불(直指人心見性成佛)'이라는 구절을 줄인 것으로, '참선을 통해 사람의 마음을 바르게 보면, 그 본성이 곧 부처님의 마음이라는 진리를 깨닫게 된다'는 뜻입니다.

현재 상·하권 중 하권 1책만 남아 있는데, 구한말 한국에 온 프랑스 공사 플랑시가 매입해 간 이후 현재 프랑스 국립도서관에 보관되어 있습니다. 프랑스 국립도서관에서 사서로 일하던 박병선 박사는 〈직지심체요절〉의 하권 마지막 장에서 '1377년 청주 흥덕사에서 금속활자로 인쇄했다'는 내용을 발견하여 〈직지심체요절〉이 현존하는 최초의 금속활자본임을 확인하였고 2001년에는 〈승정원일기〉와 함께 유네스코 세계기록유산으로 등재되었습니다.

한편 이규보의 〈동국이상국집〉에는 1234년(고종 21년)에 〈상정고금예문〉을 인쇄했다는 기록이 있는 것으로 보아 이것이 세계 최초의 금속활자본으로 추정되나 전해지지는 않습니다.

638년 만에 '고려 밀랍주조법'으로 복원된 〈직지심체요절〉

청주시는 '직지 금속활자 복원사업 결과 보고회'를 열고 유네스코 세계기록유산으로 등재된 세계에서 가장 오래된 금속활자본인 **직지심체요절** 상·하권이 638년 만에 복원 완료된 소식을 알렸다.

청주시는 청주고인쇄박물관 금속활자 주조전시관에서 직지 금속활자 복원사업 결과를 개최하고 복원된 금속활자를 공개했다.

이번에 공개한 금속활자 직지 복원 작업은 괴산군 연풍면에 있는 임인호 금속활자장의 작업실인 무쇠 조각실에서 고려 밀랍주조법으로 진행됐다. 고려 밀랍주조법은 밀랍에 한자를 조각해 밀랍 자기를 만들고 진흙과 함께 주형틀에 넣어 말린 뒤 가마 속에서 밀랍을 녹이는 방법이다. 이후 밀랍이 녹아내린 틈 사이로 쇳물을 넣어 식히면 굳은 진흙 속에서 금속 활자가 만들어진다.

청주시는 2007년~2010년 조선왕실 주조 금속활자를 복원한 데 이어 2011년부터 '고려시대 금속활자 복원사업'을 진행해 온 것으로 알려졌다.

출처 : 동아일보/일부인용

🔍 상식UP! Quiz

문제 다음 중 유네스코 세계기록유산에 등재되지 않은 것은?

① 일성록
② 삼국사기
③ 난중일기
④ 직지심체요절

해설 2017까지 유네스코 세계기록유산에 등재된 우리나라 유산은 훈민정음 해례본, 조선왕조실록, 직지심체요절, 승정원일기, 조선왕조의궤, 해인사대장경판, 동의보감, 일성록, 5·18 민주화운동 기록물, 난중일기, 새마을운동 기록물, 한국의 유교책판, KBS '이산가족을 찾습니다' 기록물, 조선통신사 기록물, 조선왕실의 어보와 어책, 국채보상운동 기록물의 총 16건이다.

답 ②

정성과 애국의 집념으로 중국인을 감동시키다

고려 말기의 관료로 본관은 영주이며, 1325년 광흥창사(廣興倉使)를 지낸 최동순의 아들로 태어났는데, 천성이 기술에 밝고 방략(方略)이 많았으며 병법을 즐겼다고 합니다.

14세기 고려는 왜구의 잦은 침입으로 큰 피해를 입고 있었습니다. 왜구의 침입으로 인명과 재산의 피해가 컸고, 해안 지역에 살던 주민들 대부분이 피난하여 평야 지대의 농토가 황무지로 바뀌었을 뿐만 아니라, 조세 운반에 어려움을 겪으면서 국가 재정에도 타격이 컸습니다.

최무선(崔茂宣)은 왜구를 물리치기 위해 이원이라는 중국 상인에게서 염초(焰硝) 제조법을 배워 화약 개발에 성공했습니다. 그 뒤 1377년(우왕 3)에 화통도감 설치를 이끌어 냈으며, 제조(提調)로 임명되어 대장군포 등의 다양한 화기를 개발했습니다. 그리고 전함에 관해서도 연구해 군사와 장비를 많이 실을 수 있는 누선(樓船)도 개발합니다.

우왕 6년 왜구가 전라도 해안 지역을 침략해오자 자신이 만든 화기를 사용해 진포에서 선박 500여 척을 격파했고, 우왕 9년에도 남해 관음포에서 왜구를 물리치는 데 공을 세웠으며, 1389년(창왕 2년)에는 박위와 함께 쓰시마섬 정벌에도 참여했습니다.

1395년(태조 4년)에 사망하였는데, 1401년(태종 1년)에 의정부 우정승과 영성부원군으로 추증되었습니다. 조선 왕조에서 최무선은 백성의 해(害)를 제거하고, 문익점은 백성의 이(利)를 일으켜 백성의 삶에 커다란 혜택을 가져다준 인물들로 숭상되었으므로 태종은 1401년 두 사람의 아들에게 특별히 벼슬을 내렸으며, 세조는

1456년 이들의 관향에 사당을 세워 업적을 기리게 했습니다. 최무선은 화약 제조법 등을 기록한 〈화약수련법〉과 〈화포법〉을 저술해 아들에게 물려주었기에 아들인 최해산과 손자 최공손 등도 화기 제조법을 이어받아 모두 벼슬을 하며 조선 전기 군기(軍器) 개발을 주도했는데요. 아쉽게도 그의 저술은 기록에만 남아 있고, 오늘날 그 어떤 것도 전해지지 않습니다.

술술 읽힐걸? 신문GO!

News Paper

불꽃놀이의 역사, 한국은 최무선이 선구자

불꽃놀이는 7세기 중국 수나라 양제 때 시작됐다고 한다. 전쟁터에서 신호용으로 사용되던 폭죽이 오늘날 불꽃놀이의 원조인 셈이다. 13세기 화약의 발전과 함께 폭죽도 진화했다. 14세기 마르코 폴로가 중국의 화약을 서양에 전파하면서 이탈리아 피렌체를 비롯한 유럽 축제 때 불꽃놀이가 도입됐다. 음악에 맞춘 현대적 불꽃놀이는 1960년 프랑스 칸영화제에서 처음 이뤄졌다. 우리나라의 경우 1373년 고려 공민왕 때 최무선과 최해산이 화약제조법을 발명해 화약을 대량 생산했다. 1377년 고려 우왕 때 화약과 화기의 제조를 담당하는 관청인 '화통도감'이 설치됐고 궁중에서 불꽃놀이인 '화산희(火山戱)'가 시행됐다.

출처 : 국제신문/일부인용

🔍 | 상식UP! Quiz

문제 〈조선왕조실록〉에는 '1487년에 최식이 증조부인 최무선의 책과 그림인 〈화포법〉과 〈용화포섬적도(用火砲殲賊圖)〉를 왕에게 바쳤다'고 기록되어 있는데, '이 왕'은 누구를 말하는 것인가?

① 예종   ② 성종   ③ 중종   ④ 인종

해설 ② 성종(1457~1494) : 조선 제9대 왕(재위 1469~1494). 세조의 장남 의경세자 이장(李暲)과 한확의 딸 소혜왕후 한씨 사이의 둘째 아들이다. 계비 정현왕후 윤씨와 함께 서울시 강남구 선릉(宣陵)에 매장되었다.

답 ②

토지개혁, 조선 건국의 기틀로

고려 말 권력자들의 불법적인 토지 점유는 국가 재정의 큰 곤란을 야기하였습니다. 그리하여 위화도 회군을 계기로 정권을 장악한 이성계 및 조선 건국 세력은 곧 토지 개혁에 착수하였고 그 결과 정립된 것이 과전법입니다.

수조권이란 토지에 대한 조세 징수권으로서, 1391년(공양왕 3년) 이전까지 개인에게 분급되었던 수조권을 모두 국가에서 회수하여 관료들에게 관품에 따라 18등급으로 분급하여 경제적 기반을 보장해 주었습니다. 다만 이러한 조치는 수조권에 한한 것으로 본래부터 개인이 소유한 토지는 재분배 대상이 아니었습니다.

과전은 전·현직 관료를 막론하고 18과로 나누어 15~150결을 지급하였는데, 본인 당대에만 지급하는 것을 원칙으로 하여 과전이 세습화되는 것을 방지하였습니다. 아울러 1/10 과세원칙을 정하여 1결당 최대 2석(石)까지 수취가 가능하게 하였으며, 경기도에 속한 토지에서만 분급하여 불법적으로 과전이 팽창하는 것을 막았습니다. 이렇게 성립된 과전법은 조선왕조 개창의 물질적 토대가 되었습니다. 그러나 수조지 분급을 전보다 축소하였음에도 불구하고 과전법은 다시 개혁 논의를 맞게 되었습니다.

과전은 지급받은 사람이 사망할 때까지만 가지는 것을 원칙으로 하였지만, 수신전·휼양전 등의 명목으로 사실상 세습할 수 있는 길이 열려 있었는데요. 이에 따라 건국 이후 줄곧 과전으로 지급할 토지가 부족해지는 문제에 당면하게 되었고, 시간이 지날수록 과전을 지급받지 못하는 관원의 수가 증가하였습니다. 이에 따라 국가에서는 현직 관료에게만 토지를 분급하는 직전법, 세금의 수취를 국가가 대행하는 관수관급제 등의 시행을 통해 문제를 해결하려 하였습니다.

'경기도 탄생 1000년' 이야기

1402년(태종 2년)에는 경기좌우도를 합쳐 경기좌우도성이라 했고 태종 13년에는 다시 도성으로부터 거리를 참작해 현재와 거의 다름없는 경기도 지역을 확정했다. 그 다음해인 1414년 1월 관제를 고치면서 경기를 좌우도로 나누지 않고 그냥 '경기'라 부르도록 했다.

경기가 도(道)로 확립된 것은 1390년(공양왕 2년)으로 경기를 확장하여 좌도와 우도로 나누고 각기 도관찰출척사(都觀察黜陟使)를 둔 때부터였다. 이때의 경기 확장은 '과전법(1391)'을 시행하기 위한 준비의 일환이었다. 과전법에서는 과전을 경기에 한해 지급한다는 원칙을 세웠기 때문에 그에 소요되는 토지를 확보하기 위해 경기의 확대가 필요했던 것이다. 이는 곧 조선시대의 도제로 넘어가는 과도기적 역할을 했다고 할 수 있다.

2014년은 '경기도'가 이 땅에 자리 잡은 지 600년이 되는 해였다. 60간지로 환산해 보면 10번째 순환을 맞이한 셈이다. 경기도는 지리적으로 한반도의 중앙일 뿐만 아니라 비옥한 토지와 온화한 기후로 일찍부터 우리 역사의 중심 무대가 됐다. 특히 한강과 임진강을 끼고 있어 오래전부터 경작이 시작됐고 교통이 편리해 선사시대부터 사람들이 모여 산 곳이었다. 조선 영조 때의 실학자 이중환은 그의 저서 〈택리지〉에서 경기도를 300년 동안 문화의 중심을 이루었고 수많은 학자를 배출한 곳으로 평가하기도 했다. 오늘날 경기도라 부르는 지역은 조선왕조 초기 지방행정의 큰 틀을 8도 제로 했을 때 정해진 것으로 이제 600년이라는 연륜을 지니게 됐다.

출처 : 일요서울/일부인용

🔍 | 상식UP! Quiz

문제 고려 공양왕 3년(1391)에, 귀족들의 대토지 소유에 따른 국가 재정의 고갈 문제를 해결하기 위하여 이성계를 비롯한 조준 등 신진 사대부들이 주동이 되어 실시한 토지 제도는?

① 과전법   ② 직전법   ③ 관수관급제   ④ 연분 9등법

해설 ② 직전법 : 세조 때 현직 관리에게만 토지를 지급한 제도

③ 관수관급제 : 성종 때 국가가 직접 토지를 관리하고, 관리에게 녹봉을 지급한 제도

④ 연분 9등법 : 세종 때 포지 1결당 풍흉에 따라 9등급으로 나누어 세금을 납부하도록 한 제도

📖①

새로운 나라의 조짐

고려 말에 명(明)은 원(元)의 세력을 제압한 다음 공민왕(恭愍王)이 탈환한 쌍성총관부(雙城摠管府)가 있던 철령 이북의 땅에 철령위(鐵嶺衛)를 설치하겠다면서 반환을 요구하였습니다.

고려 조정에서는 이를 두고 의견이 분분했지만 당시 최영은 명의 주장에 반발하며 명이 차지한 요동 지역이 원래 고려의 영토였다며 '요동정벌'을 주장했는데요. 최영의 주장을 받아들인 고려의 우왕(禑王)은 5만명을 징발하여 원정군을 구성하고, 최영을 팔도도통사(八道都統使), 조민수(曺敏修)를 좌군도통사(左軍都統使), 이성계(李成桂)를 우군도통사(右軍都統使)로 삼았습니다.

이중 최영은 남고 조민수와 이성계가 군사를 이끌고 출병하였는데, 압록강의 물이 불어 강을 건너기가 어려워졌습니다. 그리하여 '위화도(威化島)'에서 14일을 머물렀는데 이때 이성계는 조민수와 의논하여 '첫째, 작은 나라가 큰 나라를 치는 것은 어렵다. 둘째, 여름에 출병하는 것은 어렵다. 셋째, 명에 출병한 사이 왜구에게 허점이 노출된다. 넷째, 장마철이라 활의 아교가 풀어져 약해지고, 병사들이 병에 걸릴 우려가 있다'라고 하는 '4불가론(四不可論)'을 주장하며 철병할 것을 요청하였지만, 우왕과 최영은 이를 받아들이지 않았습니다.

이에 결국 이성계와 조민수는 위화도에서 회군(回軍)하여 우왕을 폐하고 창왕(昌王)을 세웠으며, 이러한 쿠데타를 단행한 이성계에 맞선 최영을 유배 보낸 뒤 참수하였습니다. 그 후 이성계는 조민수를 누르고 실권을 잡아 각종 개혁을 추진하며 조선(朝鮮) 건국의 발판을 마련하였습니다.

위화도 회군 정당화한 이성계 '4불가론' 뭔가 보니…앗!

원나라를 멸망시킨 명나라는 고려와 처음에는 좋은 관계를 유지했으나 안정을 찾자 공민왕이 회복했던 철령 이북 지역을 돌려달라고 요구했다. 고려 조정에서는 이를 두고 의견이 분분했는데 당시 최영이 이를 거절했고 오히려 명이 차지한 요동 지역이 원래 고려의 영토였다고 '요동정벌'을 주장했다.

그리고 최영은 우왕을 설득하고 이성계에게 '요동정벌' 명을 내린다. 때는 1388년 5월이다. 그러나 이성계는 압록강의 위화도까지 갔지만 '4불가론'을 주장하며 불복종하고 최영을 제거하고 사실상 정권을 장악했다.

'4불가론'은 작은 나라가 큰 나라를 치는 것은 불가함, 여름에 군사를 일으키기 불가함, 요동으로 군사를 일으키면 왜구가 쳐들어올 수 있음, 장마철이라 활의 아교가 녹아 풀어지며 군사들이 전염병에 시달릴 염려가 있어 불가함이 그것이다.

위화도 회군을 접한 네티즌들은 "이성계에게 위화도 회군은 조선의 시작이구나", "위화도 회군은 최영이 오히려 이성계에게 기회를 준 셈이구나", "위화도 회군, 최영이 이성계를 과소평가한 듯"이라는 등 다양한 반응을 보였다.

출처 : 매일경제/일부인용

상식UP! Quiz

문제 가짜 왕을 몰아내고 진짜 왕을 추대한다는 말로, 고려 말 이성계 일파가 창왕을 폐위하고 공양왕(恭讓王)을 옹립한 사건은 무엇인가?

해설 창왕의 아버지, 우왕이 공민왕의 친자(親子)가 아니라는 의심이 제기되어 왔기 때문에 이성계 일파는 정치적 입지를 공고히 하고자 이들 부자를 축출한 후 각자의 유배지에서 살해하였다.

폐가입진(廢假立眞)

정조는 마음 따뜻한 욕쟁이 술꾼

조선 왕 중에서도 영조와 정조는 검소한 것으로 알려져 있다. 특히 정조는 평상복을 무명으로 지어 입었고 해지면 기워서 입었으며, 식사도 하루에 두 끼만 먹으면서 반찬도 보통 3~4가지 이하로 했다. 또 신하들에게 보내는 사적인 편지는 재생지를 사용했으며, 대전의 궁녀 100여 명을 하급관리 몇 명으로 대체하고 모두 없앴다. 한편 정조는 술을 잘 마셨는데, 한번 마시면 끝장을 보는 편이었고 같이 마시는 신하들에게도 술을 강요해서 만취하게 했다. 정조에게 알코올 도수 40도가 넘는 증류식 소주를 필통에 받아 마시고 정신을 잃었던 정약용은 후에 "그날 난 죽었다고 생각했다"고도 말했다. 하지만 정조 자신은 많이 마셔도 취하는 일이 없었다고 한다. 정조는 신하들에게 편지를 쓸 때 '미미미'를 종종 썼는데, 이는 '껄껄껄'을 뜻한다. 오늘날의 'ㅋㅋㅋ' 정도 되지 않을까? 심환지에게 다른 사람을 비난할 때에는 "참으로 호로자식이라 하겠다", "과연 어떤 놈들이기에 감히 주둥아리를 놀리는가", "입에서 젖비린내 나고 미처 사람 꼴을 갖추지 못한 놈", "그 집 아이들은 모두 개돼지만도 못한 물건", "소위 벽패(노론 벽파) 중의 쓸모없고 불성실한 물건은 모두 제주 큰 바다에 던져버리고"라는 등의 표현들을 쓰곤 했다. 정조 스스로도 "욕을 쓰느라 새벽 5시(오경)가 된 줄도 몰랐으니 내 성격이 별나고 우습다"고 할 정도였다.

근세

CHAPTER

3

두문불출(杜門不出)의 유래

'두문동72현(杜門洞七十二賢)'은 조선이 건국되자 끝까지 출사하지 않고 충절을 지킨 고려의 유신 72명을 말합니다. 김충한(金沖漢), 민안부(閔安富), 박문수(朴門壽), 성사제(成思齊), 이의(李倚), 임선미(林先味), 조의생(曺義生) 등의 성명만 전해지는데요. 조선 왕조는 두문동을 포위하고 불을 지피면 이들이 밖으로 뛰쳐나올 줄 알았지만, 72인은 모두 불길을 피하지 않고 그곳에서 죽음을 맞이하였다고 합니다.

두문동은 경기도 개풍군 광덕면의 광덕산 서쪽 기슭에 있던 옛 지명인데, 조선이 건국되자 태학생 임선미 등 72인이 모두 이곳에 들어와서 마을의 동·서쪽에 문을 세우고 빗장을 걸고 문밖으로 나가지 않은 것에서 유래하였다고 합니다.

조선 초 황희(黃喜) 정승의 경우 고려시대 문과에 급제하여 벼슬길에 올랐다가, 30세가 되던 해에 이성계의 역성혁명(易姓革命)이 일어나자 두 임금을 섬기지 않겠다며 72현과 함께 두문동으로 들어간 적이 있습니다. 하지만 황희에게 "젊은 자네는 나가서 불쌍한 백성을 위해 일하라"하는 선배들의 간곡한 권유로 두문동을 나와 새로운 정권에 참여했다고 합니다.

황희는 태종이 등극한 후 공조, 병조, 예조, 이조판서 등 18년을 지금의 장관 직위에 있었고, 다시 세종과 함께 27년간 우의정, 좌의정을 거쳐 영의정을 지내며 법률과 제도를 정비하고 내치에 힘써 태평성세를 이룩했다고 합니다.

황희, 작은 기와집 바닥에 거적때기 깔고 …
조선 청백리의 표상

방촌 **황희**(黃喜, 1363~1452)는 고려 말·조선 초기 명재상이며, 청백리의 표상이다. 그는 정치 일선에서 원칙과 소신을 견지하면서도 때로는 관용의 리더십을 발휘했다.

태조~세종 때까지 56년 동안 관직생활을 하면서 영의정 등 주요 요직을 역임했다. 66세에 청백리에 뽑혔다. 그는 나라의 근간이 되는 법과 제도를 정비해 새 왕조의 기틀을 다졌다.

그는 성품이 강직·청렴하고, 사리에 밝고 정사에 능해 역대 왕들의 신임을 받았다. 하지만 세자(양녕대군) 폐출 불가를 주장하는 등 때로는 소신을 굽히지 않아 왕과 대신의 미움을 사서 좌천과 파직을 거듭했다.

또 신뢰할 수 있는 법치주의에 근거해 나라를 다스려야 한다며 〈경제속육전〉을 편찬하고, 오늘날 소방서 같은 '금화도감'과 파출소 같은 '경수소'를 설치해 화재와 방범에 대비했다.

다른 사람의 말을 두루 듣고, 마지막에 종합해 의견을 개진했다. 그래서 태종이나 세종은 으레 '황희 정승의 말대로 하라!'고 했다.

출처 : 인천일보/일부인용

상식UP! Quiz

문제 관직 수행 능력과 청렴(淸廉)·근검(勤儉)·도덕(道德)·경효(敬孝)·인의(仁義) 등의 덕목을 겸비한 조선시대의 이상적(理想的)인 관료상으로, 의정부(議政府)에서 뽑은 관직자에게 주어진 호칭이다. 총 217명이 배출되었고, 대표적 인물로는 맹사성, 황희, 최만리, 이현보, 이황, 이원익, 김장생, 이항복 등이 있는데, 이들을 가리키는 3음절의 단어는 무엇일까?

해설 고려시대부터 청백리제도가 존재했던 것으로 판단된다. 최영 등의 청백함을 칭송하며 자식들에게 청백한 관리가 되어 가문의 전통을 이으라고 당부하기도 하였다. 조선시대에도 청백리제도를 운영하기도 했다.

답 청백리(淸白吏)

개혁이냐, 혁명이냐?

포은 정몽주와 삼봉 정도전은 목은 이색 문하에서 함께 공부한 동문입니다. 나이는 정몽주가 다섯 살 많았지만 두 사람은 '동심우(同心友)'의 맹세까지 나눈, 요즘 말로 절친이었습니다. 그리고 국가와 백성을 위한 두 사람의 정치적 신념 또한 크게 다르지 않았습니다.

하지만 방법론적인 면에서 정몽주는 기존 국가의 틀 속에서 개혁을 추구한 반면, 정도전은 고려라는 낡은 틀을 깨뜨리고 새로운 국가를 완성하는 혁명을 추구하였습니다. 두 사람은 자신의 주장이 옳음을 토론하기도 하면서 상대를 설득하려 하였으나 결국에는 서로에게 등을 돌리고 칼을 겨누는 사이가 되었고, 정몽주는 이방원에 의해 죽고 말았습니다.

하지만 이방원은 정몽주 사후 13년 만에 그를 영의정에 추증하고 문충(文忠)이라는 시호를 내릴 정도로 그의 충절을 높이 평가했습니다. 또한 그의 사상과 학문은 조선의 사림에게로 계속 이어졌습니다.

한편 정도전은 이성계와 손을 잡고 조선을 건국하였으며 경복궁을 건설하고 4대문과 4소문의 이름을 짓는 등 국가 전체의 기틀을 설계했습니다. 그러나 왕권보다는 신권 중심의 민본정치를 추구한 정도전 또한 왕권국가를 추구하는 이방원에 의해 죽고 마는데요. 조선 말 고종 때에 가서야 복권이 됩니다.

같은 시대를 살면서도 각자의 선택에 따라 서로 다른 길을 간 두 사람인데요. 이들이 보여준 신념과 확신, 그리고 행동으로 옮기는 당당함은 지금의 우리에게 큰 역사의 울림으로 다가옵니다.

군주민수(君舟民水)

민본(民本)은 고려 왕조를 통째로 무너뜨린 정도전이 가슴에 새겼던 최고의 가치였다. 20대 중반 연이어 부모를 잃고 3년 시묘살이할 때 정몽주로부터 한 권의 책을 선물로 받는다. 바로 〈맹자〉다. 이내 심취한 정도전은 일부러 하루 반 장 밖에 읽지 않았다 한다. 담긴 사상을 이해하고 그것을 어떻게 현실 정치에 적용할 것인가를 깊이 고민하기 위해서였다고 한다. '민위귀(民爲貴)하고 사직차지(社稷次之)며 군위경(君爲輕)이다' 백성이 가장 귀하고, 나라는 그다음이며, 왕은 가장 가볍다는 맹자의 가르침을 정도전은 조선 개국 후 죽는 날까지 한순간도 잊지 않았다. '백성 우위' 사상은 중국의 가장 오래된 정치·역사서인 〈서경(書經)〉에서부터 이미 등장한다. '천시자아민시(天視自我民視)요, 천청자아민청(天廳自我民廳)이라' 백성의 눈이 하늘의 눈이요, 백성의 소리가 하늘의 소리라는 뜻. 이 평범한 진리가 수천년에 걸쳐 반복 강조되는 것은 현실에 뿌리내리기 그만큼 어렵기 때문이리라.

정치(政治)의 요체는 한자의 뜻에 잘 담겨있다. 정(政)은 내가 먼저 바르고자 노력하는 것이고, 그런 뒤 남이 바로 서도록 추슬러 주는 게 치(治)다.

출처 : 국제신문/일부인용

상식UP! Quiz

문제 고려 말 절의를 지킨 세 학자를 일컬어 흔히 '삼은(三隱)'이라고 부른다. 이에 해당하지 않는 인물은?

① 이색
② 정몽주
③ 길재
④ 정도전

해설 '삼은(三隱)'은 목은(牧隱) 이색, 포은(圃隱) 정몽주, 야은(冶隱) 길재를 일컫는 말이며, 야은 길재 대신 도은(陶隱) 이숭인을 포함시키기도 한다.

답 ④

창경궁의 돌지도 식탁이 천문도였다니···

1395년(태조 4년)에 권근(權近) 등 여러 천문학자들이 만든 석각천문도입니다. 중국의 순우천문도(淳祐天文圖)(1247년)에 이어 세계에서 두 번째로 오래된 것으로 국보 제228호로 지정되어 현재 서울시 종로구 국립고궁박물관에 소장중입니다.

천상열차분야지도(天象列次分野之圖) 석각(石刻)은 하늘의 별자리를 새긴 것인데, 앞면 윗부분에는 길이 141cm, 폭 85cm로 직사각형의 테두리가 있고 그 속에 지름 76cm의 천문도 원이 그려져 있습니다. 천문도의 방향은 마주 보았을 때 왼쪽이 동쪽, 오른쪽이 서쪽, 위쪽이 북쪽, 아래쪽이 남쪽이며 천문도 안쪽의 주극원(週極圓)의 범위는 한양의 위도에 맞도록 설정되어 있습니다.

아래 부분에는 상단과 46cm의 간격을 두고 천문도의 이름이 새겨져 있는데요. 그 아래에는 다시 2단으로 구분하여 윗단에는 우주론에 대한 기사 등이 기록되어 있고, 아랫단에는 이 천문도가 만들어진 역사적 배경과 유방택을 비롯한 제작에 참가한 사람들의 관직, 성명 등이 적혀 있습니다.

아랫단에 적힌 권근의 도설(圖說)에 따르면, 옛날 평양성에 고구려의 석각천문도가 있었는데 병화(兵禍)에 의해 강물에 빠져서 잃어버린 것이 오래이며 그 인본(印本)도 거의 전해지지 않았다가 태조가 조선을 개창하자 그 인본을 가지고 있던 자가 그것을 바쳤고, 태조가 서운관(書雲觀)에 명하여 이 천문도를 새로운 관측에 따라 오차를 교정해 석각하였다는 것입니다.

한편, 석각의 뒷면에는 앞면과 아래위가 뒤바뀐 천문도가 새겨져 있는데, 제목이 맨위에 새겨져 있을 뿐, 그 나머지 내용에서는 모두 앞면과 똑같습니다. 이 구성 방식은 1687년(숙종 13년) 다시 새긴 '복각천상열차분야지도 각석'(보물 제837호)과 일치합니다. 이 각석의 탁본에 따른 '천상열차분야지도 목판본'이 영조 대에 나왔는데 관상감에서 처음 인쇄한 것은 120장으로 알려졌지만 현존하는 것은 7~8장입니다.

'천상열차분야지도' 제작한 핵심 과학자

금헌 류방택 선생의 업적이 주목을 받고 있다. 경북 안동 도산서원이 하늘 별자리 모형인 혼상(渾象)과 그 관측기구인 혼천의(渾天儀)를 영구 보전한다. 도산서원은 도산서당에서 유물전시관 옥진각에서 전시하고 있는 혼상과 혼천의 부속부품 유물을 안동문화방송으로부터 기증받았다.

금헌 류방택 선생은 고려 말기와 조선 초기의 대표적 천문학자로 우리나라 천문도 가운데 가장 오래됐으며 유일하게 돌에 새겨진 국보 제228호 '천상열차분야지도'를 제작한 12명 중의 한 명으로 가장 핵심적인 역할을 수행한 것으로 전해지고 있다.

출처 : 대전일보/일부인용

○ 상식UP! Quiz

문제 1985년 8월, 첨성대 이후 과학기술 관련 유물이 처음으로 국가문화재로 지정되었는데 그 중 천상열차분야지도 각석, 보루각 자격루와 함께 국보로 지정된 것은 무엇인가?

① 앙부일구   ② 혼천의
③ 측우기   ④ 수표

해설 ② 혼천의는 1669년 현종 10년에 관상감 교수 송이영(宋以頴)이 자명종 원리를 이용하여 만든 것으로 알려진 천문시계. 홍문관에 설치되어 시간 측정과 천문학 교습용으로 쓰였던 것이라 한다. 왼쪽에 혼천의가 설치되어 있고, 오른쪽에 기계식 시계가 장치되어 현재의 이름이 붙었다. 국보 제230호로 지정되어 고려대학교 박물관에 보관되어 있다.
① 앙부일구 : 12간지 한자를 동물 그림으로 대신한 백성들을 위한 해시계
③ 측우기 : 강우량을 측정하기 위한 측정기구
④ 수표 : 하천의 수위 변화를 측정하기 위해 제작한 측량기구

답 ②

조선왕조의 기록, 〈조선왕조실록〉

〈조선왕조실록〉은 태조부터 철종까지 각 왕이 교체될 때마다 이전 왕의 기록들을 종합해서 사건이 일어난 순서대로 기록·편찬한 역사서입니다. 왕이 승하하면 다음 왕대에 임시로 실록청을 설치하여 전 왕대의 실록을 편찬하였으며, 실록청의 구성원은 모두 춘추관의 관원이었습니다.

관원들은 실록 작성의 기본 자료가 되는 사초를 모두 수집하여 실록을 편찬하였는데요. 사초는 국왕의 가장 가까운 곳에서 모든 것을 빠짐없이 기록하는 사관의 기록으로, 사초와 사관 모두 철저하게 독립성을 확보하고 있었기에 임금이라 해도 절대로 사초를 열어볼 수 없었으며, 사관의 기술 또한 철저히 그 비밀이 보장되었습니다. 또한 실록을 작성한 후에는 기밀 누설을 방지하기 위하여 사초를 물에 씻는 세초 작업을 하였습니다. 때문에 실록 자료에 대한 신빙성과 정확성은 매우 높다고 평가됩니다.

그러나 사초를 문제로 삼아 무오사화 등의 사건이 일어나기도 하였고, 당쟁이 심할 때에는 사관이 자기 당파에 유리하게 편파적으로 실록을 편찬하여 공정성을 잃는 경우도 있었습니다. 연산군과 광해군처럼 왕위에서 쫓겨난 임금들의 경우에도 실록청이 설치되었지만, 이 경우에는 '실록'이 아닌 '일기'라고 하였는데요. 단종의 경우도 왕위에서 쫓겨나는 바람에 실록 편찬 당시에는 '노산군 일기'라고 하였으나, 이후 왕으로 승격되면서 '단종실록'으로 명칭이 바뀌었습니다.

'고종황제실록', '순종황제실록'의 경우에는 일본인들의 지시를 받으며 편찬되었기 때문에 사실의 왜곡 등이 심하여 엄밀한 의미의 조선왕조실록이라고 보기는 어렵습니다. 그렇기 때문에 일반적으로 조선왕조실록이라고 하면 '태조실록'부터 '철종실록'까지를 의미합니다.

이렇게 편찬된 실록은 모두 4부를 인쇄하여 궁궐의 춘추관과 충주, 전주, 성주 4곳의 사고에 각각 1부씩 보관하였습니다. 임진왜란으로 전주사고를 제외한 모든 사고가 소실되자, 1603년(선조 36년)에 전주사고본을 바탕으로 다시 4부씩 인쇄하였습니다. 그리고 춘추관과 태백산, 묘향산, 오대산, 강화도에 다시 사고를 마련하고 〈조선왕조실록〉을 보관하였습니다.

술술 읽힐걸? 신문GO!   News Paper

"역사는 계속돼야 한다"
임진왜란 중 〈조선왕조실록〉 지킨 '전주사고'

왕의 행적이 기록된 〈조선왕조실록〉을 안전하게 보관하는 것은 매우 중요했다. 그래서 특별히 사고(史庫)를 설치해 봉안해왔다.

1413년(태종 13년) 처음 '태조실록'이 편찬됐다. 이어 1426년(세종 8년)에 '정종실록', 1431년에 '태종실록'을 편찬했다. '태종실록' 편찬 직후 정부에서 보관의 필요성을 느껴 편찬된 삼조실록(三朝實錄)을 고려시대의 실록이 보관된 충주사고에 봉안했다.

실제로 성종 4년 8월 26일 춘추관에서 임금에게 이렇게 아뢰었다.

"전주의 새로 만든 사고에 전후 실록을 지금 모두 옮겨 놓도록 하소서. 무릇 지방 사고는 늘 3년마다 한 번씩 포쇄함이 상례입니다. 매년 장마철에 비가 샐까 염려되니, 사궤(史匱)는 열고 닫을 수 없는 것이지만, 비가 새는 곳은 그 도(道)의 감사(監司)로 하여금 매년 장마가 끝난 뒤 살피어 계문하도록 하소서"

이를 임금은 그대로 따랐다.

출처 : 뉴스천지/일부인용

🔍 | 상식UP! Quiz

문제 〈조선왕조실록〉이 편찬되어 보관되었던 사고가 있는 곳이 아닌 것은?

① 전주   ② 충주   ③ 성주   ④ 원주

해설 1413년(태종 13년)에 처음 '태조실록'이 편찬되었고 이어 1426년(세종 8년)에 '정종실록', 1431년에 '태종실록'이 편찬되었다. '태종실록' 편찬 직후 정부에서 보관의 필요성을 느껴 편찬된 삼조실록(三朝實錄)을 고려시대의 실록이 보관된 충주사고에 봉안했다. 1439년 사헌부의 건의에 따라 전주와 성주에 사고를 새로 설치했다. 그리고 1445년 11월까지 3부를 더 등사해 모두 4부를 만들어 성주, 충주, 춘추관, 전주의 4대 사고에 각기 1부씩 봉안했다.

📖 ④

화려함 속에 수난도 많았구나

서울에는 여러 개의 궁이 있습니다. 경복궁, 창덕궁, 창경궁, 경희궁, 덕수궁입니다.

경복궁은 태조가 한양을 도읍으로 정하고 다섯 개의 궁궐 중 처음으로 만들었습니다. 그 이름은 '큰 복을 누리라'는 의미로 정도전이 지은 것이라고 합니다. 경복궁은 세종 이후 안정을 찾으며 조선 왕조의 중심지 역할을 하는 곳이 되는데요. 안타깝게도 임진왜란 때 불이 나서 소실되었고, 그 후 흥선대원군이 재건하지만 얼마 후 명성황후가 이곳에서 시해되는 '을미사변'이라는 수난을 겪게 됩니다.

성종 때 대왕대비가 거처하겠다고 하여 수강궁을 개축한 것이 창경궁입니다. 왕후들이 머물렀던 궁궐인데요. 창경궁은 일제강점기 일본인에 의해 큰 수난을 겪었습니다. 창경궁에 동물원과 식물원을 만들면서 많은 건물들을 없애버렸던 것입니다. 이름도 '창경원'으로 격하되기까지 합니다.

덕수궁은 다른 궁궐들과 다르게 우리나라의 전통적인 건축물이 아닌 서양식 건물이 많습니다. 1897년 고종이 러시아 공사관에서 덕수궁으로 거처를 옮기며 궁궐을 다시 짓기 시작했는데요. 그 때 서양의 건축가와 서양의 건축기술을 도입하였습니다. 덕수궁 역시 1904년의 화재로 전각 대부분이 소실되었는데 이듬해 일부를 중건했습니다. 고종이 황제로 즉위한 곳이지만 을사늑약이 일어난 곳이자 고종이 퇴위된 곳이기도 하니 이곳 역시 파란만장한 역사의 아픔을 가지고 있습니다.

창덕궁은 1405년에 지어진 궁궐로 사도세자가 뒤주에 갇혀 죽는 비극이 일어난 곳이기도 합니다. 이곳 역시 임진왜란 때 소실되었지만 그 후 복구되었습니다. 여러 차례의 화에도 비교적 보존이 잘된 곳으로 평가되며 1997년에는 유네스코 세계문화유산으로 등재되기도 하였습니다.

경희궁은 원래 인조의 아버지인 정원군의 집이었는데 이곳에 왕기가 서렸다는 이야기를 들은 광해군은 집을 빼앗고 궁궐을 지었습니다. 하지만 경희궁은 화재로 소실되거나 일제에 의해 허물어져 일본인을 위한 고등학교가 세워지는 등 많은 수난을 겪은 탓에 원래 궁궐이라 보기 어려울 정도로 그 모습이 남아 있지 않았다고 합니다.

술술 읽힐걸? 신문GO! *News Paper*

'대장금과 함께 하는 경복궁 별빛야행'

문화재청이 주최하고 한국문화재재단이 주관하는 '경복궁 별빛야행'은 궁궐 문화 콘텐츠를 다양화할 목적으로 궁중 음식 체험, 전통공연, 경복궁 야간해설 탐방을 결합한 형태의 행사이다.

관람객들은 야간 탐방에서 앞서 궁권의 부엌인 소주방에 들러 왕과 왕비의 일상적인 12첩 반상을 현대적으로 재해석한 '도슭수라상'을 맛볼 수 있다. '도슭'은 도시락의 옛말이다. 수라상을 즐기면서 국악공연도 동시에 즐길 수 있다.

소주방에서 궁중 음식 체험을 마치면 전문가의 해설과 함께 경복궁 후원 탐방을 한다.

별빛야행 참가자들에게만 관람이 허락된 집경당 · 함화당을 본 뒤, 별빛 아래 불을 밝힌 향원정을 볼 수 있다. 또 고종의 서재였던 '집옥재'에서는 이색적인 아름다움을 느낄 수 있다.

이어 관람객들은 평소 관람이 자유롭지 않았던 경회루 누상에도 올라 조선의 궁궐의 그림 같은 야경을 감상할 수 있다.

출처 : 헤럴드경제/일부인용

🔍 | **상식UP! Quiz**

문제 유네스코 세계유산은 인류의 보편적이고 뛰어난 가치를 지닌 각국의 부동산 유산을 등재하는데, 1995년에 종묘가 등재된 데 이어, 1997년에는 조선의 궁궐인 '이 궁'이 등재되었다. '이 궁'은?

① 경복궁   ② 창덕궁   ③ 창경궁   ④ 덕수궁

해설 창덕궁 이외에도 석굴암 · 불국사, 해인사 장경판전, 화성, 경주, 고인돌 유적, 제주화산섬과 용암동굴, 조선왕릉, 하회 · 양동마을, 남한산성, 백제역사유적지구 등이 유네스코 세계문화유산으로 등재되어 있다.

📖 ②

영조 시대 이전에도 '신문고(申聞鼓)'는 존재하였다

조선 초기에 상소(上疏)나 고발하는 제도는 법으로 마련되어 있었지만, 태종은 최후의 항고(抗告) 또는 직접 고발을 하는 시설로서 신문고를 설치하였습니다. 임금 직속인 의금부당직청(義禁府當直廳)에서 이를 주관하였으며, 북이 울리는 소리를 임금이 직접 듣고, 북을 친 사람의 억울한 사건을 처리하도록 하였습니다. 즉, 억울함을 호소하려는 자는 관할 관청에서 이를 해결하도록 하였는데, 이 기관에서 해결이 안 되는 경우에는 신문고를 직접 울리게 하였던 것입니다.

신문고는 조선에서 '민의상달(民意上達)'을 대표하는 제도였습니다. 하지만 신문고를 울려 상소하는 데에는 제한이 있어 오직 종사(宗社)에 관계된 억울한 사정이나 목숨에 관계되는 범죄·누명 및 자기에게 관계된 억울함을 고발하는 자에 한해 상소 내용을 해결하여 주었습니다.

그러나 이와 같은 제한조건에도 불구하고, 신문고에 의한 사건 해결의 신속성을 얻기 위하여 사소한 사건에도 신문고를 이용하는 무질서한 현상을 초래하였는데, 이는 조선 초기에 관리들의 권력 남용으로 인한 일반 백성들의 고통을 단적으로 시사하는 것이었습니다.

그 후 신문고는 사용 제한을 한층 엄격히 하였는데 〈속대전(續大典)〉에 의하면, 자기 자신에 관한 일, 부자지간에 관한 일, 적첩(嫡妾)에 관한 일, 양천(良賤)에 관한 일 등 4건사(四件事)와, 자손이 조상을 위하는 일, 아내가 남편을 위하는 일, 아우가 형을 위하는 일, 노비가 주인을 위하는 일 및 기타 지극히 원통한 내용에 대해서만 신문고를 사용하도록 제한하였습니다.

그러나 실제에 있어서 신문고는 주로 서울의 관리들만 사용하였으며, 신문고 제도의 본래 취지와는 달리 일반 상인(常人)이나 노비, 또 지방에 거주하는 관민(官民)

은 거의 사용하지 않아 효용이 없어졌습니다. 결국 연산군(燕山君) 때에는 이 제도가 폐지되었다가 1771년(영조 47년) 11월에 부활한 것입니다.

술술 읽힐걸? 신문GO!

News Paper

신문고와 격쟁 제도가 위기를 맞다

〈조선왕조실록〉, 오늘은 왕에게 억울함을 직접 호소하던 신문고와 격쟁 제도가 자칫 폐지될 뻔했던 이야기입니다.

신문고(申聞鼓)는 국민들이 마지막으로 억울함을 호소할 때 치던 대궐 밖에 설치된 북입니다. 태종 1년에 설치됐으나 한양에만 있는데다 마음대로 치다가는 큰 벌을 받았기 때문에 이용자가 많이 없어 연산군 때 없어졌다가 영조 때 부활됐습니다.

격쟁은 신문고가 폐지됐을 때 도입됐는데 임금이 행차하는 길목에서 징이나 꽹과리를 쳐서 억울함을 하소연하는 제도였습니다.

그런데 신문고와 격쟁을 악용하는 사례도 많았었는지 정조 7년에 "일부 간사한 백성들이 하찮은 일임에도 멋대로 위에 알리고 있다"며 "명확히 조사해서 폐단을 막아야 한다"는 건의가 올라왔습니다.

이에 대해 정조는 "너무 엄하게 막으면 아랫사람들이 억울한 사정을 알릴 수 없고, 그렇다고 너무 풀어 놓으면 간사한 폐단이 더욱 늘어날 것"이라며 "전후사정을 잘 조사해서 처리하라"고 지시했습니다.

출처 : 노컷뉴스/일부인용

Q 상식UP! Quiz

문제 다음 중 조선시대에 억울하고 원통한 일을 당한 사람이 궁궐에 난입하거나 국왕이 거동하는 때를 포착하여 징, 꽹과리(鉦), 북(鼓) 등을 쳐서 이목을 집중시킨 다음 자신의 사연을 국왕에게 직접 호소하는 행위를 무엇이라고 하는가?

① 신문고　　　② 격쟁(擊錚)　　　③ 대취타(大吹打)　　　④ 아니리

해설 격쟁에 관한 설명이다. 격쟁은 신문고가 폐지됐을 때 도입되었다. 대취타는 조선시대에 관리들의 공식적인 행차에 따르는 행진음악이고, 아니리는 판소리 공연에서 보통 말하듯이 사설을 엮어가는 것을 말한다.

답 ②

한민족의 위대한 스승

5월 15일이 스승의 날인 것은 누구나 다 아는 사실입니다. 그렇다면 스승의 날이 5월 15일인 이유는 무엇일까요? 이날은 바로 세종대왕의 탄신일인데요. 그만큼 세종대왕은 우리 민족 전체에게 존경받는 가장 위대한 스승이라 할 수 있습니다.

태종 이방원의 셋째 아들로 태어난 세종은 형인 양녕대군이 자의반 타의반으로 세자자리에서 폐위된 후 뒤를 이어 세자가 되고 곧 왕위에 올랐습니다. 세종이 위대한 성군으로 불리는 가장 큰 이유는 백성을 사랑하는 애민정신에 있었습니다. 세종은 노비의 처우를 크게 개선하였으며 수시로 사면령을 내렸습니다. 가장 위대한 업적이라 할 수 있는 훈민정음의 창제도 이러한 애민정신의 발로라고 말할 수 있습니다.

1420년 집현전을 설치하고 신숙주, 정인지, 성삼문, 최항, 박팽년 등의 젊은 학자들을 중용하여 인재 양성과 학문의 진흥을 도모하였습니다. 또한 〈고려사〉, 〈농사직설〉, 〈향약집성방〉 등 다양한 분야의 편찬사업을 추진했으며 이를 뒷받침하는 갑인자 등의 활자기술도 함께 발전시켰습니다.

음악 분야에서는 박연으로 하여금 아악을 정리하게 하였고, 친히 정강보를 발명하고 〈정대업〉, 〈보태평〉 등을 정리하기도 하였습니다. 과학기술에서는 장영실 등을 중용하여 측우기, 혼천의, 앙부일구, 자격루 등을 제작하게 하고 이순지 등을 통해 역법인 〈칠정산〉을 편찬하게 하였습니다.

이외에도 세종은 정치, 경제, 국방 등 모든 방면에 걸쳐 우리 민족 역사상 가장 위대한 중흥기를 열었고 조선 왕조 500년의 기틀을 굳건히 세웠습니다.

또 하나의 '훈민정음' 판본

훈민정음은 세종대왕이 1443년 창제한 새로운 문자다. '훈민정음'은 또한 1446년 펴낸 목판본을 일컫기도 한다. 〈훈민정음 해례본〉이라 하는데 몇몇 시민단체는 '국보 제1호'를 기존 숭례문에서 이것으로 바꾸자는 청원을 얼마 전 국회에 내기도 했다.

어제서문과 예의편은 〈세종실록〉이나 〈월인석보〉에도 같은 내용이 실렸지만 해례편과 정인지 서문이 포함된 〈해례본〉은 1940년이 되어서야 모습을 드러냈다. 간송 전형필이 경북 안동에서 나온 목판본을 입수해 공개한 것이다.

〈훈민정음 해례본〉은 1962년 국보로 지정됐고, 1997년 유네스코 세계문화유산에 등재됐다.

〈해례본〉은 2008년 경북 상주에서 또 하나가 모습을 드러냈다. 간송미술관 소장 〈안동본〉과 같은 목판으로 찍어 낸 것이다. 〈상주본〉은 〈안동본〉보다 훼손이 심하다고 한다.

아직도 소장자를 둘러싼 잡음 속에 서지학적 조사가 이루어지지 못하고 있는 것은 안타깝다.

출처 : 서울신문/일부인용

상식UP! Quiz

문제 다음 중 휴대용 해시계는?

① 앙부일구(仰釜日晷)
② 정남일구(定南日晷)
③ 현주일구(懸珠日晷)
④ 혼천의(渾天儀)

해설 앙부일구와 정남일구는 고정식 해시계, 현주일구는 휴대용 해시계, 혼천의는 천체의 운행과 위치를 관측하던 장치다.

답 ③

세상만사, 그림 속의 꿈처럼 헛된 것일까?

조선 전기 1447년(세종 29년)에 화가 안견(安堅)이 그린 산수화로 38.7×106.5cm 크기입니다. 비단 바탕에 수묵담채로 그렸으며, 현재 일본 덴리(天理)대학 중앙도서관에 소장되어 있습니다. 안견의 후원자였던 안평대군이 꿈속에서 도원을 찾아간 그 내용을 안견에게 말했고 안견은 안평대군의 이야기를 들은 후 그림을 그린 것입니다.

두루마리 그림의 통례(通例)와는 다르게 그림의 이야기가 왼편 아래에서 오른편 상단부로 펼쳐지고 있는데, 왼쪽의 현실 세계와 오른쪽의 도원 세계가 명확한 대조를 이루고 따로 독립되어 있는 몇 개의 장면이 전체적으로는 크게 조화를 이루는 경군(景群)들로 이루어져 있습니다. 또 현실 세계를 나타내는 왼쪽은 정면의 시선을 가지지만 오른쪽의 도원 세계는 위에서 내려다보는 부감법(俯瞰法)을 사용하였는데요. 왼편에서 오른편으로 갈수록 점점 높아지는 경향을 띠는 산들에 의해 서서히 웅장함이 느껴지고, 사람이나 동물의 모습은 전혀 나타나 있지 않아 중국에서 그려진 도원도와는 많은 차이를 보이고 있습니다.

안평대군의 발문(跋文)에 따르면 이 그림은 안견이 3일 만에 완성하였다고 하는데요. 그림에는 안평대군의 제서(題書)와 시 1수를 비롯해 김종서, 정인지, 박연, 신숙주, 이개, 성삼문, 박팽년, 서거정 등 당대 문사(文士) 20여 명과 1명의 고승이 쓴 제찬을 포함하여 모두 23편의 찬문(讚文)이 들어 있습니다. 현재 그림과 이들의 시문은 두루마리 2개로 나뉘어 표구되어 있는데, 이 시문들은 각자의 친필로 되어 있기에 그 내용의 문학적 의미는 물론이고, 서예사적으로도 큰 가치를 가지고 있습니다. 조선의 장자 왕위 승계는 세종대왕에 이르기까지 한 번도 이루어지지 못하였기 때문에 몽유도원도(夢遊桃源圖)는 안평대군의 깊은 뜻, 즉 세속의 정치를 떠나 은거하면서 장자의 순조로운 승계를 돕겠다는 충의를 담고 있습니다.

안견의 몽유도원도는 조선 초기 문화예술의 수준이 집대성된 기념비적인 작품으로, 독자적인 화풍은 시서화(詩書畵) 삼절(三絶)의 경지를 이루었으며 이후 우리 고유의 산수화 발전에 큰 영향을 주었습니다.

술술 읽힐걸? 신문GO!   News Paper

안평대군, 그는 뛰어난 예술가

문종과 수양대군, 안평대군은 함께 공부했는데, 한시를 짓는 재주는 안평대군에게만 있었다. 학문적 재능이 탁월했다는 문종도 자유자재로 시를 적지는 못했다고 한다. 분명한 사실은 안평대군이 예술을 무척 사랑했다는 것이다. 안견이 1447년 그린 회화 '몽유도원도(夢遊桃源圖)' 뒤에는 안평대군이 정연하게 쓴 글씨도 남아 있다.

어린 시절에 태종의 넷째 아들이자 세종의 동생인 성녕대군의 양자가 된 안평대군은 먹과 벼루를 벗 삼아 감수성을 발전시켰다. 그는 '조맹부체'를 배워 활달하면서도 우아하고 귀족적인 필체를 구사했으며, 명화를 많이 소장하고 그림을 모사하는 일도 추진했다.

이처럼 예술적 감각과 지적 능력을 갖춘 안평대군은 문사들과 어울리며 시와 그림, 글씨를 즐겼다. 저자는 안평대군이 참가한 예술 모임이 정치권력을 수중에 넣고자 했던 수양대군의 눈에는 세력화로 비쳤을 것이라고 추정한다.

출처 : 연합뉴스/일부인용

🔍 | 상식UP! Quiz

문제 몽유도원도는 4~5세기경 중국 진나라 시인이 쓴 〈도화원기(桃花源記)〉를 모티브로 삼았다. 이것의 저자는 누구인가?

① 송옥   ② 도잠   ③ 굴원   ④ 두목

해설 ② 도잠(陶潛, 365~427년) : 자는 연명(淵明) 또는 원량(元亮). 중국 동진(東晉) 말기부터 남조(南朝)의 송대(宋代)초기에 걸쳐 생존한 중국의 대표적 시인. 주요 작품으로 〈오류선생전〉, 〈귀거래사〉 등이 있다.
① 송옥(宋玉) : 중국 전국시대 말기 초나라의 궁정시인
③ 굴원(屈原) : 중국 전국시대의 정치가이자 비극시인
④ 두목(杜牧) : 중국 만당전기(晩唐前期)의 시인

답 ②

조카를 죽이고 왕이 된 세조

수양대군은 중국에 사신으로 파견되었다가 귀국한 뒤 자신의 세력을 모았습니다. 이후 수양대군은 심복들과 함께 김종서의 집을 습격해 그를 죽였습니다. 김종서가 단종을 보필하던 대신들의 구심점 역할을 하고 있었기 때문인데요. 이후 수양대군은 단종에게 김종서가 모반하여 죽였다고 보고한 뒤 왕명을 얻어 황보인 등을 궁궐로 불러들여 모두 살해합니다. 그리고 김종서의 가족들을 처형하고, 조극관 등의 가족은 귀양을 보낸 뒤 죽였습니다.

안평대군은 김종서, 황보인 등과 함께 모반을 계획했다고 모함하여 강화로 귀양을 보냈다가 얼마 지나지 않아 왕명을 내려 자살하도록 조치했습니다. 이렇게 계유정난을 마무리한 수양대군은 영의정과 이조·병조판서는 물론 내외병마도통사를 새로 설치하고 자신이 모두 겸직했습니다. 그는 인사권과 군사권을 모조리 장악하면서 사실상 국정 책임자의 자리를 차지한 것인데요. 아울러 자신을 포함한 측근 43명을 정난공신에 책봉하면서 권력을 완전히 장악했습니다.

결국 수양대군은 단종에게 선양을 받는 형식으로 국왕의 자리에 오르게 되었습니다. 그가 바로 세조입니다. 세조는 〈경국대전〉 편찬 과정에서 자신이 태조를 이어 제2의 창업 군주, 조종이 되는 군주라고 설명하면서 계유정난이 없었다면 김종서와 황보인 등이 안평대군과 결탁해 모반을 일으켰을 것이라고 주장했습니다. 자신이 단순한 수성의 군주가 아니라 창업 군주에 준하는 위상을 가진 국왕이라는 점을 강조했던 것입니다.

세조는 계유정난을 통해 왕위에 올랐기 때문에 정통성에 많은 문제점을 가지고 있었습니다. 따라서 이미 추진되었던 개혁 정책들의 방향을 최대한 계승하면서 자신이 정당한 후계자임을 강조하고자 애썼습니다. 또한 당시 제기되려고 했던 지방 사족들의 다양한 사회 불만을 권력으로 억누르면서 국정을 운영했기 때문에 후대 국왕들의 국정 운영에 많은 부담을 주기도 했습니다.

술술 읽힐걸? 신문GO!　　　　　　　　　　　　　　　　　　　　　　News Paper

계유정난의 풍경과 교훈

단종(1441~1457)의 왕위를 찬탈한 계유정난(癸酉靖難, 1453년)의 피비린내가 채 가시지 않은 세조 3년인 1457년, 귀양지 영월까지 노산군을 호송한 금부도사 왕방연은 하염없이 눈물을 삼키며 길고 어두운 밤길을 뜬눈으로 걸으며 읊었다.

계유정난은 수양대군을 중심으로 한 일군의 강력한 반란세력들이 어려서 무능한 단종 등 허약한 집권세력의 제거에 성공한 내란이자 쿠데타다. 단종은 병약해 요절했던 문종의 적장자로 왕으로서의 정통성, 정당성, 합법성을 가지고 있었으나 옥좌를 둘러싼 피도 눈물도 없는 전쟁에 뛰어들기에는 너무도 약한 어린 아이일 뿐이었다.

하늘에는 두 개의 해가 있을 수 없고, 사활을 건 정변의 과정에서 줄을 잘 서서 이기면 충신이나 공신이 되고, 지면 간신이나 역적이 되는 것은 예나 지금이나 차이가 없다.

출처 : 공감신문/일부인용

🔍 | 상식UP! Quiz

문제 세조 2년(1456)에 단종의 복위를 꾀하다가 처형된 여섯 명의 충신을 가리켜 무엇이라 하는가?

해설 1456년 단종 복위를 도모하다 발각되어 처형되거나 자결하는 등의 방법으로 목숨을 바친 인물들 가운데 남효온의 〈육신전〉에 소개된 성삼문, 박팽년, 하위지, 이개, 유성원, 유응부를 가리킨다. 이들은 대부분 세종 때에 설치된 집현전 출신의 유학자들로 문종의 즉위 이후 대간으로 조정에 진출했으며 유교적 여론정치를 지향하였다.

🔒 사육신

조선은 법치국가

고려시대에는 당률을 부분적으로 수용하여 필요에 따라 현실에 적용하는 방식이어서, 통일된 법에 따라 집행되기보다는 상황에 따른 판단이 많이 작용하였습니다. 이것은 권문세족들이 자신들에게 편하게 법을 적용할 수 있게 할 뿐 백성들의 생명과 재산은 제대로 보호하지 못했습니다. 이를 바로잡기 위해서는 객관적이고 중립적인 법체계를 갖추고 적용하는 것이 꼭 필요했습니다.

정도전은 당시 집권층의 의견을 정리하여 〈조선경국전(朝鮮經國典)〉을 지어 법전 편찬의 기본 원칙을 제시하였고, 1397년 〈경제육전〉이 반포되었습니다. 〈경제육전〉은 이두로 써서 관리들이 쉽게 이용할 수 있도록 하였는데요. 이후 보완을 거쳐 태종 때 한문으로 쓴 〈속육전〉을 만들었습니다.

이후 종합 법전의 편찬은 세조 때 이루어졌는데, 몇 번의 수정 끝에 성종 때인 1484년에 〈경국대전〉이 완성되어 1485년에 시행되었습니다. 여러 법전이 남아 있을 경우에 생길 관리들의 혼동을 막기 위해 새 법전이 발표되면 이전 법전은 회수하여 소각하였으므로, 〈경제육전〉이나 1484년 이전의 〈경국대전〉은 남아있지 않습니다. 경국대전은 이·호·예·병·형·공의 육전체제로 되어 있는데요. 이 중 형전은 〈대명률〉을 기본으로 하고 있습니다. 〈대명률〉은 명나라의 형률서로, 태조는 즉위 교서에서 범죄의 판결은 〈대명률〉을 적용하는 것을 원칙으로 삼았으며 〈대명률〉을 이두로 번역하여 간행하기도 했습니다.

〈경국대전〉은 강력한 중앙집권과 백성의 권익 옹호, 왕권과 신권의 조화 등을 포함한 유교적 이상 사회를 담고자 노력했습니다. 이후에도 필요에 따라 여러 법령이 만들어져 시행되었는데, 이러한 법령을 반영하여 1746년에 〈속대전〉, 1785년에 〈대전통편〉, 1865년에 〈대전회통〉이 간행되었습니다.

청렴한 사회를 만들기 위해 제정된, 김영란법

그런데 조선시대에도 벼슬의 청탁을 금하는 김영란법이 있었다고 하는데요. 바로 분경방지법입니다.

분경은 '분추경리'의 줄임말로 집정자의 집에 분주하게 드나들며 벼슬을 청탁하는 것을 일컫는 말인데요. 이 법은 태종 때 집행되고 성종 때 〈경국대전〉에 명시되며 법제화되었는데 공신의 집에 이웃을 제외한 친가 8촌, 외가 6촌 이내 사람의 출입을 금했다고 합니다. 이법은 청탁받은 자보다 청탁한 이에게 더 큰 형벌을 주었는데 어떤 일이 있었던 걸까요?

박유손은 개국공신인 조온에게 청탁하여 국왕의 호위부대의 우두머리 자리를 얻고자 했습니다. 이에 조온이 박유손을 추천하였으나 태종은 다른 이를 그 자리에 임명하였습니다. 자신의 청탁이 물거품으로 돌아가자 박유손은 정승인 황희를 찾아가 그의 억울함을 호소했는데 청렴했던 황희는 이런 일이 생긴 것을 자신의 무능함으로 여겨 태종에게 사실을 고하고 사직을 청했는데요.

예나 지금이나 권력가에 대한 인사 및 이권 청탁은 사회적 문제가 되고 있는데요. 분경방지법을 통해 부정과 부패를 엄중히 경계한 선비들의 자세와 황희의 청렴한 정신을 되새겨 볼 때입니다.

출처 : YTN/일부인용

🔍 | **상식UP! Quiz**

문제 신숙주, 정척 등이 국가의 기본예식인 길례(吉禮) · 가례(嘉禮) · 빈례(賓禮) · 군례(軍禮) · 흉례(凶禮)의 오례의 예법과 절차 등을 그림과 함께 나타낸 책으로, 〈경국대전〉도 이를 따르고 있다. '이 책'은?

① 삼강행실도   ② 국조오례의   ③ 춘관통고   ④ 오륜행실도

해설 ① 삼강행실도 : 1434년(세종 16년) 설순 등이 왕명에 의하여 삼강에 모범이 될 만한 충신, 효자, 열녀의 행실을 모아 만든 책
③ 춘관통고 : 1788년(정조 12년)경 유의양이 편찬한 의례서
④ 오륜행실도 : 1797년(정조 21년) 이병모가 오륜에 모범이 되는 150가지 사례를 모아 만든 책

답 ②

조의제문(弔義帝文)과 주초위왕(走肖爲王)

흔히 조선의 성리학은 정몽주(鄭夢周)에서 길재(吉再), 김숙자(金叔滋), 김종직(金宗直), 김굉필(金宏弼), 정여창(鄭汝昌), 그리고 조광조(趙光祖)로 이어지는 학맥으로 정리하곤 합니다. 이들은 길재와 정몽주의 학문을 계승한 이들로, 사림파(士林派) 혹은 도학파(道學派)라 불립니다. 김종직은 관료로서의 삶을 살아간 학자이기도 했지만, 그가 영남 사림파의 중심 역할을 하는 것은 부친인 김숙자가 길재의 학문을 이어받았고, 김굉필·정여창·김일손 등 영남 사림파의 대표적인 인물들이 김종직의 문하에서 활약했기 때문입니다.

그러나 무엇보다 김종직을 사림파의 영수로 확실히 각인한 사건은 1498년, 그의 사후에 일어난 '무오사화(戊午士禍)'입니다. 사관(史官)이었던 김일손이 스승 김종직의 '조의제문'을 사초(史草)에 수록하였고, 이것이 연산군 대에 필화(筆禍) 사건으로 이어진 것입니다.

김종직의 조의제문은 항우(項羽)에게 죽은 초나라의 회왕(懷王), 즉 의제의 죽음을 안타까워하는 내용이었습니다. 겉으로는 의제를 조문하는 내용이지만, 실질적으로는 단종(端宗)의 왕위를 찬탈한 세조(世祖)를 비판하는 내용이었던 것입니다. 이 사초 문제는 1498년 무오사화의 발단이 되었고, 결국 김종직은 부관참시(剖棺斬屍) 당하는 화를 입었습니다.

조광조는 어릴 적에 김굉필에게 수학하여 성리(性理)를 깊이 연구하는 일을 임무로 삼으니, 학자들이 이를 추대하여 자연히 사림의 영수가 되었습니다. 그러나 당대 사림 세력은 현실을 무시하고 이상을 실현하기에만 급급했는데요. 1519년 조광조 등은 마침내 자기들의 개혁에 걸림돌이 되는 세력을 제거하려 합니다. 이른바 위훈 삭제운동으로 알려진 것으로, 중종반정의 공신 중 공신 작호가 부당하게 부여된 자 76명에 대하여 그 공훈을 삭제할 것을 주장한 것입니다. 조광조 등은 결국 공신세력의 반격을 받아 화를 당하게 되니, 이것이 '기묘사화(己卯士禍)'입니다.

공신세력은 대궐 후원에 있는 나뭇잎에다 '주초위왕(走肖爲王)'이라고 꿀을 묻혀 글을 써서 그것을 벌레가 파먹게 한 다음, 마치 자연 발생한 것처럼 꾸며 왕에게 고하도록 하였습니다. 이런 상황에서 조광조 이하 수십여 명이 모두 귀양보내졌고 이들 모두 사약을 받았는데요. 이때 죽은 사람들을 기묘명현(己卯名賢)이라 합니다.

못다 핀 개혁가 조광조, 기묘사화로 쓰러져

36세에 정3품 부제학이 되어 미신 타파를 위해 소격서(昭格署)를 혁파했고 종2품 대사헌에 승진하여 **사림파**의 관료진출을 위한 현량과(賢良科)를 실시했다. 또한 반정공신들의 위훈삭제(僞勳削除)를 강력히 주장했다.

"임금을 어버이같이 사랑하고 나라 걱정을 내 집같이 하였도다. 밝고 밝은 햇빛이 세상을 굽어보고 있으니 거짓 없는 내 마음을 훤하게 비춰 주리라"라는 절명시(絕命詩)를 남기고 38세에 쓰러졌다.

인종이 복권하였으나 명종이 다시 추탈했고, 선조가 신원(伸冤)하여 정1품 영의정에 추증하여 문정(文正)의 시호를 내렸다. 훗날에 조광조를 김굉필(金宏弼), 정여창(鄭汝昌), 이언적(李彦迪), 이황(李滉) 등과 함께 '동방 5현'이라 부른다.

전남 화순군 능주면에는 조광조 유적지와 유허비가 남아 있다. 우암 송시열이 비문을 짓고 동춘 송준길이 글씨를 써서 능주목사 민영로가 유허비를 세웠다.

출처 : 광주드림/일부인용

🔍 | 상식UP! Quiz

문제 조선 4대 사화를 일어난 시기 순으로 나열하면?

해설 무오사화 1498년 발생
갑자사화 1504년 발생
기묘사화 1519년 발생
을사사화 1545년 발생

🔲 무오사화 – 갑자사화 – 기묘사화 – 을사사화

극한의 퇴폐와 폭정, 과연 그 결말은?

조선 전기, 연산군은 미녀와 준마(駿馬)를 궁중에 모아들이기 위해 채홍준사(採紅駿使)라는 벼슬아치를 지방에 파견하였는데, '홍(紅)'은 여자, '준(駿)'은 말을 가리키며 줄여서 채홍사라고도 불렀습니다.

1505년, 음탕한 생활에 빠져 있던 연산군은 장악원 제조 임숭재를 충청·경상도에, 우찬성 이계동을 전라도에 채홍준사로 보내 미녀와 준마를 구해오도록 하였습니다. 그 후에는 특히 양기에 좋다고 말고기를 즐겨 좋은 백마를 구해오게 하였고, 양가의 미혼 처녀들을 뽑기 위해 채청녀사(採靑女使), 채홍준체찰사, 채홍준종사관, 채홍준순찰사 등을 전국 8도에 파견하였는데요. 이 가운데 우수한 결과를 보이는 자에게는 작위와 토지, 노비를 하사하였으므로 이들의 행패는 갈수록 더하였으며, 선택된 여자의 집에는 봉족(奉足)과 잡역을 면하여 주고 그 뒷바라지에 전념하게 하였습니다.

전국 각지에서 뽑혀 온 처녀는 거의 1만 명에 이르렀다 하며 왕이 직접 여자들을 선택하였는데, 특히 제주도는 미녀와 좋은 말이 많은 곳으로 꼽혔습니다. 이 중 기생을 '운평(運平)'이라 부르고 운평이 대궐로 들어오면 '흥청(興靑)'이라고 칭하였는데, 임금과 잠자리를 같이하면 천과(天科)흥청이라 하였고, 그렇지 못한 이들은 지과(地科)흥청이라고 불러 서열을 매겼는데요. 이렇게 흥청들과 놀아나다 결국 망했다하여 백성들 사이에서 '흥청망청거리다'라는 말이 생겨났습니다.

또 연산군은 사냥을 즐기기 위하여 봉순사(奉順司)라는 관청을 설치하였고 전국 각지에는 운구(雲廏)를 두어 수천 필의 말을 기르도록 하였는데, 여기에 필요한 막대한 비용을 공신들의 공신전과 노비를 빼앗아 충당하려고 하였습니다. 이에 위협을 느낀 훈구파들의 반감이 커져갔고 결국은 연산군을 폐위시키는 중종반정(反正)으로 이어집니다.

연산군의 사치향락, 본받다가는 큰일나!

중청년 실업, 노동 개혁 등 어려운 경제 상황은 '나 몰라라' 하면서 총선용 지역구 예산은 알뜰히 챙기고 입법 성과급은 살뜰히 챙기는 게 국회와 국회의원이다. 나랏돈을 호주머니 속의 돈처럼 **흥청망청** 써댄다.

'맑음(淸)'을 일으킨다(興)'는 뜻과는 달리 역사는 거꾸로 내달렸다. 연산군은 사리에 어둡고 어리석은 암군(暗君), 혼군(昏君)으로 꼽힌다. 그가 흥청들과 놀아나다 망했다 해서 생겨난 말이 흥청망청이다.

흥청망청의 '망청'은 무슨 뜻일까. 많은 이들이 흥(興)의 반대말인 망(亡)을 떠올리겠지만 '망청'에는 별다른 뜻이 없다. 그저 후렴구처럼 붙은 말이다.

한 해가 저물어간다. 흥청망청 먹고 마시며 제 잇속만 챙기지 말고 이웃과 마음을 나누는 훈훈한 세밑이 됐으면 좋겠다.

출처 : 동아일보/일부인용

🔍 | 상식UP! Quiz

문제 다음 중 연산군이 저지른 폭정(暴政)이 아닌 것은 무엇인가?

① 경연의 폐지
② 도성 밖 30리 내의 민가 철거
③ 계축옥사
④ 신언패의 실시

해설 ③ 계축옥사 : 1613년(광해군 5년) 사색당파(四色黨派) 중의 하나인 대북파(大北派)가 일으킨 옥사로 소북파를 몰아내고 영창대군을 소사(燒死)하게 하였다.
④ 신언패 : 연산군이 대간들의 직언을 금하기 위해 차게한 패

정답 ③

16세기 조선 사상계의 두 거목

이황은 홍문관 수찬이나 성균관 사성 등의 관직을 제수 받았으나 출사하지 않고 더욱 학문에 매진하였고, 그 결과 〈주자대전〉을 통해 주자의 저술을 완벽하게 이해하는 단계에 이르렀으며, 이를 바탕으로 이황은 성리학과 관련한 다양한 저술을 내놓았습니다. 학문에 접근하는 데에 있어 매우 유연한 태도를 취했는데, 59살이 되던 해에 33살의 어린 기대승과 사단칠정에 대한 논쟁을 벌인 것이 그 예입니다. 논쟁을 거치는 과정에서 이황은 자신의 의견을 피력하는 한편 자신보다 한참 어린 나이인 기대승의 의견을 받아들여 자신의 견해를 수정하기도 하였습니다.

이황은 먼저 향촌의 안정이 필요하다는 인식 하에 예안향약을 제정하여 향촌 사회가 피폐해지는 것을 해결하고자 하였습니다. 또한 사림의 육성을 위하여 서원에 관심을 가져 풍기 군수 시절, 백운동서원에 대한 사액을 받아 소수서원을 설립하였습니다. 아울러 서원을 단지 제향 공간이 아닌 학문 연마의 공간으로 그 성격을 확대시켰습니다.

이이는 과거에서 9번이나 장원을 하면서 구도장원공이라고 불렸습니다. 그는 약 20여 년간 관직생활을 하면서 당시 사회가 안고 있는 여러 모순과 폐단의 변통을 주장하였는데, 집과 국가를 비교하며 이를 자세히 설명하였습니다. 즉, 아무리 좋고 튼튼하게 지은 건물이라도 세월이 흐르다 보면 상한 곳이 생기고 집이 기울게 마련이듯이 나라도 시대가 달라지면 처음에 만든 제도의 결함이 하나둘 나타나기 시작하여 마침내 국가 전체가 무너질 위기를 맞는다고 한 것입니다. 그러므로 오래된 집을 유지하려면 유능한 기술자를 시켜 기둥을 갈고 수리해야 하는데, 이와 같은 이유로 국가도 달라진 시대에 맞게끔 제도를 고쳐야 하며 바로 이것이 '경장(更張)'이라고 하였습니다. 더불어 이이는 당대 조선이 국가와 백성 모두 큰 병을 앓고 있는 것처럼 원기가 모두 쇠진하고 겨우 숨만 붙어 있다며, 이러한 때에 반란 혹은 외세 침략이 발생하면 나라가 무너질 것이라고 했습니다. 이를 해결하기 위하여 경장이 필요하다고 주장하였습니다. 이러한 맥락에서 이이는 선조 초반부터 자신의 경장론을 담은 〈동호문답〉을 올렸으며, 1575년(선조 8년)에는 유교적 이상을 담은 제왕의 정치 교과서인 〈성학집요〉를 편찬하여 임금에게 올렸습니다.

술술 읽힐걸? 신문GO!

News Paper

이이, 지폐 속의 위인

우리가 일상생활에서 가장 많이 접하는 조선시대 인물은 누구일까. 그 인물과 한 가족이 현재 유통 중인 우리나라 지폐 4종에 얼굴이 나오고 있다면? 흔히 지폐의 인물은 가장 교훈적이며 시대가 지나도 역사적 평가가 변하지 않을 중요한 사람으로 선정되는데, 가족 두 명이 동시에 지폐의 얼굴로 선정되었다는 것은 실로 대단한 일이 아닐 수 없다.

율곡 이이는 어머니 신사임당과 함께 오천원과 오만원 권을 장식하고 있다. 왕족을 제외하고 모자가 동시에 선정된 사례는 세계에서도 보기 드물다.

율곡은 당시 조선의 구조적인 문제를 통찰하고 대안을 제시하여 잘못된 시대를 바로잡고자 한 유학자였다. 이는 모두 나라와 백성을 사랑하는 마음에서 비롯된 것이었다. 그가 보여준 학문을 대하는 올바른 자세와 독서법, 자신의 이상을 현실에 적용하려는 열정, 유교적 대동사회의 건설, 미래를 예견하고 준비하는 자세는 오늘날까지도 우리 역사에 절대적 영향을 끼친 인물로 평가받기에 부족함이 없다.

출처 : 서울신문/일부인용

🔍 | 상식UP! Quiz

문제 이이가 선조에게 바친 책으로, 총 8편으로 구성되어 있으며 제왕의 정치 교과서라 할 수 있는 이 책은 무엇인가?

① 격몽요결   ② 성학집요   ③ 동호문답   ④ 반계수록

해설 〈성학집요〉는 16세기 후반 사림파의 학문적 · 정치적 지도자였던 이이의 교육에 관한 대표적 저술로 8편으로 구성되었으며 〈율곡전서〉에 실려 있다.
① 격몽요결 : 이이가 학문을 시작하는 일반인을 위해 저술한 책
③ 동호문답 : 이이가 왕도정치의 이상을 문답 형식으로 적어 선조에게 올린 글
④ 반계수록 : 유형원이 통치 제도에 관한 개혁안을 중심으로 저술한 책

정답 ②

재능 있는 여성들의 삶

고대에서부터 고려를 거쳐 조선 초기까지는 여성 차별이 비교적 적었으나 17세기가 되면서 심해졌습니다. 이런 상황에서도 예나 지금이나 출중한 능력을 발휘한 여성들은 많이 있습니다. 대표적 인물로 예술적 재능을 뽐낸 신사임당과 허난설헌이 있는데요.

신사임당(1504~1551)은 강릉의 외가에서 태어나 자랐습니다. 어려서부터 시, 글, 그림, 바느질, 자수까지 능하였는데, 특히 그림을 잘 그렸다고 합니다. 하지만 현재 신사임당의 그림으로 알려진 것 중 확인된 것은 많지 않습니다.

이이의 스승인 어숙권은 신사임당을 안견 다음 가는 화가라 평하였고, 후대의 송시열도 신사임당의 그림을 칭찬하였습니다. 하지만 유학의 보수화를 이끈 송시열은 신사임당의 그림보다도 율곡 이이의 어머니라는 점을 더 강조함으로써 현모양처 이미지로 부각시키며 현재에 이르렀습니다. 이이가 쓴 '선비행장'에는 그의 어머니인 신사임당이 쓴 시와 함께 신사임당의 여러 모습이 기술되어 있습니다.

허난설헌(허초희, 1563~1589)은 많은 시를 남긴 천재 시인이었는데요. 어려서 그 재능을 알아본 둘째 오빠 허봉은 당대 최고 시인인 친구 이달에게 교육을 부탁하였습니다. 이에 허난설헌과 동생 허균은 그의 영향을 많이 받게 됩니다.

15세 때 혼인하였지만 남편과 시댁 가족들은 그녀를 따뜻하게 받아들여주지 않았습니다. 이후 현실의 어려움을 그대로 보여주는 시가 늘어난 것으로 보아 힘든 나날을 보냈던 것으로 여겨집니다. 자신이 조선에 태어난 것, 여자로 태어난 것, 김성립의 아내가 된 것을 3가지 한이라고도 했는데요. 결국 27살의 젊은 나이에 요절하였고, 작품은 모두 태워달라는 유언을 남겼습니다. 방을 가득 채울 정도의 많은 작품을 남겼다고 하나 대부분 소실되었고, 남은 일부 작품과 암송하고 있던 작품을 모아 허균이 〈난설헌집〉을 펴냈는데요. 이는 중국, 일본에서도 간행되어 극찬을 받았습니다.

술술 읽힐걸? 신문GO!　　　　　　　　　　　　　　　　　　　　　　　News Paper

문체부, 강릉 신사임당 등 지역전통문화 관광자원화한다

문화체육관광부와 한국관광공사는 숨어 있는 우리나라 전통문화 자원을 선정해 지역 대표 관광 상품으로 육성한다고 밝혔다.

선정된 관광콘텐츠는 강릉 **신사임당 · 허난설헌**(인물 · 이야기), 광주 월봉서원(선비문화–서원), 전주 인근 유네스코 유산(생활문화–한옥 · 한복), 산청 한방테마파크(생활문화–한방), 경주 신라문화유적(역사문화유적지) 등 5가지다.

강릉 신사임당 · 허난설헌 여행은 드라마 '신사임당' 촬영지 투어를 비롯해 자수 · 천연염색 체험, '허난설헌' 인형극 관람, 케이–문학투어, 탁본 체험 등으로 구성된다.

문체부 관계자는 "우리가 평소에 보고도 지나쳤던 지역의 숨은 아름다움을 재발견하고 관광 상품으로 재구성해 코리아 프리이엄을 창출하는 것이 사업 목표"라며 "선정된 관광콘텐츠가 성공적으로 정착하도록 지원하고 앞으로도 지역전통문화를 활용한 관광콘텐츠 발굴을 확대할 계획"이라고 밝혔다.

출처 : 전자신문/일부인용

🔍 상식UP! Quiz

문제　허초희, 허균의 아버지인 허엽은 삼척부사로 좌천되어 있을 때 강릉의 본가에 들러 소금 대신 바닷물을 간수로 써서 두부를 만들도록 하였다. 이는 지금까지도 이어져 오는데, 허엽의 호를 딴 '이 두부'의 이름은?

① 마파두부　　　　② 행인두부　　　③ 초당두부　　　④ 팔보두부

해설　① 마파두부 : 두부와 다진 고기에다 된장, 조미료 따위를 넣고 볶아 만든 중국요리
② 행인두부 : 물에 불린 살구씨에 물과 우유, 설탕을 넣고 한천이나 젤라틴을 넣어 굳힌 중국 요리의 하나
④ 팔보두부 : 두부를 표고버섯 가루, 잣가루, 오이씨 가루, 익힌 닭고기, 돼지고기, 쇠고기 따위와 함께 주물러서 닭 삶은 국물을 붓고 간장을 쳐서 볶아 익힌 음식

답 ③

아들 · 딸 구분 없이 균등하게

분재기(分財記)란 재산을 나누어 주면서 그 내용을 기록한 문서입니다. 분재에는 두 가지 종류가 있었습니다. 하나는 별급(別給)이라고 하여 일반적으로 부모에 해당하는 '재주(財主)'가 어떤 경사스러운 특별한 일이 있을 때, 예를 들어 자녀가 과거(科擧)에 급제하거나 득남(得男)했을 때, 이를 축하하기 위해 재산을 나누어 주는 경우입니다. 다른 하나는 분깃(分衿)이라 하여 재산을 각자 몫에 따라 나누어 주는 경우인데 이는 두 가지로 구분합니다.

즉 재주가 생전에 재산을 나누어주거나 재주 사후에 자녀들이 모여 재산을 나누는 방식이 있었는데, 어느 경우에나 균등(均等) 분배하는 것이 원칙이었습니다. 이러한 관행은 조선 숙종(肅宗) 이후에 유교의 영향으로 장자(長子) 중심의 분배 방식으로 크게 변화하였지만, 그 이전에는 아들 · 딸 구분 없이 그리고 장 · 차자(長 · 次子) 차별 없이 균등히 분배하였습니다. 물론 첩의 자녀는 적자녀(嫡子女)와 차별하여 분배받는 몫이 적자녀의 그것보다 매우 적었습니다.

그러나 재산을 균등히 나누기란 여간 어려운 일이 아니었는데요. 토지의 비옥도가 다르고 노비의 건강 상태 등이 다르므로, 아무리 기술적으로 균등 분배한다고 하여도 약간의 차이가 발생할 수도 있고 때에 따라 이에 불만을 품는 자녀가 있을 수도 있습니다. 그래서 분재기의 끝부분에 "분배받은 재산에 불만을 갖고 소란을 일으키는 자녀가 있으면, 불효죄로 관에 고하여 처벌하겠다"라는 내용을 적어 분란의 소지를 없애려고도 하였습니다.

분재기를 통해 본 조선시대 상속문화

옛사람들은 재산을 나누는 것을 분재(分財)라고 했고 재산 상속 내용을 담은 문서를 **분재기**(分財記)라고 불렀다.

분재는 크게 3가지로 나눈다. 첫째, 부모가 만년에 자식들을 모아 놓고 자신의 전 재산을 나누면서 작성한 분재기 '분급(分給)'이 있다. 둘째, 부모가 사망한 후 자식들이 모여 부모 재산을 나누며 작성한 분재기를 '화회문기(和會文記)'가 불렀으며 셋째, 특별한 사유로 재산 일부를 증여하는 '별급(別給)문기'가 있다.

조선시대 분재기에는 우리가 흔히 생각하는 것과 달리 공정과 합리의 정신이 담겨있다. 특히 여성과 약자를 배려하는 한국적 가치관이 반영됐다.

분재기에 등장하는 여성은 남녀평등을 뛰어넘어 당당하기까지 했다. 독자적인 재산권을 갖고 자신의 자녀는 물론 외손자나 친정 조카까지 보살필 수 있었던 것이 조선시대 여성들의 참모습이었다.

출처 : 이데일리/일부인용

🔍 | **상식UP! Quiz**

문제   다음 중 보물 제477호 '이이 남매 화회문기(李珥 男妹 和會文記)'에 대한 성격으로 옳은 것은?

① 지방관의 근무 성적을 평가한 문서이다.
② 국가 물품을 생산하는 수공업자 명부이다.
③ 이름을 적는 곳이 비어 있는 관직 임명장이다.
④ 재산 상속과 분배에 대한 내용이 기록되어 있다.

해설   보물 제477호 이이 남매 화회문기는 부모의 유산을 율곡(栗谷) 선생의 형제자매들이 합의하여 나누면서 작성한 문서이다. ①, ②, ③ 모두 조선시대의 문서들로 ①은 포폄문서(褒貶文書), ②는 공장안(工匠案), 그리고 ③은 공명첩(空名帖)에 대한 설명이다.

🔖④

일본열도를 뒤흔든 문화사절단

조선의 왕과 일본의 막부 장군은 외교적인 목적에 의해 양국 간에 사절단을 파견하였는데 조선의 왕이 파견하는 사절단을 조선통신사, 막부의 장군이 파견하는 사절단을 일본국왕사라 부릅니다. 1429년(세종 11년)에 처음 파견된 이후 삼포왜란 등으로 중단되었다가 임진왜란 이후 재개되어 1811년까지 계속되었습니다.

특히 에도막부 시절에는 조선통신사의 방문이 쇼군(將軍)의 중요한 의식으로 여겨졌으며 막부의 경사나 쇼군의 승계 등 주요 행사 때마다 조선통신사를 초청하여, 이 기간에 총 12회의 통신사 파견이 이루어졌습니다.

조선통신사는 300명~500명에 이르는 대규모 사절단으로, 서울을 출발하여 부산과 쓰시마, 시모노세키, 오사카 등을 거쳐 조선 전기에는 교토까지, 조선 후기에는 에도(도쿄)까지 왕복 3,000km에 이르는 먼 길을 1년 여에 걸쳐 왕복하는 대장정이었습니다.

통신사 행렬은 가는 곳마다 민중들의 성대한 환영을 받았는데요. 통신사들이 가져간 물건들은 당시 가장 인기 있는 선물 중 하나로 지금까지 문화재로 지정되어 있는 것이 많고, 그들이 남긴 글과 그림 그리고 통신사의 활동을 기록한 병풍, 판화 등 또한 많이 남아있다고 합니다.

막부에서는 통신사 일행을 맞이하기 위해 1,000여 척의 배와 1만여 명의 인원을 동원하는 등 엄청난 비용을 들여 준비를 했다고 하는데요. 나중에는 이로 인한 재정 압박과 서양 문물의 전래로 통신사의 파견을 거부하기에 이르렀고, 강화도 조약 이후에는 수신사로 이름을 바꾸어 사절단을 파견하게 됩니다.

한국인들은 몰랐던 조선의 카펫이 있다고?

'한국 집' 하면 '온돌'을 자동으로 떠올리는 우리에게 카펫은 왠지 우리 문화권 밖에 있는 장식물 같다. 그런데 일본에선 이름에 '조선(朝鮮)'을 단 카펫이 있다. 그것도 16세기부터 쓰였단다. 교토의 전통 축제인 기온마쓰리 때 '야마보코'라 불리는 수레를 감싸는 장식품으로 사용되고 있는 '조선철(朝鮮綴)'이다. 풀이하자면 '조선에서 온 철직(綴織·직조 기법의 일종)으로 짠 깔개'란 뜻이다.

일본 교토 기온재단의 고문 요시다 고

지로씨가 소장한 조선철 36점이 출품된다. 요시다 고문은 1970년 처음 조선철의 존재를 안 뒤 46년간 조선철을 연구해 왔다. 이번에 전시되는 작품은 18~19세기 초 제작된 작품이다.

요시다 고문은 "조선철은 조선 왕실에서 시코쿠 지역 다이묘들에게 왜구 침략에 대해 대책을 세워준 것에 대해 답례품으로 보낸 것으로 추정되며, 16세기에 총 12회에 걸쳐 일본에 간 조선통신사들이 전해준 것으로 보인다"고 했다.

출처 : 조선일보/일부인용

🔍 | 상식UP! Quiz

문제   조선통신사를 수행하는 화원으로 두 번이나 일본을 다녀온 이 화가는 대표작 〈달마도〉로 유명한데, 누구인가?

① 김홍도
② 신윤복
③ 김명국
④ 장승업

해설   김명국은 1636년과 1643년 두 차례에 걸쳐 조선통신사를 따라 일본에 다녀왔다.

답 ③

성웅이시여, 이 나라를 구하셨습니다

본관은 덕수, 자는 여해, 시호는 충무이며 1545년 4월 28일 한성부 건천동(현재 서울 인현동)에서 이정과 초계 변씨와의 사이에서 셋째 아들로 태어났습니다. 희신, 요신의 형과 아우 우신이 있어 모두 4형제였는데 중국 삼황오제(三皇五帝) 중에서 복희씨(伏羲氏)·요(堯)·순(舜)·우(禹)임금을 시대순으로 따서 붙인 것입니다.

이순신(李舜臣)은 30세가 넘은 1576(선조 9년)년에야 무과에 병과(丙科)로 급제해 관직에 나섰습니다. 함경도 조산보 만호(萬戶)로 재직 중 여진족 습격에 대한 책임으로 백의종군하게 되었으나, 선조 22년 이산해의 추천으로 다시 관직에 나서게 되고 전라도로 파견되어 전함을 건조하고 군비를 확충하며 왜군의 침략에 대비하였습니다.

1592년 4월 임진왜란이 일어나자 최초 옥포해전(음력 5월 7일) 등 잇따른 왜군과의 해전에서 전승(全勝)을 거두었으며 음력 5월 29일 사천해전에서는 거북선을 처음으로 실전에 배치했는데요. 조선 수군은 제해권을 장악했고 이러한 공으로 정2품이 되었습니다. 1593년 한산도로 본영을 옮겼으며 9월에는 삼도수군통제사로 임명되었고 이듬해 음력 9월에는 곽재우, 김덕령 등 의병과 합세해 거제도 장문포에 주둔하던 왜군을 공격했습니다.

1597년 왜의 계략을 알고 출정하지 않은 책임으로 파직되어 한 달 가까이 투옥된 뒤, 음력 4월 1일에야 풀려나 백의종군하는데요. 원균이 8월 칠천량 해전에서 대패하여 전사하면서 다시 삼도수군통제사에 임명되었고 음력 9월 16일 진도 울돌목에서 대승을 거둡니다(명량해전). 이 승리로 정유재란의 전세를 뒤집었고 왜군의 진격을 멈추게 하였습니다. 1598년 9월 도요토미 히데요시가 죽자, 철수하는 왜군에 대해 음력 11월 19일 명 제독 진린과 연합하여 노량에서 대승을 거두었으나 도주하던 적선을 추격하다가 유탄에 맞아 순국하였습니다.

조정은 그에게 우의정을 추증했고 선조 37년 선무공신(宣武功臣) 1등으로 녹훈되었으며, 좌의정이 증직되었고 덕풍부원군으로 봉해졌습니다. 인조 21년에는 '충무'의 시호를 받았고, 숙종 33년에는 아산에 세워진 그의 사당에 '현충(顯忠)'이란 호가 내려졌으며, 정조 17년에는 영의정으로 추증되었습니다. 현재 그의 묘는 충남 아산에 있습니다.

조선 수군 불패의 비결은 '화포'와 '판옥선'

2012년 11월 전남 진도군 울돌목에서 동남쪽으로 약 4km 떨어진 바다에서 화기 3점이 발굴됐다.

울돌목은 **이순신** 장군이 전함 12척으로 330척의 일본 함대를 격파한 명량해전이 벌어진 곳이다.

마침 화기에는 **임진왜란**이 발발하기 4년 전인 1588년 제작되었다는 명문이 새겨져 있다. 임진왜란 당시 해전에서 승패는 전선과 화기 성능에서 갈렸다. 판옥선은 선체가 크고 무거운 군선이었다. 대형 화포의 발사 충격을 견딜 만큼 충분히 튼튼했고, 갑판도 높아 포탄을 멀고 정확하게 날릴 수 있었다. 반면 일본 주력선인 '세키부네'는 선형이 가늘고 선체가 얇게 건조됐다.

출처 : 세계일보/일부인용

🔍 | 상식UP! Quiz

문제 다음 중 국보 제 76호 〈난중일기〉 친필 초고본이 보관되어 있는 곳은?

① 국립 중앙박물관   ② 아산 현충사

③ 간송 미술관   ④ 통영 한산도 제승당

해설 ② 현충사(1706년 건립, 사적 제155호)

• 난중일기(亂中日記) : 문화재 지정 명칭은 이충무공난중일기부서간첩임진장초(李忠武公亂中日記附書簡帖壬辰狀草)이고, 2013년 6월 유네스코 세계기록유산에 등재되었다.

답 ②

임진왜란을 극복할 수 있었던 힘

의병은 외적이 침입했을 때 국가의 명령이 없더라도 자발적으로 군사 조직을 갖춰 전쟁 활동에 나서는 민간 군사 조직의 총칭입니다. 의병 역시 전쟁에서 승리하기 위한 군사 조직이라는 성격과 목적은 정규군과 같습니다. 하지만 백성들의 자발적 의사에 따라 결성되는 부대이기 때문에 조직의 구성이나 활동 등에서 정규군과는 차이가 있을 수밖에 없습니다.

한국사에서 의병의 결성과 활동은 삼국시대는 물론 고려시대에도 확인할 수 있지만 가장 많은 활동이 기록되어 있는 시기는 조선시대였습니다. 가장 활발한 의병 활동이 나타났던 것은 임진왜란과 병자호란이 발생한 시기였습니다. 특히 임진왜란 초기에는 관군만으로 외적을 방어하기 힘든 상황이었는데요. 이에 삼남 지역을 중심으로 의병이 일어나 큰 활약을 했습니다.

임진왜란 당시 대표적 의병장으로는 곽재우·고경명·조헌 등이 있습니다. 곽재우가 통솔하는 의병은 경상도 의령에서 일본군의 전라도 진격을 저지했으며, 경상우도 전체를 보호하는 역할을 수행했습니다. 고경명은 금산전투에 참여한 뒤 다시 진주성 2차 전투에 참여했다가 순국했습니다. 조헌은 충청도 옥천에서 의병을 일으켜 차령전투에서 일본군을 격퇴하고, 청주성을 수복하는 등의 전공을 세웠습니다. 하지만 금산에서 700명의 의병과 함께 일본의 대군에 맞서 싸우다가 장렬히 순국했습니다.

의병부대에는 양인과 천인은 물론 양반 출신의 전직 관료와 낮은 신분의 인물들이 함께 소속되어 있었습니다. 따라서 의병 활동을 통해 전투나 전쟁에 참여할 당시에는 계급이나 신분의 차이가 평소보다 덜했던 것으로 추정됩니다. 의병장은 주로 문반 출신의 전직 관원들이 맡는 사례가 많았다는데요. 무인 출신들은 의외로 소수였으며, 높은 덕망으로 출신 지역에서 존경을 받는 유생들이 의병장을 맡기도 했습니다.

곽재우 의병장 서세(逝世) 400주년과 의병제전

지금부터 약 400년 전 광해 9년인 1617년, 충익공 곽재우 홍의장군이 예장을 하지 말라는 유언을 남기고 창암의 망우정에서 일생을 마쳤다. 곽재우 의병장군은 선조 25년 임진왜란이 일어나 관군이 곳곳에서 패하고 국토가 짓밟히자 4월 22일 전국에서 최초로 왜적을 토벌하여 나라에 보답하겠다는 마음으로 고향인 의령군 유곡면 세간리에서 의병을 모집하여 왜병의 침공을 막았다. 이에 의령군은 그 뜻을 기리고자 1972년 군민의 성금으로 의령읍 남산 아래에 의병탑을 세우고 1978년 국비와 도비, 성금 등을 모아 현재의 충익사를 건립하여 구국창의의 정신을 후대에 기리고 있다.

곽재우 장군 서세 400주년을 기리는 이번 행사는 의령 30만 내외 향인의 화합은 물론 우리 민족의 강인한 기상과 상부상조하는 공동체 의식 함양으로 우리 전통문화의 우수성과 의령인의 정신과 기상을 전파하는 데 기여할 것으로 기대해 본다.

출처 : 포커스 뉴스/일부인용

🔍 | 상식UP! Quiz

문제 임진왜란 시기 의병장으로 경상도 의령에서 군사 1,000명을 모아 낙동강을 따라 왕래하며 경상 우도의 여러 성을 수복한 사람은?

① 정문부
② 신립
③ 권율
④ 곽재우

해설 경상도 의령의 유생인 곽재우에 대한 설명이다.
① 정문부 : 함경도 회령에서 국경인 등이 반란을 일으켜 두 왕자를 일본군에 넘기고 투항하자 의병장이 되어 경성을 수복하고, 회령으로 진격해 반란을 평정했다.
② 신립 : 임진왜란 발발 후 삼도도순변사가 되어 충주 탄금대에서 싸우다 순국하였다.
③ 권율 : 임진왜란 시기 군대를 총지휘한 장군으로 행주대첩 등에서 승리했다.

답 ④

당대 최첨단 무기를 보유한 조선

임진왜란은 당대 동북아의 무기가 집결하여 그 성능을 겨룬 전쟁이기도 했습니다. 조선은 여진족의 기병에 대항하는 장병(長兵) 전술에 오랜 기간 치중한 탓에 일본 군에게 고전할 수밖에 없었습니다. 그 때문에 임진왜란 이후 조선의 무기에는 큰 변화가 생겼는데요. 기존 활 위주의 무기 체계에서, 조총(鳥銃)을 중심으로 창검과 활이 보조하는 전술로 발전했습니다.

임진왜란 당시 조선의 무기는 재래식 병기와 화약 병기로 나눌 수 있었습니다. 재래식 병기로는 활, 화살, 편전(片箭), 쇠뇌(連弩), 창, 도검, 환도(還刀)를 들 수 있습니다. 화약 병기로는 임진왜란 이전부터 사용한 소화기(小火器)와 대형 화포 종류를 들 수 있습니다. '비격진천뢰(飛擊震天雷)' 같은 작열탄(炸裂彈)을 개발하여 공성전(攻城戰)에 투입하기도 하고, 로켓형 무기인 '신기전(神機箭)'과 신기전을 장착한 전차의 일종인 화차(火車)도 만들어 사용하였습니다.

비격진천뢰는 선조 때 이장손(李長孫)이 발명하였습니다. 표면은 무쇠로 된 둥근 박 같고, 내부는 화약과 빙철(憑鐵) 등을 장전하게 되어 있으며, 완구(碗口)에 의하여 목표물을 향해 발사할 수 있는 폭탄의 일종입니다. 화약이 폭발하면서 안의 쇳조각이 사방으로 튀도록 고안해 살상력을 높였습니다.

그리고 신기전은 세종 때인 1448년 제작된 당대 최첨단 병기로서, 고려 말기 최무선이 제조한 로켓형 화기인 주화(走火)를 개량한 것인데요. 화약의 힘으로 화살을 날리는 방식입니다. 대신기전, 산화신기전, 중신기전, 소신기전 등의 여러 종류가 있는데, 우리나라의 병서인 〈병기도설(兵器圖說)〉에 신기전에 관한 내용이 기록되어 있습니다.

조선의 비밀병기 '비격진천뢰'

비격진천뢰(飛擊震天雷)는 임진왜란 당시 이순신 장군의 거북선과 함께 중요한 위치를 차지하는 무기다.

하늘(天)을 진동(震)하는 소리를 낸다고 해서 이름 붙여진 비격진천뢰는 오늘날의 포탄과 같은 것으로, 임진왜란 때 화포를 만들었던 장인 이장손(李長孫)에 의해 발명됐다.

그 소리와 파괴력으로 임진왜란 당시 왜적을 격퇴하는 데 크게 기여한 것으로 평가되는 조선의 화약 병기다.

완구(碗口)라는 포에 장전해 발사되는 비격진천뢰는 적진에 떨어져 큰 소리와 함께 폭발하는데, 이때 그 안에 들어있는 '마름쇠'라 불리는 작은 철편이 쏟아져 나와 적을 해치도록 설계됐다.

임진왜란 당시 의병대장 김해(金垓)가 쓴 〈향병일기〉(국립진주박물관 소장)에는 안동을 중심으로 한 의병의 활약과 전황이 드러나 있는데, 비격진천뢰에 대해 "왜적을 토벌하는 방책으로 진천뢰를 능가하는 것은 없다"고 기록돼 있는 것이 눈길을 끈다.

출처 : 연합뉴스/일부인용

🔍 상식UP! Quiz

문제   조선의 '이 무기'는 화살의 길이가 짧아 속칭 '애기살'이라고 부르며, 통아(桶兒)라는 나무통을 이용하여 발사한다. 일반 화살보다 사거리가 길고, 관통력이 뛰어나 일명 '조선의 비밀병기'라고 불렸던 '이 무기'의 이름은 무엇인가?

해설   '편전(片箭)'에 대한 설명이다. 흔히 알려진 것처럼 조선에서만 사용한 무기는 아니었다. 하지만 전 세계를 통틀어 편전 또는 편전과 유사한 무기를 사용한 나라가 몇 나라 되지 않을 뿐더러, 조선은 실전에서 편전을 가장 잘 활용한 나라였다.

📖 편전

홀대받던 승리의 상징이 돌아오다

임진왜란은 1592년 4월 발발하여 5월에는 한성이 함락되었고, 6월에는 가토 기요마사의 군대가 함경도까지 진군하였습니다. 이때 회령의 토관 국경인 등은 임해군과 순화군, 두 왕자를 잡아 가토에게 넘기며 투항하였습니다.

9월 북평사 정문부가 군사를 모아 반격을 준비하자 많은 사람들이 합세하여 1천여 명에 이르렀고, 북도의병 대장으로 추대되었습니다. 이후 규모가 더 커졌으며, 많은 반역자와 일본군을 연이어 무찔렀습니다.

이를 기리기 위해 1707년에는 북평사 최창대가 함경북도 길주군 임명면에 높이 187cm, 너비 66cm, 두께 13cm의 북관대첩비를 세워 이러한 내용을 1,500자로 자세히 기록하였습니다. 북관대첩비의 정식 이름은 '유명조선국함경도임진의병대첩비'입니다.

하지만 1905년 러일전쟁 때 일본군이 이를 파내어 일본으로 옮겨 야스쿠니 신사에 방치하였는데요. 1978년 한국사 연구자인 최서면 국제한국연구원장이 북관대첩비를 발견한 이후 비문에 이름이 새겨진 분들의 후손과 정부 및 여러 단체에서 반환운동이 일어났으나 반환받지 못하였습니다. 그러다 2005년 3월 한일 불교복지협의회가 북한의 조선불교도연맹을 만나 북한에 반환하기로 합의하였으며, 10월 남한에 반환되어 국립중앙박물관과 경복궁에서 공개되었다가 보존처리를 거쳐 2006년 3월 1일 개성을 거쳐 북한에 인도되어 3월 23일 제자리를 찾게 되었습니다. 그 주위로 넓은 보호구역이 지정되었으며, 북한의 국보 제193호로 지정되었습니다. 남한에는 몇 개의 복제비를 세웠습니다.

'북관대첩비 환수' 성공엔 남북협력 있었다

외국 소재 한국문화재 환수를 둘러싼 민관의 엇박자는 심각하다. 힘을 합쳐도 모자랄 판에 서로 불신하고 있는 형국이다. 정부의 반론도 만만치 않다. "문화재 전체를 대상으로 장기적인 안목으로 추진한다. 시간이 걸려도 그렇게 할 수밖에 없다"고 설명했다. 다시 말해 민간의 한탕주의식 환수운동은 우리 문화재를 소유한 국가나 기관을 자극해 환수를 더 어렵게 만든다는 논리다. 소란을 피우며

공개적으로 활동하면 한두 점이야 얻을 수 있지만 나머지 환수에는 악영향을 미친다는 것이다.

그러나 공동전선을 구축해 시너지 효과를 내야 한다. 민관이 협력시스템을 구축한 다음 단계는 남북협력이다. 문화재 환수에서 남북협력 사례는 어렵지 않게 찾을 수 있다. 임진왜란 승전 기념비인 '북관대첩비'가 대표적이다.

이데일리/일부인용

상식UP! Quiz

문제 1869년 메이지 유신 이후 막부군과의 싸움에서 죽은 자들을 추앙하기 위해 건립된 신사로 '나라를 편안하게 한다'는 뜻의 일본에서 가장 큰 신사이다. 군국주의를 고무시켰으며 1978년 A급 전범 14명을 합사하여 비난받는 곳으로 북관대첩비가 방치되기도 했던 이곳은?

① 이쿠타마 신사
② 메이지 신궁
③ 야스쿠니 신사
④ 이세 신궁

해설 ① 이쿠마나 신사 : 오사카에 있는 신사
② 메이지 신궁 : 메이지 왕이 죽은 후 만들어진 것으로 역대 일본 왕을 기리는 신사
④ 이세 신궁 : 일본 각지의 씨족신의 총본산

답 ③

임진왜란의 뼈아픈 기록

〈징비록(懲毖錄)〉은 〈징비록〉, 〈근포집〉, 〈진사록〉, 〈군문등록〉, 〈녹후잡기〉 등 유성룡이 저술한 16권의 저술을 통칭하는 기록으로, 현재 국보 제132호로 지정되어 있는 귀중한 사료입니다. '징비(懲毖)'라는 제목은 〈시경〉에 나오는 "미리 징계함으로 후환을 경계한다"는 구절에서 따온 말인데요. 주요 내용은 임진왜란이 발발한 1592년부터 1598년까지 7년간에 걸친 전쟁의 원인과 과정, 전황 등을 기록한 것으로, 유성룡이 벼슬에서 물러난 이후 고향에서 집필한 것입니다.

책의 첫 장에서 저자는 "수많은 인명을 앗아가고 풍요로운 산천을 피폐하게 한 참혹한 전쟁을 회고하면서 다시는 이러한 전쟁을 겪지 않도록 하기 위해 조정의 여러 실책들을 겸허히 반성하고 미래를 대비하기 위해 이 책을 저술하게 되었다"고 밝혔는데요. "비록 볼만한 것이 없으나 모든 것이 당시의 역사적 발자취이므로 버릴 수가 없다"는 말로 저술의 무게와 의미를 부여하고 있습니다.

나아가 이 기록은 전쟁의 원인과 과정에 대한 설명에 그치지 않고 당시 조선과 일본 그리고 명나라 사이에서 벌어지는 급박한 외교 과정과 전란으로 인해 삶의 터전을 송두리째 잃은 백성들의 처참한 생활상을 사실적으로 보여주고 있습니다. 또한 당시에 활약했던 주요 인물들에 대한 기록과 평가까지 함께 곁들이고 있어 임진왜란이라는 역사적인 사건을 입체적인 시각으로 바라볼 수 있게 해주는 총체적 저술이라고 불리기에 손색이 없습니다.

〈징비록〉은 1695년 일본 교토에서 중간(重刊)될 정도로, 일본인들이 많이 읽는 책이 되었고, 1712년 조선의 숙종은 이 책의 일본 수출을 금하는 명령까지 내렸다고 합니다.

분노를 어떻게 승화시킬 것인가?

선조는 서울을 버리지 않겠다는 전교를 내려 백성을 안심시킨 후 자신은 몰래 도성을 빠져나와 의주로 도망갔다. 임금이 자신들을 버렸다는 소식에 백성들은 분개했다. 왜군이 서울에 들어오기도 전에 궁궐은 자기 나라 백성들에 의해 불길에 휩싸였다. 이는 단순한 방화가 아니었다.

평소에는 백성들 위에 군림하면서 나라를 위해서라면 못할 것이 없을 것처럼 행세하더니만 정작 왜적이 침입하자 자기들끼리만 살 길을 찾아 나선 지배체제에 불을 지른 것이었다.

임진란의 소용돌이 속에서 나라를 구하기 위해 온몸을 던졌던 유성룡은 다시는 이러한 비극이 되풀이되어서는 안 되겠다는 심정으로 〈징비록〉을 썼다. 그러나 혼란이 수습되자 〈징비록〉을 꺼내 읽고 대안을 마련하는 선각자들은 없었다. 불탄 경복궁도 무려 200년이 지나서야 지금의 모습으로 복원되었다. 오히려 이 책을 열심히 읽은 일본은 20세기 초 드디어 조선 정복이라는 그들의 꿈을 이루었고 우리는 일본의 식민지로 전락하고 말았다.

출처 : 영남일보/일부인용

🔍 상식UP! Quiz

문제 유성룡의 스승인 '이 사람'은 유성룡의 학문 속도에 대해 '마치 빠른 수레가 길에 나선 듯하다'며 칭찬했다고 하는데, 누구인가?

① 퇴계 이황
② 율곡 이이
③ 남명 조식
④ 우계 성혼

해설 유성룡은 21살 때에 형과 함께 퇴계 이황의 문하에 들어가 학업을 전수받았는데, 이황은 이들 형제의 학문적 자질을 높이 평가했다고 한다.

📖 ①

외교는 성공, 내치(內治)는 실패

이름은 이혼(李琿), 조선의 제15대 왕(1575~1641)으로 선조의 둘째 아들이며 어머니는 공빈 김씨입니다.

광해군(光海君)은 임진왜란이 일어나자(1592) 국난에 대비한다는 명분으로 서둘러 세자에 책봉되었는데, 권섭국사(權攝國事)의 직위를 맡고 평안도, 강원도, 황해도 등지를 다니며 민심을 수습하고 왜군에 대항하기 위한 군사를 모집하는 등 분조(分朝) 활동을 적극적으로 전개하였습니다. 한양을 수복한 후에는 무군사(撫軍司)로서 수도 방위에 힘을 쏟았으며, 전쟁이 끝난 후 선조가 새로 영창대군을 세자의 자리에 앉히고자 하였으나 그 뜻을 이루지 못하고 죽자 왜란에서 세운 공을 인정받아 대북파(大北派)의 지지로 왕위(1608~1623)에 올랐습니다.

광해군은 선혜청을 설치하여 경기도에 대동법을 실시하고 양전(量田)을 시행하였으며, 경희궁·인경궁·자수궁(현재 경희궁만 존재함)을 새로 짓고 창덕궁을 중건하는 등 궁궐 조성에 노력하였습니다. 대외적으로는 만주 여진족이 세운 후금(後金)의 침략에 대비해 국경방비에 힘썼으며, 명과 후금이 싸울 때 명이 원군을 요청하자 강홍립을 파견하는데 그가 의도적으로 후금에 투항하게 하여 강대국 사이에서 능란한 중립의 외교 솜씨를 보였습니다. 또한 기유약조를 체결하여 왜란 이후 중단되었던 일본과의 외교를 재개하고, 회답겸쇄환사(回答兼刷還使)로 오윤겸을 파견하여 전쟁 때 끌려갔던 조선인 포로를 데려왔습니다.

반면, 안으로는 계축옥사(癸丑獄事)를 일으킨 대북파의 요청으로 선조의 유일한 적자인 영창대군을 서인(庶人)으로 삼았는데, 이후 영창대군은 강화에 위리안치되어 살해당하였습니다. 또한 이이첨 등이 제기한 폐모론에 따라 인목대비를 서궁에 유폐시켰는데, 이러한 행위는 서인들의 큰 반발을 불러왔습니다. 결국 이귀, 김류, 김자점 등 서인이 주도한 인조반정으로 폐위되어 광해군으로 강등된 채 강화도로 유배되었고 폐세자는 사약을 받고 죽었으며 세자빈은 자결하였습니다.

그 이후로 반정을 정당화하기 위한 명분에 의해 광해군은 패륜적인 혼군(昏君)으로 규정되어 왔지만, 실상은 북인과 서인 사이 붕당(朋黨)의 알력 속에서 희생되었다고 보는 게 다수 학자들의 견해입니다.

반정 원인은 광해군의 패륜 아닌 북인의 권력 독점

흔히 중종반정은 연산군의 폭정을 바로잡은 정당한 사건으로 인식하는 데 반해, 인조반정은 광해군의 패륜이 아닌, 서인 세력이 권력을 차지하기 위해 일으킨 일이라고 비판한다. 게다가 인조반정 이후 서인의 분파인 노론(老論)의 '일당 독재'가 지속했다는 점을 들어 반정의 의미를 축소하는 시각도 있다.

오수창 서울대 국사학과 교수는 이러한 견해에 "심각한 오류와 오해가 담겨 있다"며 반박한다. 반정의 진정한 원인은 집권 세력인 북인의 권력 독점이었다고 주장한다. 당시 북인은 소수 세력이었으나, 권력을 다른 정파와 나누려 하지 않았다. 반대 의견을 지닌 남인과 서인을 '역적 토벌'의 이유를 들어 중앙 정부에서 쫓아냈고, 정권 유지를 위해 무리하게 정국을 운영했다.

출처 : 연합뉴스/일부인용

🔍 | 상식UP! Quiz

문제 다음 중 1615년(광해군 7년) 신경희 등이 '이 사람'을 왕으로 추대하려던 일이 발각되었는데 '이 사람'은 누구인가?

① 진성대군   ② 능창대군   ③ 봉림대군   ④ 금성대군

해설 ② 능창대군(綾昌大君)은 선조의 아들인 정원군(나중에 원종으로 추존)의 아들로 인조와는 형제간이다. 이 사건으로 신경희 등은 사형에 처해졌으며, 능창대군은 강화도 교동으로 유배되어 죽었다.

🔖 ②

방납의 폐단, 해결책을 찾아라!

조선의 수취체제 가운데 공납은 전체 세금에서 차지하는 비중이 높고 현물로 부과되었기 때문에 백성들에게 큰 부담이 되었습니다. 백성들은 공납을 전문적으로 담당하는 방납업자에게 수수료를 부담하면서 맡길 수밖에 없었는데요. 이러한 공납의 구조 때문에 국가에서 사용하는 것은 10에 1~2 정도에 불과하고 나머지 5~6은 방납업자가 가져간다는 말이 나올 정도로 심각했습니다.

양난 이후 국가 재정이 흔들리면서 공납제를 개선하고자 하는 움직임이 실제 개혁으로 이어졌습니다. 대동법은 광해군 즉위 직후 이원익의 건의로 1608년 경기도에서 최초로 시행되었습니다. 이후 인조 대에 들어 대동법이 확대되기 시작하는데 김육의 역할이 대단히 컸습니다.

김육은 당시 상소에서 대동법으로 세금 부담을 고르게 하고 백성들도 편하게 할 수 있다고 주장하였습니다. 특히 양난 이후 세금 부담이 가장 컸던 충청도를 중심으로 대동법에 대한 요구가 커지자 1651년 충청도에서 대동법이 시행되었는데요. 충청도에 시행된 대동법을 통해 그 효과가 나타났고 이를 기점으로 전국적인 범위로 대동법이 확대되기 시작했습니다.

충청도에서 실시된 대동법이 가시적인 성과를 내자 백성들은 전라도에서도 시행하기를 바랐습니다. 호남 지역의 유생들이 대동법을 실시하자는 상소를 올려 보낼 정도였습니다. 이에 1658년(효종 9년) 호남의 연해 27개 고을에서 대동법이 실시되었고, 1662년(현종 3년)에는 전라도 산간 지역까지 확대되었는데요. 호남과 호서에서 성과를 거두자 대동법은 대세가 되었습니다. 그리하여 1708년(숙종 34년) 황해도에서 실시되는 등 17세기 후반에는 전국적으로 확산되어 공납제를 대체하게 되었습니다.

잠곡 김육과 대동법

대동법은 백성들이 바치는 조세 중 가장 무거운 부담이던 공납제에 대한 개혁으로, 당시 각 군현에서 부담하는 공물은 수백가지 토산물 납부에 대한 폐단을 해결하기 위해 단일 품목인 쌀로 징수하는 제도였다. 당초 신법에 담긴 주장은 대단히 이상적이어서, 이를 지지하는 사람들조차 실현 가능성을 매우 낮게 보았다. 하지만 이 법이 시범실시되고 점차 백성들의 생활과 국가재정을 획기적으로 개선시키자, 이후 다른 지역으로 점차 확대되었다. 대동법의 의의는 매우 크다. 기존 인두세(人頭稅) 성격의 공물이 지주층에 부과되면서 토지세로 바뀌었다. 이 때문에 입법 과정에서 지주층의 격렬한 반대를 불러왔다. 또한 당초 권력이 개입되어 왔던 세금 수취와 운영의 비효율성을 청산하며 백성들에게서 국가재정으로 들어오는 세금의 누수를 차단했다. 그리고 대동법의 실시는 현물을 거두는 대신 그것을 상품으로 구입함으로써 조선 후기 상업 발전의 획기적 계기를 마련했다.

출처 : 경기일보/일부인용

◯ 상식UP! Quiz

문제 대동법은 광해군 재위 당시 전국적으로 실시되었다. ◯ / ✕

해설 광해군 재위 당시 경기도에만 시범적으로 실시되었고, 인조반정으로 인조가 등극한 후 강원도, 충청도, 전라도에서 실시되었으나 강원도를 제외하고 나머지 지역에서는 다음해에 곧 폐지되었다.

📖 (✕)

백성들이 아프지 않도록

각종 의서가 편찬되어 백성들의 건강을 살피는 데 도움을 주었습니다. 고려 고종 때 간행된 〈향약구급방〉은 우리나라에서 전해져 오는 가장 오래된 의학 관련 서적입니다. 하지만 고려 때 간행된 것은 현재 전하지 않고, 조선 태종 때 간행된 것이 일본에 남아있을 뿐입니다.

조선에서도 〈향약집성방〉, 〈의방유취〉 등이 편찬되었습니다. 1592년 임진왜란이 일어나고 많은 백성들이 고통을 겪었습니다. 이러한 상황에서 선조는 1596년 의서를 편찬하도록 하였으나 전쟁으로 인해 중단되는데요. 그 후 허준의 노력으로 1610년에 완성되었고, 1613년 처음으로 간행되었습니다.

〈동의보감〉은 국내외의 많은 자료를 검토하여 집대성하였고 서로 맞지 않는 것도 잘 검토하여 요점을 잘 정리하였습니다. 또한 값비싼 약재 대신 우리 산천에서 쉽게 구할 수 있는 것들을 소개하였으며 치료뿐만 아니라 예방에도 신경 썼습니다.

이후 〈동의보감〉은 중국과 일본에도 전해져 많은 도움을 주었는데요. 이러한 의의가 인정되어 2009년 의학서로는 유일하게 유네스코 세계기록유산으로 등재되었고, 2015년 보물에서 국보로 승격되었습니다.

〈동의보감〉은 25권 25책으로 구성되어 있는데, 목차 2권 외에 내경편(6편), 외형편(4권), 잡병편(11권), 탕액편(3권), 침구편(1권)의 5편으로 구성되어 있습니다. 여기서 내경편은 내과질환, 외형편은 외과질환, 잡병편은 각종 진단법과 내외과 질환의 혼잡되어 있고, 부인과와 소아과가 첨부되어 있습니다. 탕액편에서는 각종 약재의 성질과 맛, 독성 및 약효 등과 함께 약초의 적정 채취 시기 등도 기록되어 있으며, 침구편에서는 침과 뜸의 여러 방법과 함께 각종 경맥과 혈자리 등이 기술되어 있습니다.

'국보급' 동의보감 초판본 되찾았다

동의보감은 광해군 5년(1613년)에 총 25권 25책으로 간행된 것이다. 이번에 25권 한 세트가 그대로 회수됐다. 현재 국립중앙도서관과 한국학중앙연구원 규장각에 보관된 국보 319-1~3호의 초판본과 같은 판본이었다. 가치로 따지면 권당 2,000만원 이상, 전체는 수십억원에 이르는 것으로 알려졌다. 동의보감은 유네스코 세계기록유산이기도 하다.

회수된 동의보감은 20여 년 전 경북 경주의 한 고택에서 도난당한 것으로 보인다. 당시 경주는 개발이 한창 진행되면서 곳곳에서 고택 철거가 이뤄지고 있었다.

출처 : 동아일보/일부인용

🔍 | **상식UP! Quiz**

문제   2009년 〈동의보감〉이 지정된 것을 비롯해서 우리나라에서는 총 16건이 유네스코 세계기록유산으로 등재되어 있다. 다음 중 이에 해당하지 않는 것은?

① 4 · 19 혁명 기록물
② 5 · 18 민주와 운동 기록물
③ 새마을운동 기록물
④ KBS '이산가족을 찾습니다' 기록물

해설   ② 5 · 18 민주와 운동 기록물 : 2011년 등재
③ 새마을운동 기록물 : 2013년 등재
④ KBS '이산가족을 찾습니다' 기록물 : 2015년 등재

📖 ①

광해군의 마지막 하루

'인조반정(仁祖反正)'은 1623년 4월 11일에 이서(李曙), 이귀(李貴), 김유(金瑬) 등 서인(西人) 세력이 정변을 일으켜 광해군(光海君)을 왕위에서 몰아내고 능양군(綾陽君) 이종(李倧)을 왕으로 옹립한 사건입니다.

광해군은 임진왜란으로 황폐해진 국가체제를 회복하기 위해 노력했으며, 명(明)·청(淸) 교체기의 국제 현실에서 균형있는 중립외교를 펼쳐 조선의 안보를 유지하려 하였습니다. 하지만 붕당 간의 대립이 심화한 상태에서 왕권의 기반은 매우 취약했는데요. 이러한 까닭에 불안해하며 영창대군(永昌大君) 세력을 제거하고, 1617년에는 인목대비(仁穆大妃)의 존호를 삭탈하여 경운궁(慶運宮)에 연금시키는 등 다소 예민한 행동을 보이기도 했습니다. 그리고 이러한 일은 성리학적 윤리관에 기초하고 있던 사림 세력에게 패륜으로 비판받았으며, 중립외교로 후금(後金)과 평화관계를 유지한 것도 사림 세력은 명에 대한 명분과 의리를 저버린 행위로 비난하였습니다.

한편 계축옥사로 서인과 남인은 대부분 조정에서 쫓겨났고 대북파(大北派)가 정권을 장악하였는데, 김유, 이귀, 이괄(李适), 최명길(崔鳴吉) 등 서인 일파는 사림 세력의 이러한 불만을 이용하여 정변을 꾀하였습니다. 반정 세력은 이듬해인 1623년 음력 3월 12일을 거사일로 정해 준비하였습니다.

이들은 창의문(彰義門)의 빗장을 부수고 도성으로 들어가 곧바로 창덕궁(昌德宮)으로 갔습니다. 이흥립은 궁궐을 지키던 병사들과 내통하였고, 초관(哨官) 이항(李沆)이 돈화문(敦化門)을 열어 반정 세력을 궐 안으로 들이면서 정변은 어렵지 않게 성공하였습니다.

광해군은 의관(醫官)인 안국신(安國臣)의 집으로 피신하였으나 곧바로 붙잡혀 강화도로 유배되었습니다. 능양군은 곧 광해군의 사람들을 처단하였고 경운궁에 유폐되어 있던 인목대비의 존호를 회복시킨 뒤에 그 권위를 빌려서 조선의 16대 왕인 인조(仁祖)로 왕위에 오릅니다.

술술 읽힐걸? 신문GO! *News Paper*

시대착오적인 가치? '반정(反正)'의 이유와 결과는?

조선에서는 왕을 폐위시키고 새로운 왕을 추대하는 '반정(反正)'이 두 차례 있었다. 1506년 연산군을 몰아낸 중종반정과 1623년 광해군을 권좌에서 축출한 **인조반정**이다.

오수창 서울대 국사학과 교수는 국립고궁박물관이 최근 발간한 책 〈국왕과 신하가 함께 만든 나라, 조선〉에서 인조반정에 대한 이러한 견해에 "심각한 오류와 오해가 담겨 있다"며 반박한다.

인조반정 당시 서인은 광해군이 동생인 영창대군을 죽이고 모후인 인목대비를 폐위하려 했던 패륜과 명을 배신하고 후금과 내통한 외교정책을 반정의 명분으로 내세웠다. 그러나 오 교수는 반정의 진정한 원인은 집권 세력인 북인의 권력 독점이었다고 주장한다.

당시 북인은 소수 세력이었으나, 권력을 다른 정파와 나누려 하지 않았다. 반대 의견을 지닌 남인과 서인을 '역적 토벌'의 이유를 들어 중앙 정부에서 쫓아냈고, 정권 유지를 위해 무리하게 정국을 운영했다.

출처 : 연합뉴스/ 일부인용

🔍 **상식UP! Quiz**

문제 다음 중 광해군이 추진한 정책으로 바르지 못한 것은?

① 대외적으로 친명배금(親明排金) 정책을 실시하였다.
② 허준(許浚)이 〈동의보감(東醫寶鑑)〉 편찬을 완수하게 하였다.
③ 성곽과 무기를 수리하는 등 국방에 힘을 기울였다.
④ 국가수입 증대를 위해 토지대장인 양안(量案)과 호적(戶籍)을 작성하였다.

해설 광해군은 명나라가 쇠퇴하고 후금이 세를 일으키던 국제 정세를 정확히 파악하고, 두 세력의 중간에서 균형적인 입장을 취했다.

답 ①

삼전도의 치욕

인조반정 이후 조선이 금나라를 배척하자 1627년 후금은 정묘호란을 일으켰고, 강화조약에 따라 조선을 동생의 나라로 인정하다가 이후 신하의 예를 강요하게 됩니다. 그러나 조선의 서인 정권은 이를 거부하였고, 1636년 국호를 청(淸)으로 고친 후금은 12만명의 병력으로 병자호란을 일으키게 됩니다.

청나라 군대는 기마부대를 앞세워 압록강을 넘은 지 5일 만에 서울을 점령하였고 별다른 방어책이 없었던 인조와 조정 대신은 강화도로 피난하려 하였습니다. 그러나 강화도로 가는 길마저 청나라 군대에 의해 차단되자 인조 일행은 남한산성으로 피신할 수밖에 없었습니다.

1636년 12월 남한산성은 청의 대군에 의해 완전히 포위되었고, 성안에는 1만여 명이 겨우 50일 정도 버틸 수 있는 식량 밖에 없었습니다. 항전이 길어지면서 추위와 굶주림으로 군사와 백성들이 죽었고 더 이상의 항전이 힘들어지면서 최명길을 중심으로 한 주화파와 김상헌 등 주전파 사이에 논쟁이 거듭된 끝에 결국 인조는 항복을 결정하게 됩니다. 1637년 1월 30일 인조는 삼전도(현재의 서울 잠실 부근)에 나와 세 번 절하고 머리를 아홉 번 조아리는 우리나라 역사상 가장 치욕스러운 항복 의식을 치르게 됩니다.

청나라는 소현세자, 봉림대군 등을 인질로 잡아갔고, 척화를 주장했던 홍익한, 윤집, 오달제 등 삼학사는 참형을 당했으며, 조선은 명나라와의 관계를 끊고 청나라에 복속하게 됩니다. 1645년 소현세자와 봉림대군은 오랜 볼모생활 끝에 돌아왔지만 소현세자는 2개월 만에 죽고, 인조의 뒤를 이은 봉림대군(효종)은 굴욕을 갚기 위해 북벌을 추진하였으나 뜻을 이루지는 못했습니다.

나라 빼앗긴 울분 서려

"가노라 삼각산아, 다시 보자 한강수야. 고국산천을 떠나고자 하랴마는 시절이 하 수상하니 올동말동하여라"

김상헌(1570~1652)은 **병자호란** 때 척화를 주장한 대표적 절개의 인물이다. 그는 청나라와 항복의 화의가 성립되자, 임금 앞에서 항복의 국서를 찢어버리고 자결하려 했으나 뜻을 못 이루고 고향인 안동 풍산읍 소산리 '청원루'에 내려와 은거했다. 이 시조는 이 사건으로 청나라로 압송돼 가던 중, 서울을 지나면서 읊은 우국충절의 시조다.

병자호란 때 끝까지 싸워야 한다고 주장하다 인조가 청에 항복하자 파직됐다. 1639년(인조17년) 삼전도비를 부쉈다는 혐의를 받고 청나라에 압송되었다가 6년 만에 풀려났으며, 귀국 후 좌의정에 올랐다. 사후에 서인 정권이 유지되면서 절개를 지킨 대로(大老)로 추앙받았다.

출처 : 경북일보/ 일부인용

🔍 | 상식UP! Quiz

문제   병자호란 당시 끝까지 싸울 것을 주장했던 주전파(척화파)에 해당하는 인물이 아닌 것은?

① 오달제
② 김상헌
③ 홍익한
④ 최명길

해설   김상헌과 삼학사(오달제 · 윤집 · 홍익한) 등은 주전파이며, 최명길은 현실론을 강조하며 화친을 주장한 대표적인 주화파이다.

답 ④

사라진 북벌의 꿈

17세기 전반 동아시아의 정세는 급격히 변화하였습니다. 중원은 한족이 지배하는 명나라에서 만주족이 지배하는 청나라로 교체되었고, 일본은 오랜 전국시대를 끝내고 도쿠가와 막부의 일원적인 통치 아래 들어갔습니다. 그 사이 한반도는 임진왜란과 병자호란의 전장이 되어 조선 정부는 전쟁 이후 피폐해진 백성의 생활과 실추된 국가체제를 정비해야 하는 이중의 과제를 안고 있었습니다.

특히 병자호란은 오랑캐인 청나라에게 패배했다는 이유로 조선 지식인의 정신적 충격은 상상을 초월했는데요. 굴욕적인 삼배구고두례로 항복한 조선은 청나라에 패배를 인정하지 않을 수 없었습니다. 이후 인조의 두 아들인 소현세자와 봉림대군이 청나라에 볼모로 끌려갔습니다. 소현세자가 심양 생활을 끝내고 돌아온 지 얼마되지 않아 의문의 죽음을 맞았고, 뒤이어 봉림대군이 즉위했습니다.

1649년, 봉림대군이 효종으로 즉위하면서 오랑캐인 청나라를 정벌하자는 북벌운동이 시작되었습니다. 그때까지도 강남 지역에는 남명 정권이 존속하고 있었고, 청나라는 아직 체제가 완전히 정비되지 못한 상태였습니다.

효종은 반청척화파를 요직에 배치하여 어영청·수어청·훈련도감의 군사력을 강화하였고, 대동법 실시를 확대하는 등 경제 개혁에도 박차를 가했습니다. 또한 복수설치(復讐雪恥)·춘추의리(春秋義理) 등을 강조하는 송시열을 등용하여 북벌의 추진력을 강화하고자 하였습니다. 그러나 송시열은 직접적인 정벌이 아니라 정사를 바르게 함으로써 오랑캐에 대응하자는 논리를 폄으로써 사실상 북벌정책은 전란 이후 무너진 국가의 재정비에 초점이 맞춰져 있었습니다.

북벌운동을 통해 효종은 부왕 인조가 잃어버린 국왕의 위엄을 되찾고자 했으며, 송시열을 비롯한 서인 사림들은 출사의 명분을 찾았습니다. 그러나 1659년(효종 10년) 효종의 죽음과 1662년(현종 3년) 남명 정권이 붕괴하면서 북벌운동은 실질적인 동력을 잃게 됩니다.

술술 읽힐걸? 신문GO! *News Paper*

"청나라에게 받은 치욕 씻는다" ··· '북벌의 꿈' 고군분투

이완은 효종의 북벌운동에 깊이 관여해 신무기 제조, 성곽 개수·신축 등 전쟁에 필요한 여러 대책을 마련하고, 특히 포대(布袋)사용을 주장해 시행하도록 했다. 당시 효종은 많은 우리 군사가 갑옷과 투구가 없어 갑자기 적을 만나면 시석(矢石, 전투 시 사용하는 화살과 돌)을 막기 어려우므로 목순(木楯, 나무로 만든 방패)을 쓰자고 제안했다. 이때 그는 목순은 가지고 다니기가 어려우니, 차라리 군사들이 큰 포대를 가지고 다니면서 전쟁이 일어나면 여기에다 흙을 담아 방어진지를 구축하도록 하자고 주장한 것이다. 이완은 매우 엄격하고 교만한 성품이 있기는 했으나 관직에 있으면서 법을 지키고 청탁을 받지 않았다고 전한다. 아버지와 같이 무장으로서 입신해 효종 및 송시열 등과 함께 북벌에 집착했으나 그 큰뜻을 이루지 못한 것이 매우 안타까운 일이다.

출처 : 국방일보/일부인용

🔍 | **상식UP! Quiz**

문제 인조의 맏아들이자 조선 17대 임금 효종의 형으로 청에 볼모로 끌려간 사람은 누구인가?

해설 인조의 맏아들인 소현세자는 병자호란이 일어나자 남한산성으로 피신했으나 이듬해 2월 세자빈과 함께 인질이 되어 청나라의 수도였던 지금의 선양으로 끌려갔다.

📖 소현세자

예론상의 논란? 권력과 연계된 견해 차이?

현종 때 일어난 두 차례의 예송(禮訟)은 이후 정국 변동에 중요한 변수로 작용하는데, 이것은 17세기 조선의 정치·사상적인 면에서 이념적 규정성이 큰 역할을 하였음을 알려줍니다.

인조는 장남인 소현세자가 죽은 뒤 그의 아들이 있었음에도 차자인 봉림대군(효종)을 세자로 책봉하여 왕위를 물려주었는데요. 1차 예송(기해예송)은 효종 사후에 그의 계모인 자의대비(조대비)가 상에 어떤 옷을 입어야 하는가를 두고 벌어진 논쟁을 말합니다.

당시 성리학은 자식이 부모보다 먼저 죽었을 때 적장자(嫡長子)인 경우 그 부모는 3년상을, 그 외 차자일 경우에는 1년상을 하도록 규정하였기에 서인 계파는 1년상을 내세웠는데요. 이와 반대로 남인 계열에서는 비록 차남으로 출생하였더라도 왕위에 오르면 결국 장자가 된 것과 같다고 주장함으로써 1차 예송이 본격화되었습니다. 결국 장자와 차자의 구분없이 모두 1년복을 입게 한 〈경국대전〉의 규정에 따르는 것으로 결론 내렸습니다.

2차 예송(갑인예송)은 효종의 비인 인선왕후가 죽자 이번에도 조대비가 어떤 상복을 입을 것인지를 두고 벌어졌는데, 1차 때 확정짓지 못한 효종의 장자·차자 문제가 다시 중심에서 거론되었습니다. 이유인즉 장자로 인정한다면 인선대비 역시 장자부이므로 대왕대비는 기년복(朞年服, 1년)을 입어야 하지만, 차자로 볼 경우에는 대공복(大功服, 9개월)을 입어야 하기 때문이었습니다.

처음에 기년복으로 정한 예조는 다시 꼬리표를 붙여서 복제를 바꾸어 대공복으로 올렸는데 현종은 예조의 해석이 잘못 적용된 것으로 판정하였습니다. 이의 영향으로 송시열계의 서인세력은 숙종 즉위 후 갑인환국(換局)에 의해 대대적으로 축출되었고 결국에는 남인정권이 들어서게 되었습니다.

서인은 김장생으로부터 이어지는 예학적 전통 속에서 주자학을 절대 신봉하는 반면에, 남인은 원시유학인 육경(六經)을 중시하며 고학(古學)으로 돌아가려고 하는 경향성을 보였는데요. 이러한 차이는 지향하는 권력구조의 측면에서도 각각 신권중심, 왕권 중심의 두 방향을 이루고 있었던 것으로 볼 수 있습니다.

오직 성리학, 융통성은 없다? 뜻밖의 송시열

예송논쟁이 거론되면서 이 사람 때문에 조선이 망했다고 주장하는 사람들이 많다. 송시열의 막무가내가 조선 사회에 큰 폐해를 끼쳤다는 것인데, 과연 그에게는 성리학만 옳고 다른 사상은 글렀다는 식의 경직된 보수성이 있었다. 송시열은 당쟁이 극심하였던 17세기 후반의 인물이라, 시시비비의 여운이 몹시 길다. 그러나 그에게는 우리가 몰랐던 뜻밖의 모습이 있었다. 예컨대 송시열은 여성에게 절개를 강요하는 풍조에 반대하였다. 놀랍게도 그는 양반 부녀자들의 개가 즉, 재혼을 허용하자고 했던 것이다. 정치가 송시열의 행적에는 잘못도 많았다. 그러나 우리가 미처 알아보지 못한 매력도 없지 않았다. 무엇이 보수이고, 무엇이 진보인가? 중요한 것은 그 생각이 웅숭깊은가, 아닌가 하는 점이다.

출처 : 서울신문/일부인용

🔍 | **상식UP! Quiz**

문제 다음 중 정철, 박인로, 송순과 함께 조선 시조시가의 대표적인 인물로 남인계열이며 예송논쟁에서 송시열에 맞선 사람은?

① 윤휴   ② 허목   ③ 윤선도   ④ 허적

해설 ③ 윤선도 : 오우가와 어부사시사로 유명하며 전남 보길도(甫吉島) 부용동(芙蓉洞)에 은거하였다. 화가 공재 윤두서의 증조부이며 다산 정약용의 5대 외조부이다.

정답 ③

화폐의 유통

중국에서는 오수전, 개원통보 등의 화폐가 만들어졌는데, 우리나라에서는 고려 성종 때 만들어진 건원중보가 최초의 화폐입니다. 하지만 이는 오래 쓰이지 못했습니다. 이후 해동통보, 동국통보, 삼한통보 등이 쓰였고 조선에서는 조선통보 등이 쓰였으나 당시의 미비한 여건과 화폐에 대한 인식 부족으로 잘 쓰이지 못하고 무덤에 넣는 부장품 등으로 쓰였습니다. 이후 상평통보는 숙종 때 다시 사용하기 시작하여 점차 유통이 늘어나 법화로서 조선 말까지 사용되었습니다.

상평통보는 처음에 호조, 상평청, 진휼청, 정초청, 사복시, 어영청, 훈련도감 등 7개 관청 및 군영에서 주조하였으나, 이후 지방 관청에서도 필요에 따라 주조하였습니다. 하지만 관리체계의 일원화를 시도하여 정조 때인 1875년부터 호조에서 전담하게 되었습니다.

상평통보는 구리와 주석의 합금으로 만들었으며 무게는 2전 5푼이 기준이었으나, 후에 구리가 부족해지자 2전, 1전 7푼, 1전 2푼으로 줄어들었습니다. 이후 1866년 흥선대원군은 경복궁 중건, 군비 확장 등으로 재원이 더 많이 필요하게 되었지만, 재정 확보가 쉽지 않자 기존 상평통보보다 크기는 5~6배 정도이지만, 가치는 100배인 당백전을 발행하였습니다. 하지만 과다하게 주조하여 경제에 악영향을 끼쳤고, 물가는 폭등하였습니다. 결국 당백전의 발행을 중지하였고, 이듬해에는 당백전의 유통도 금지하였습니다.

재정은 다시 악화되었고 1883년 명성황후 일파는 상평통보의 5배 가치를 갖는 당오전을 발행하였는데요. 실질적으로는 2배 정도의 가치만 가질 뿐이었고, 위조되기까지 하면서 다시 물가가 폭등하는 등 경제가 어려워졌습니다. 1894년에는 상평통보의 주조가 중단되었으며 20세기 초부터 회수, 폐기되었습니다.

실패를 거듭하고

조선시대에 널리 유통되었던 돈은 **상평통보**(常平通寶)였다. 숙종 4년(1678년)부터 사용된 상평통보 1개는 1푼(文)이었고, 10푼이 1전(錢), 10전이 1냥(兩), 10냥이 1관(貫)이었다.

상평통보는 지금의 동전처럼 둥글지만 가운데 사각 구멍이 뚫려 있다. 이것은 하늘을 둥글고 땅은 사각형이라고 여긴 옛 사람들의 천문사상을 돈을 만들 때 본뜬 것이다. 옛 동전을 엽전(葉錢), 즉 '나뭇잎 모양의 돈'이라 한 것은 그 제조과정에서 비롯되었다. 돈을 주조하던 틀인 거푸집이 나뭇가지에 여러 개의 잎이 달린 모양을 하고 있어서, 쇳물이 이 안에서 굳으면 전체적인 모양이 나뭇가지에 매달린 잎처럼 보여 엽전이라 부른 것이다.

출처 : 강원일보/일부인용

🔍 **상식UP! Quiz**

문제 상평통보는 시간이 지남에 따라 조금씩 변화가 생겼다. 잘 쓰이지는 않았지만, 인조 때 처음 만들어진 상평통보를 부르는 이름은?

① 단자전
② 무배자전
③ 대형전
④ 소형전

해설 무배자전은 뒷면에 아무 문자가 없어서 불렸던 이름이다.
① 1678년에 만들어진 것으로 뒷면 상부에 주전소가 표시됨
③ · ④ 이후 크기가 작아지며 대형전, 중형전, 소형전으로 불림

답 ②

잃어버리거나 잊히거나

백두산정계비는 1712년(숙종 38년)에 백두산에 세워진, 조선과 청의 국경선을 표시한 경계비입니다. 정상이 아닌 해발 2,200m 지점에 위치하며, 비문에는 우리 북방 경계선을 '서쪽의 압록과 동쪽의 토문(土門)을 분수령으로 삼는다'라고 새겨져 있습니다. 인적이 드문 곳에 세워진 탓에 한때 그 존재가 잊혔지만, 후에 러시아와 일본 등이 이 일대에 관심을 보이기 시작하자 청나라와 조선도 비석의 내용을 다시 관찰하게 되었습니다. 양측은 1883년 비석을 다시 조사했는데, 비석 내용의 '토문'이라는 말을 놓고 조선과 청나라는 의견이 엇갈렸습니다.

우리는 만주 쑹화강(松花江)의 한 부분이라고 주장했고, 청나라는 두만강(豆滿江)이라고 주장하여 합의를 보지 못했습니다. 하지만 백두산 북쪽 지역에 우리 민족이 많이 거주하고 있어 간도(間島)는 현실적으로 조선 영토로 인정되었습니다.

조선 후기의 어부이자 민간외교가인 안용복(安龍福)은 동래부(東萊府) 출신으로 동래 수군으로 들어가 능로군(能櫓軍)으로 복무하면서 왜관(倭館)에 자주 출입하여 일본어를 잘하였습니다. 1693년(숙종 19년) 울릉도에서 고기잡이하던 중 이곳을 침입한 일본 어민을 힐책하다가 일본으로 잡혀갔는데요. 안용복은 일본에서도 울릉도가 조선의 땅임을 강력히 주장하여 막부로부터 울릉도가 조선의 영토임을 확인하는 서계(書契)를 받아냈습니다. 이를 가지고 돌아오던 중 쓰시마 도주에게 빼앗겨, 서계가 '죽도(竹島)는 일본땅이므로 고기 잡는 것을 금지해달라'는 내용으로 위조되어 조선에 들어왔습니다.

이에 조선에서는 울릉도는 조선의 땅임이 명백함을 밝히고 1694년 일본의 무례함을 힐책하는 예조의 서계를 전달하였습니다. 이후 안용복은 1696년(숙종 22년) 다시 울릉도에 고기잡이를 나갔다가 일본 어선을 발견하자 스스로 울릉우산양도감세관(鬱陵于山兩道監稅官)이라 칭하고, 일본 호키주(伯耆州)에 가서 번주(藩主)에게

범경(犯境)의 사실을 항의하여 사과를 받고 돌아왔습니다.

이듬해 일본 막부(幕府)는 쓰시마 도주를 통하여 공식으로 자신들의 잘못을 사과하고 일본의 출어금지를 통보해 왔습니다. 안용복은 허락 없이 외국을 출입하여 국제문제를 일으켰다는 이유로 조정에 압송되어 사형까지 논의되었으나, 신여철(申汝哲) 등이 '나라에서 하지 못한 일을 그가 능히 하였으니 죄과와 공과가 서로 비슷하다'고 하여 귀양에 처했습니다.

술술 읽힐걸? 신문GO!   *News Paper*

"백두산정계비의 토문은 토문강"

백두산정계비에 표기되어 있는 '토문(土門)'강은 중국의 주장처럼 두만강이 아니라 발원지가 다른 토문강이라는 사실을 남북 공동 조사단이 확인했다.

백두산정계비는 조선 숙종 38년(1712) 조선과 청 양국이 국경문제를 해결하기 위해 백두산 천지 아래 세운 것으로, 그동안 비문 해석을 두고 한·중 간에 논란이 일었다. 쟁점은 '서쪽으로는 압록, 동쪽으로는 토문을 경계로 삼는다.

'토문'이 두만강이면 간도는 중국땅, 토문강이면 우리 땅으로 해석할 수 있기 때문이다. 따라서 어느 쪽도 쉽게 주장을 굽히지 못했다. 그러나 일제가 남만주 철도 부설권을 얻기 위해 1909년 간도를 중국에 넘긴 뒤, 만주사변을 일으키면서 정계비를 철거했다는 사실로 미루어 '토문'이 토문강을 의미한다는 것은 학계 정설로 되어 있는 상태다.

출처 : 서울신문/일부인용

🔍 | 상식UP! Quiz

문제 독도에는 신라 장군 이사부(異斯夫)의 이름을 딴 '독도이사부길'과 조선 숙종 때 울릉도와 독도가 조선 땅임을 일본 막부에게 확인받은 '이 사람'의 이름을 딴 길이 있다. '이 사람'은 누구인가?

① 강감찬   ② 장보고   ③ 안용복   ④ 이순신

해설 독도의 동도(東島)에는 독도이사부길이 있고, 서도(西島)에는 독도안용복길이 있다.

정답 ③

싸움만 하는 붕당정치는 이제 그만!!

'탕평(蕩平)'이란 〈서경(書經)〉의 '홍범구주'에 나오는 '無偏無黨 王道蕩蕩 無黨無偏
王道平平(무편무당 왕도탕탕 무당무편 왕도평평)'이라는 구절에서 유래된 말로, 특
정 시대에만 국한된 것이 아니라 지공무사(至公無私)의 이념을 강조하는 보편적인
정치 용어라고 할 수 있습니다.

조선시대에 이 말을 처음 사용한 사람은 숙종 때의 박세채로 알려져 있는데 이 당
시에는 이를 실천할만한 정치적 기반이 부족한 상태였고, 영조 때에 와서 탕평이
다시 강조되고 하나의 정책으로 추진되면서 역사적인 의미를 가지게 되었습니다.

소론이 노론을 숙청한 신임사화(1721)를 통해 당쟁의 폐단을 실감한 영조는 즉위와
동시에 당쟁의 폐단을 지적하고 탕평정책의 의지를 밝힙니다. 이후 당파를 초월하
여 인재를 고루 등용하고 당론과 관련한 유생들의 상소를 금지했으며, 1742년에는
성균관 반수교 위에 탕평비를 세워 그 의지를 확고히 하였습니다.

영조의 뒤를 이은 정조도 선왕의 뜻을 따라 왕의 거실을 '탕탕평평실(蕩蕩平平室)'
이라 이름 붙이며 출신에 상관없이 사색을 고르게 등용하고 서얼 출신까지 중용하
는 등 적극적으로 탕평책을 추진해 큰 효과를 거두었습니다.

그러나 당파를 고루 등용하기 위해 이미 배제되었던 정치세력을 다시 중용하는 과
정에서 새로운 정쟁이 발생하기도 하는 등 당파 간의 갈등을 근절하지는 못하였고,
시대적 요구에 부응하는 새로운 제도로 발전시키지 못함으로써 이후 세도정치의
빌미를 마련해 주었다는 비판을 받기도 하였습니다.

탕평채

영조는 무수리를 어머니로 둔 불행한 왕이었다. 배다른 형인 경종이 죽자 왕을 독살하였다는 모함을 받으며 왕으로 즉위했다.

붕당정치의 폐해로 아들을 잃은 영조는 어느 한쪽으로 치우치지 않는 조화와 화합의 정치를 실현하기 위해 '탕평책'을 정책으로 삼아 이를 실현하기 위해 최선을 다했다. 영조는 탕평비를 세우고 붕당을 인정하지 않았다. 붕당을 이끌던 인물들을 모두 숙청하고 왕권을 강화하여 인물 중심으로 인재를 등용했다.

영조는 탕평책을 논하는 자리에 당파에 절대로 휘둘리지 않겠다는 왕의 의지를 설명하면서 '탕평채'라는 음식을 선보이게 되었다.

탕평채는 녹두묵의 흰색, 쇠고기의 붉은색, 미나리의 푸른색, 김의 검은색, 계란지단의 노란색 등 오방색을 구현한 영양학적으로 완벽한 균형을 갖춘 음식이다. 청포묵의 흰색은 서인을 의미하고 붉은고기의 붉은색은 남인을, 김의 검은색은 북인을, 미나리의 푸른색은 동인을 의미한다.

출처 : 영남일보/일부인용

🔍 | 상식UP! Quiz

문제 정계에서 밀려난 소론과 남인의 과격파가 주동하여 1728년(영조 4년)에 일으킨 반란은?

① 이시애의 난
② 이인좌의 난
③ 이괄의 난
④ 이몽학의 난

해설 이시애의 난은 1467년 세조의 집권 정책에 반대해 일어난 사건이다. 이몽학의 난은 1596년 임진왜란 중에 일어난 사건이다. 이괄의 난은 1624년 인조 때의 사건이다.

답 ②

풍류와 해학, 같지만 다른 두 거장

김홍도는 영조 21년(1745)에 태어나 당시 도화서에서 근무하고 있던 강세황의 추천에 의해 이른 나이에 화원이 되었습니다. 20대 초반에 이미 궁중에서 명성을 떨쳤고, 이후 29세의 젊은 나이로 영조의 어진(御眞)과 왕세자의 초상을 그리기에 이릅니다. 스스로를 명나라 문인화가 이유방의 호를 따서 단원(檀園)이라 불렀던 김홍도는 그림에서 뿐만 아니라 여러 악기를 연주하는 음악가로서도 뛰어난 재능을 나타냈으며, 또한 일찍부터 평판이 높았던 서예가이면서 동시에 뛰어난 시인이었습니다.

정조의 전폭적 지원을 받으며 당대 최고 화가의 자리에 앉을 수 있었던 그는 왕의 어진에서 서민의 얼굴까지, 궁중의 권위를 담은 기록화에서 민초들 삶의 애환이 스며있는 풍속화까지 장르와 신분을 아우르며 그림을 그렸는데요. 출세가도를 달려 중인 신분으로는 최고인 종6품까지 올랐지만 가난과 고독의 말년을 보내다 일생을 마쳤습니다.

신윤복은 1758년에 태어났으며, 부친 신한평과 조부 역시 도화서 화원이었기에 집안의 대를 이어 어려서부터 회화에 입문해 화원이 되었을 것으로 여겨집니다. 조선시대 3대 풍속화가로 김홍도, 김득신(金得臣)과 더불어 신윤복을 지칭하지만 그는 풍속화가 아닌 남종화풍의 산수와 영모(翎毛 ; 새나 짐승을 그린 그림) 등에도 재능을 보였는데요. 이미 천재성을 인정받고 있던 선배 화원 김홍도의 영향을 받지만 자신만의 독특한 화풍을 개척하여 김홍도와 쌍벽을 이루는 풍속화를 발전시켰습니다. 또한 양반층의 풍류나 남녀 간의 연애, 향락적인 생활을 주로 그렸는데, 유연하고 가늘게 선을 그리면서 주변 배경을 섬세하게 묘사하여 주제를 드러냈으며, 산뜻하고 또렷한 원색을 부드러운 담채 바탕 위에 즐겨 사용했습니다. 그는 남성 위주의 당시 조선 사회에서 여성과 천한 신분인 기녀에 주목하고 그들을 주인공으로 화폭에 담아냈다는 점에서 높이 평가받고 있습니다.

'못 그리는 것 없는 국민 화가'
김홍도 vs '풍속화 잘 그린 화가' 신윤복

조선 후기 풍속화로 가장 많이 거론된 두 인물이지만, 그들의 그림 스타일은 대조적이었다. 그럼에도 두 화가의 작품은 팽팽한 경쟁 속에 오늘날까지 최고로 인정받고 있다.

김홍도의 대표적인 작품은 '단원풍속도첩'이나 "못 그리는 그림이 없다"할 정도로 산수화 · 인물화 · 기록화 · 불화 등을 모두 섭렵했다.

김홍도의 풍속화는 주로 일반 백성들의 하루 일상을 그렸다. 서당에서 공부하는 어린이들의 모습, 대장간에서 땀 흘려 일하는 모습, 타작하거나 벼 베는 모습, 건물에 기와를 올리고 있는 모습 등 일상을 그림에 담았다. 그가 그린 그림들은 '실제 장면을 눈앞에 보는 것처럼 현장감 있게 묘사했다'는 평가를 받았다.

신윤복은 '풍속화를 잘 그렸다'는 것 말고는 알려진 바가 거의 없다. 이구환이 엮은 '청구화사'에 "마치 방외인(속세를 벗어난 사람)같고 여항인(시정인)들과 어울리며 동가식 서가숙하면서 지낸다"는 기록이 전해졌다.

출처 : 천지일보/ 일부인용

🔍 │ 상식UP! Quiz

문제 혜원(蕙園) 신윤복은 평민 지주들의 후원을 받았다.   ○ / ✕

해설 신윤복이 춘의도(春意圖)를 그릴 수 있었던 배경에는 18세기 말에서 19세기 초로 이어지는 시대 변화와 다양한 후원자들의 도움이 컸다. 조선 후기 서민 지주들은 초기 상업화 과정에서 경제력을 축적하여 양반 못지않게 생활 저변을 확대시킬 수 있었다. 이들은 전통 사대부와는 다른 취향을 가지고 풍속화의 든든한 후원자가 되었다.

답 (○)

새로운 세상에 대한 열망,
성곽 건축의 꽃 수원화성으로

수원화성은 정조 때 수원에 만든 성으로, 정조가 아버지 장헌세자(사도세자)에 대한 효심에서 수도를 수원으로 옮길 목적을 갖고 세운 성입니다. 정조는 자신의 왕도 정치를 실현하기 위하여 수원화성을 건설하기로 결정합니다. 그리하여 1794년(정조 18년) 정약용의 설계에 따라 채제공의 감독 하에 시작된 공사는 2년 뒤인 1796년에 마무리되었습니다. 수원화성의 성곽 둘레는 약 5.7km이며, 성벽의 높이는 4~6m 정도이고, 면적은 약 371,145m²에 이릅니다.

수원화성 건설에는 거중기 및 도르래와 같은 새로운 기계들이 동원되었습니다. 이것은 전통적으로 내려오던 축성 기술에 서양에서 들어온 신기술이 합해진 것으로, 당시의 모든 기술이 집약된 것이었습니다. 게다가 보통 때 거주하는 읍성과 피난처로 삼는 산성이 분리되었던 이전과는 달리 주민들이 거주하는 읍성에 방어력을 강화한 것도 수원화성의 특징입니다.

한편 현재 남아있는 수원화성은 한국전쟁 등으로 훼손된 것을 복원한 것으로, 성내 건축물 가운데 정조 때에 만들어진 것은 낙남헌(洛南軒)밖에 없습니다. 1975년부터 4개년 계획으로 시작된 수원화성 복원공사는 〈화성성역의궤(華城城役儀軌)〉가 있었기에 가능하였습니다. 한국 건축사상 가장 정확하고 풍부한 내용을 가진 보고서로 꼽히는 〈화성성역의궤〉는 화성을 건축하던 당시 작성한 공사기록서로 1801년에 발간된 것입니다. 이 덕분에 수원화성은 완벽한 복원이 가능하였고, 그리하여 1997년 유네스코 세계문화유산으로 등재될 수 있었습니다.

수원화성은 정조의 아버지에 대한 효성 및 새로운 정치와 수도에 대한 열망으로 지어진 성이며, 정약용의 거중기를 비롯한 당시의 모든 기술이 총망라되었다는 점에서 조선 후기 기술 발전의 정도를 알 수 있게 합니다.

수원화성, 조선 최고의 신도시 …
정약용 설계, 연인원 70만 동원

정조는 재위 24년 동안 66번의 행행을 하였는데 그중 절반이 수원 지역이었다. 왜 그리 많이 수원지역으로 행차를 하였을까? 그 이유는 효성이 지극했던 정조가 아버지 사도세자가 묻힌 현륭원을 자주 찾은 것이다.

집을 새로 짓고 관아와 사직단을 조성하고 임금이 머물 행궁(行宮)을 지어 새 고을의 모습을 갖추었다. 이러한 일련의 일들은 수원부사 조심태가 아무런 차질과 잡음 없이 진행하였다. 또한 조정에서 6만 5천냥을 내려 수원의 상업을 진작시키고 이주민들이 이 돈을 빌려 생업에 보탬이 되도록 하였다. 그뿐만 아니라 고을 주변에 농사에 적합한 대규모 수리시설인 만석거(萬石渠)를 만들어 농사에 도움을 주었다. 명실공히 농업과 상업에 의해 자력으로 존립할 수 있는 계획 신도시를 조성하였던 것이다.

출처 : 공감신문/ 일부인용

🔍 | 상식UP! Quiz

문제 수원화성은 정조가 자신의 아버지였던 '이 사람'을 위해 만든 것인데, 누구인가?

해설 수원화성은 정조가 아버지 사도세자와 어머니 혜경궁 홍씨에 대한 지극한 효심으로 건축되었다.

- -

📖 사도세자(장헌세자)

세상에 대한 관심

우리나라에는 고대부터 많은 지도가 있었다고 하는데 고려시대까지의 지도는 지금까지 전하는 것이 없습니다. 조선 초에 만들어진 〈혼일강리역대국도지도〉는 동양 최초의 세계지도로 알려져 있습니다만 아쉽게도 현재 남아있지 않고 사본이 일본에 남아있을 뿐입니다. 이후에도 여러 지도가 만들어졌는데요. 이후 마테오리치의 세계지도를 보고 우리가 몰랐던 새로운 곳의 존재를 알게 된 것은 새로운 경향이 반영되는 계기도 되었습니다. 이후 천하도라는 독특한 지도가 나타났는데요. 원 안에 실제 존재하는 곳의 지도와 〈산해경〉에 나오는 상상의 세계까지 포함된 지도입니다. 새로 알게 된 곳은 상상의 세계에 나오는 곳이나 다름없다는 생각에서 모두 포함시켰다는 설도 있습니다.

영조 때 정상기가 만든 〈동국지도〉는 우리나라에서 최초로 축척을 표시한 지도입니다. 동국지도는 전국도와 42만분의 1 축척의 도별도 8장으로 구성되어 있습니다. 당시로서는 가장 정확한 지도여서 영조가 감탄했다고 합니다. 이후 김정호가 〈청구도〉, 〈대동여지도〉 등을 제작했습니다.

〈대동여지도〉는 우리나라를 22개의 첩으로 만들었는데, 접어 놓으면 책이 되고 전부 펼쳐놓으면 약 가로 3.8m, 세로 6.7m의 지도가 됩니다. 남북으로는 120리, 동서로는 80리가 한 면을 이루는데, 2면을 한 판으로 접고, 각 층의 판을 병풍식으로 접어 첩으로 만든 것입니다. 〈청구도〉가 지도책으로 되어 있어 판과 판 사이의 연결이 직접적으로 안 되는 데 비해 직접 연결해서 볼 수 있다는 장점이 있습니다. 그리도 〈대동여지도〉를 하나로 합쳐서 축소해놓은 듯한 〈대동여지전도〉도 있습니다.

김정호의 지도는 매우 사실적이고 정밀하여 김정호가 직접 전국을 몇 번 돌아다니며 그렸다는 설이 있으나 확실하지는 않습니다.

조선 고유 '천하도'가 미국 교과서에 중국고지도로 둔갑

조선 고유 세계지도인 천하도(天下圖)가 '고대 중국 지도'로 둔갑해 미국 역사교과서에 실렸다는 지적이 나왔다. (중략) 숨진 해리스는 물론 딸 리즈도 이 지도가 한자로 쓰였다는 이유 등을 들며 중국 지도라고 믿고 있으며, 천하도를 해당 교과서 출판사에 제공하면서 그러한 설명을 함께 실은 것으로 추정된다. '천하(天下)'는 중국어로 '하늘 아래 모든 것' 혹은 '전 세계'를 뜻하며, 조선의 모든 지도는 한문으로 쓰인다고 설명해줬다. 그러나 리즈는 이를 수용하지 않고 여전히 중국지도라고 믿었다. (중략) 천하도의 국적을 놓고 시비가 붙는 이유는 한때 '천하(天下)'라는 단어가 중국을 의미했기 때문이라는 게 레드야드 교수의 설명이다.(중략)

유씨는 특히 "천하도는 중국이나 일본에서 찾아볼 수 없는 조선 고유의 세계지도라는 것을 한국고지도연구학회나 유관기관이 나서서 해당 교과서 내용이 수정될 수 있도록 노력해야 한다"고 촉구했다.

출처 : 연합뉴스/일부인용

🔍 │ 상식UP! Quiz

문제 정상기가 '동국지도'에서 사용한 축척을 흔히 이렇게 불렀다. 그 후로 다른 지도도 이 방법을 썼는데 무엇인가?

① 십리척
② 백리척
③ 천리척
④ 만리척

해설 백리척에 맞는 자를 준비하여 '동국지도'에서 재면 그 거리가 실제 100리에 해당한다 하여 백리척이라 하였다.

정답 ②

이곳이 바로 헬조선(Hell朝鮮)

세도정치(勢道政治)의 사전적 의미는 국왕의 위임을 받아 정권을 잡은 특정인과 그 추종세력에 의해 이루어지는 조선의 정치형태를 말합니다. 조선 후기의 세도정치는 주로 왕의 혼인을 통해 형성되는 외척에 의한 경우가 많았습니다. 세도정권(勢道政權)은 사회 변화에 대한 근본적 개혁 능력과 의지가 빈약했으며, 새로운 세력의 정치 참여와 비판을 봉쇄함으로써 정치발전을 가로막았습니다.

세도정치는 사회·경제의 모든 부문에 있어서 극심한 부패를 일으켰는데, 그 집약적 표현이 전정·군정·환곡(田政·軍政·還穀) 등 이른바 삼정(三政)의 문란입니다. 이 삼정은 국가재정의 근원이 되는 동시에 농민 생활의 절대적인 부담이었는데, 이들 수취제도의 문란은 조선 후기 사회를 동요케 하였습니다.

전정은 토지를 대상으로 각종 세를 징수하는 행정으로, 전정이 제대로 운영되기 위해서는 토지에 대한 결수 파악이 정확하고 세의 부과가 공정해야 합니다. 하지만 19세기에는 전국적인 양전 사업이 시행되지 않아 토지 결수가 정확하지 않았고, 토호들의 탈세가 현저하게 증가하여 과세대상 토지가 감소하였습니다. 이것은 지방관아 및 양반 관료, 향리들에 의한 농민 수탈을 가능하게 하였습니다.

1750년 균역법 시행 이후 군정은 장정 1인에 대해 군포 1필씩을 징수하였습니다. 군액의 남설(濫設)로 그 부담이 증가하였는데, 그 위에다 개인적인 축재를 하기 위하여 잔여 농민에 대해 과도한 징세를 하였습니다. 종래부터 있었던 양역의 폐단이 이 시기에 극에 달했던 것입니다.

환곡은 춘궁기에 농민에게 정부 미곡을 대여해 주었다가 추수기에 모곡의 보존 명목으로 10분의 1의 이자를 붙여 환수하는 진휼책입니다. 그러나 환곡의 분급·수납 과정에서 감사·수령·향리에 의한 농간이 심해지고, 환곡의 운영은 극히 문란한 상태가 되었으며 농민들의 궁핍화를 부채질했습니다.

세도정치의 폐해 '삼정의 문란'

외척이 정국을 운영하는 세도정치가 전개되면서부터 권력은 특정 붕당보다 더 적은 사람들이 독차지하게 되었다. 그러다 보니 정국은 한 가문을 위해 사사로이 운영되었다.

순조는 어린 나이에 왕위에 올라 정치를 할 수 있는 능력이 없었기 때문에 그의 어머니인 정순왕후가 수렴청정하였다. 세도가문의 독주를 견제할 세력이 없다 보니 정치의 기강이 문란해졌고 이 기회를 틈타 자신들의 이익만을 위해 관직을 사고파는 매관매직이 성행하게 되었다. 그리고 이렇게 관직에 오른 지방의 수령 등은 쓴 돈을 다시 메워야 하므로 향리 등을 이용하여 백성을 더욱 수탈했고 이는 곧 삼정의 문란의 형태를 띠게 되었다.

세도정치가 시작되고부터 백성은 이제 더는 함께 살아가는 존재들이 아니었다. 그저 수탈과 핍박의 대상이었고 이로 인해 살아있어도 지옥 같은 삶을 살 수밖에 없었다. 백성들은 이런 국가에 염증과 한계를 느끼게 되었고 이는 조선의 국운이 쇠하고 각종 민란과 동학 같은 민중 궐기를 불러일으키는 원인이 되었다.

출처 : 시선뉴스/일부인용

🔍 | 상식UP! Quiz

문제 본관은 남양(南陽), 용강(龍岡) 출신의 인물. 조선 과거제도의 부패상, 안동 김씨(安東金氏)의 세도정치, 삼정의 문란 등으로 일반 백성들의 비참한 현실을 겪고서, 서북 지방민들의 지역감정을 조장·이용하여 반란을 일으켰던 '이 인물'은 누구인가?

해설 홍경래(洪景來)는 1811년(순조 11) 평안도 일대에서 정권 타도와 지역 차별 철폐를 내세우며 반란을 일으켰으나, 이듬해 관군 등의 진압군에 의해 제압당하면서 총에 맞아 사망했다.

🔖 홍경래

사람이 곧 하늘이다

동학(東學)은 1860년 경주 출신의 최제우가 창시한 종교로, 서학(西學)에 맞서는 민족 종교의 역할을 도모하였습니다. 19세기 후반 조선의 상황은 정치의 문란과 지방관의 착취가 극에 달한데다 농민들의 삶은 도탄에 빠지고 도참사상, 미륵신앙 같은 반봉건적 사상이 확산되고 있었습니다.

이러한 때에 최제우는 유불선(儒佛仙)의 여러 사상을 융합한 동학을 창시하여 현실의 어려움을 극복하고자 하였는데요. 동학의 '사람이 곧 하늘이며, 하늘이 곧 사람이다(인내천, 人乃天)' 라는 사상은 새로운 변화를 갈망하던 민중의 열렬한 호응을 받았습니다.

양반 중심의 기존 사회 질서를 부정하고 신분제의 폐지를 주장하는 등 반봉건적이고 민중적이었던 동학사상은 삼남 지방을 중심으로 급격히 확산되었으나 조정에서는 이를 혹세무민(惑世誣民)으로 규정하여 최제우 등을 처형하였습니다. 이후 2대 교주인 최시형은 교리와 교세를 개편하고 최제우의 글을 모아 경전을 편찬하였으며, 1894년 일어난 동학농민운동에도 큰 영향을 끼쳤습니다.

1905년 천도교(天道敎)로 개칭하였고 3대 교주인 손병희는 교세 확장에 힘써 신교육 운동과 3·1운동에서 보여준 민족운동에도 큰 업적을 남겼습니다. 또한 하늘이 아닌 인간중심의 존엄성과 평등사상을 강조하여 사회적 혼란으로부터 인간을 구제한다는 실천적인 주제를 제시하며 일반 민중의 저항정신을 한 단계 끌어올리는 역할을 하였습니다.

동학의 기본사상은 한문으로 된 〈동경대전〉과 한글 가사체로 된 〈용담유사〉 등 경전에 잘 나타나 있습니다.

내 마음이 곧 네 마음

'내 마음은 곧 네 마음(오심즉여심, 吾心卽汝心)'이란 한울님의 말씀에 수운(최제우)은 대오각성한다.

수운이 설파한 인내천의 가르침은 평등한 사회를 갈망하던 백성들의 열렬한 지지를 받았다. 사람이 귀하고 모든 인간은 존중받아야 한다는 것을 공자나 부처도 똑같이 가르쳤지만 현실은 그렇지 못했다. 동학은 인간존중의 평등사상을 즉각 실천했다.

수운은 집에서 부리던 여종 둘을 면천하여 한 명은 수양딸로, 한 명은 며느리로 삼는다.

또한 수운은 후계자로 선비 출신의 쟁쟁한 제자를 다 물리치고 남의 집 머슴살이에 제지공장 노동자 출신이었던 해월 최시형을 임명했다. 해월 역시 스승의 가르침을 잘 이어나갔다.

출처 : 국제신문/일부인용

🔍 | **상식UP! Quiz**

문제   **1906년 동학의 3대 교주인 손병희의 발의로 창간된 신문은?**

① 한성순보
② 황성신문
③ 만세보
④ 제국신문

해설   한성순보는 1883년 창간된 우리나라 최초의 근대 신문이다. 황성신문은 1898년 남궁억 등이 창간한 신문이다. 제국신문은 1898년 이종일이 창간한 신문이다.

답 ③

민족 수호에 근대국가로의 전환을 포기하다

흥선대원군(興宣大院君, 1820~1898)의 본명은 이하응(李昰應), 자는 시백(時伯), 호는 석파(石坡), 본관은 전주이며 영조의 5세손으로 고종의 아버지입니다. 헌종 9년(1843) 흥선군에 봉해진 후로 안동 김씨의 세도정치 밑에서 한직을 지내며 불우한 생활을 보냈습니다. 그는 안동 김씨의 감시를 피하기 위해 일부러 불량배와 어울리는 한편, 철종이 후사도 없이 병약해지자 헌종의 모친인 조대비에게 접근, 자신의 둘째 아들 명복(命福 ; 고종의 아명)을 후계자로 삼을 것을 허락받았습니다.

1863년 철종이 재위 14년 만에 승하하고 고종이 즉위하자 그는 대원군에 봉해지고 어린 고종의 섭정이 되었습니다. 세도가 안동 김씨의 주류를 숙청하고 당파를 초월한 인재 등용에 힘썼으며, 부패한 관리를 적발하여 파직했습니다. 그리고 47개를 제외한 전국의 모든 서원을 철폐하고, 〈대전회통〉, 〈육전조례〉 등을 간행하여 법률제도를 바로 세움으로써 중앙집권적인 정치 기강을 확립합니다. 비변사를 없애고 의정부와 삼군부(三軍府)를 두어 행정권과 군사권을 분리했으며, 귀족과 상민의 차별 없이 세금을 거두었습니다. 또한 사창(社倉)을 세워 조세(租稅) 운반 과정의 부정을 뿌리 뽑음으로써 백성들의 부담을 덜어 주어 민생이 안정되고 국고도 충실해졌습니다.

반면, 경복궁 중건을 위해 당백전(當百錢)을 발행하고 강제로 원납전(願納錢)을 징수하여 백성들의 생활고를 가중시켰는데요. 천주교도 박해를 비롯한 통상수교거부정책을 고수함으로써 1866년 병인양요에 이어 1871년 신미양요를 초래하는 등 대외관계를 악화시키고 선진문명의 흡수가 늦어지게 하였습니다. 이에 며느리인 명성황후가 그의 10년 섭정 동안 형성된 반대세력을 포섭하고, 1873년 최익현이 그의 실정에 대한 탄핵상소를 올리자 고종이 친정(親政)을 선포하면서 그는 결국 운현궁(雲峴宮 ; 흥선대원군의 사저)으로 물러났습니다.

그 뒤 청·일·러의 세력 다툼과 명성황후와의 갈등 속에 임오군란(1882), 갑오개혁(1894) 등의 사건으로 은퇴와 재집권을 반복하다가 을미사변(1895) 때 일본 공사 미우라 고로가 본국으로 소환된 후 정권을 내놓고 은퇴하였습니다. 그가 죽은 뒤 1907년(광무 11년) 대원왕에 추봉되었습니다.

술술 읽힐걸? 신문GO!   *News Paper*

대원군의 빗장, 척화비로도 막지 못했던 개항

서울 광화문 대한민국역사박물관 3층 기획전시실에는 1m 30cm 높이 '척화비(斥和碑)'가 서 있다. 흥선대원군이 1871년 신미양요(辛未洋擾) 직후에 전국 각지에 세웠던 비석의 모형이다. 이 척화비에는 "서양 오랑캐가 침범하는데 싸우지 않는 것은 곧 화친하는 것이요, 화친을 주장하는 것은 나라를 팔아먹는 것(洋夷侵犯 非戰則和 主和賣國)"이라는 문구가 새겨져 있다.

1882년 임오군란으로 대원군이 청나라로 납치되면서 대부분 철거됐다. 이처럼 대원군은 쇄국정책을 굳게 폈다. 하지만 1875년 일본이 군함을 파견해서 강화도 영종진을 포격했던 운요(雲揚)호 사건을 계기로 이듬해 조선과 일본은 조일수호조규(朝日修好條規)를 체결했다. 이른바 '강화도 조약'이다. 조선이 외국과 체결한 최초의 근대적 조약이지만, 조선 해안 측량 허용과 영사 재판권 인정 등 불평등한 조항을 담고 있다는 비판도 받는다.

출처 : 조선일보/일부인용

🔍 | 상식UP! Quiz

문제   다음 중 조선 말 삼국간섭(三國干涉)에 해당되지 않는 나라는?

① 러시아   ② 프랑스
③ 영국   ④ 독일

해설   청일전쟁의 강화인 시모노세키조약(1895년 4월 17일)에서 인정된 일본의 랴오둥반도(遼東半島) 영유에 반대하는 러시아·프랑스·독일의 공동간섭으로 인해 조정은 친러파가 등장하고 민씨 일파가 득세하자 1895년 일본의 책략으로 흥선대원군이 다시 정권을 장악하였다.

📖 ③

내 심장을 밟고 지나라!

'어재연 장군기'는 1871년(고종 8년) 신미양요 당시 참전한 어재연 장군의 깃발입니다. 장수, 대장을 뜻하는 '수(帥)'자가 그려진 깃발로서 진중(陣中)이나 영문(營門)의 뜰에 세우던 대장의 군기(軍旗)로, 군영(軍營)에서 조련할 때 사용하였습니다. 어재연 장군의 수자기는 가로, 세로 각각 4.5m 정도이며, 삼베나 광목으로 추정되는 직물 위에 검은색으로 '帥(수)'자가 쓰여 있습니다.

어재연은 1866년(고종 3년)에 로즈(Pierre Gustave Roze) 제독이 강화도를 침략한 병인양요(丙寅洋擾) 당시 병사를 이끌고 광성진(廣城鎭)을 수비하였습니다. 이후 1871년 2월 도총관·금위영 중군에 임명되었는데, 미군이 강화도를 침략하는 신미양요가 발생하자 삼군부(三軍府)에서 순무중군(巡撫中軍)으로 추천하여 강화도로 급파되었습니다.

600명의 군사를 거느리고 광성진에서 배수진을 치며 수비를 하던 그는 6월 11일 덕진진(德津鎭)을 함락한 미군의 총공세에 맞서 고군분투하였는데요. 수륙양면작전을 전개하는 미군을 맞아 야포사격으로 맞서다가, 육박전에 돌입하여서는 끝까지 물러서지 않고 싸웠으나 결국 장렬하게 전사하였습니다.

그리고 미군은 어재연 장군기를 전리품으로 강탈한 후, 그동안 미국 해군사관학교 박물관에 소장하였습니다. 이후 우리나라에서 해외 유출문화재 반환운동을 추진하면서 미국 해군사관학교 박물관에 반환 요청을 하였는데요. 미국 해군사관학교 박물관은 영구 반환은 불가하다는 입장을 고수하였습니다. 이에 10년간 장기 대여 형식으로 2007년에 국내에 귀환하였으며, 현재는 강화박물관에 보관되어 있습니다.

어재연 장군기는 국내적으로도 매우 희귀한 군사자료이고, 우리나라 근세사에서 중요한 의미를 지닌 역사적·학술적 가치가 큰 문화재입니다.

신미양요 때 빼앗긴 어재연 장군기
'10년 장기대여' 귀환

1871년 신미양요(미국 군함이 강화도 앞바다에 침입한 사건) 때 미국이 전리품으로 빼앗아간 '어재연 장군기'가 136년 만에 고국으로 돌아왔다.

깃발 한가운데 장수를 뜻하는 '帥(수)'자가 적혀 있어 '수자기'로 불리는 '어재연 장군기'는 신미양요 때 강화도에서 조선군을 지휘하다 미군의 공격으로 전사한 어재연(1823~1871) 장군이 사용한 군기다.

미군은 전투에서 승리한 뒤 강화도에 게양돼 있던 장군기를 내리고 그 자리에 성조기를 꽂았다. 문화재청은 역사적 비극이 서려 있는 장군기의 영구 반환을 추진했으나 관련 법 개정과 미국 의회 통과 없이 반환이 힘들다는 미국 해군사관학교와 협의한 끝에 2년 계약(최장 10년까지 계약 연장 가능)의 장기 대여 방식으로 장군기를 들여왔다.

출처 : 동아일보/일부인용

🔍 | **상식UP/ Quiz**

문제 　신미양요는 '이 나라' 군함이 강화도 해협에 침입하여 촉발되었는데, '이 나라'는?

해설 　신미양요는 1872년(고종 8년)에 1866년의 제너럴셔먼호 사건을 빌미로 미국이 개항을 요구하며 침입한 사건이다.

- -

🔁 미국

조선의 증기기관을 만들라

흥선대원군은 가라앉은 제너럴셔먼호를 건져냈다. 왜? 증기기관을 복제하려고 했던 것이다. 제너럴셔먼호 사건으로 조선군의 배로는 그들의 속도를 따라갈 수 없다는 결론에 도달했기 때문이었다. 그러면 결과는? 승정원일기를 보면 시범운행도, 화포 시범사격도 성공했다고 나온다. 또한 2척을 더 만들어 총 3척을 강화도에 배치하였다는 기록도 있다. 그러나 복제품은 지나치게 느렸다. 땔감으로 넣은 것이 석탄이 아닌 숯이었고 숙련된 선원이 없었기 때문이었다. 그러다 이후 흥선대원군이 실각하고 민비 일파가 러시아와 일본의 눈치를 보는 와중에 열강들과 바다에서 당당히 대응하기 위해 흥선대원군이 꿈꿨던 조선의 증기기관은 흔적도 없이 사라지고 말았다.

근현대

CHAPTER

4

새로운 나라를 건설하자

임오군란으로 위기에 처한 민씨 정권은 청에 도움을 요청하여 다시 정권을 잡았으나 청의 간섭이 노골화되었습니다. 이에 온건개화파는 그 안에서 개혁을 추진하자는 입장이었고, 급진개화파는 청과 민씨 세력을 몰아내고 개혁을 해야 한다는 입장이었습니다.

이때 청은 조선에 있는 병력의 절반을 베트남 전선으로 보냈고, 일본에서는 도와주겠다는 제안이 왔습니다. 이에 개화당은 우정국 개국 축하연을 이용하여 정변을 일으켜 정권을 잡고 개혁을 추진하려 하였지만, 명성황후와 연결된 청의 반격과 일본의 배신으로 3일 만에 실패하고 일부는 일본으로 망명했습니다.

반봉건 · 반외세운동인 동학농민운동이 성공하지 못한 가운데 일본은 대원군을 앞세워 개혁을 추진하였습니다. 김홍집을 중심으로 하는 군국기무처가 개혁의 주체가 되어 홍범14조를 발표하였습니다. 과거제 폐지, 행정과 경찰권의 구분, 재정의 일원화, 조세의 금납화, 과부의 재가 허용 등 여러 제도와 관습에 대한 개혁이 이루어집니다.

내용 면에서는 개화파의 의견을 반영하여 우리나라에 필요한 내용이 많이 있었지만, 그 이면에는 일본의 숨은 의도가 있었습니다. 이후 일본은 자신들과 반대 입장인 명성황후를 시해하고, 그 후에 다시 을미개혁이 이루어지는데 그 중 하나였던 단발령은 큰 반발을 일으키게 됩니다.

을미사변으로 위기를 느낀 고종은 러시아 공사관으로 피신했고(아관파천), 김홍집은 분노한 국민들에게 피살당하면서 갑오개혁은 끝이 납니다.

갑신정변이나 갑오개혁 모두 각 세력마다 추구하는 방향이 달라 성공하지 못했고, 일본의 영향력이 컸다는 점에서 한계가 있습니다. 하지만 그 속에서도 신분제의 철폐 등 개혁을 이루었고, 우리나라가 가진 여러 가지 문제를 해결하고자 한 자율적 의지를 반영하고 있는 점에서는 큰 의의가 있습니다.

비운의 근대화 주도자 김홍집

청국군을 제압한 일본은 친청파 민씨정권을 몰아낸 후, 조선의 식민지화를 촉진하는 전략으로, 개혁추진 주무기관인 군국기무처를 신설하고, 민씨척족의 견제로 한직으로 물러나 있던 김홍집을 영의정 겸 군국기무회의 총재로 임명함으로써 김홍집의 근대화추진 시대가 열렸다. 김홍집의 일차 갑오개혁안은 갑신정변 및 동학농민군의 내정개혁요강을 반영해 조선을 근대국가체제로 만들려고 한 그의 개혁관이 드러난다.

이에 일본은 자국이 의도하는 조선근대화개혁을 추진하고자 친일파로 변신한 박영효를 끌어들여 김홍집 · 박영효 연립내각으로 일본이 조선정치에 직접 관여할 계략이 포함된 홍범14조를 반포하는 등 내정간섭이 더욱 노골화됐다.

출처 : 울산매일/일부인용

문제 갑신정변을 주도하였으나 실패하자 일본을 망명한 사람으로, 일본에서도 박해를 받아 다시 중국 상해로 망명했으나, 홍종우에게 암살당한 후 시신이 다시 능지처참에 처해졌다. '이 사람'은 누구인가?

① 김옥균   ② 박영효
③ 홍영식   ④ 서광범

해설 홍영식은 3일 천하가 끝난 후 처형되었고, 박영효와 서광범은 일본으로 망명했다가 갑오개혁 후 귀국하여 김홍집 내각에 참여하였다.

정답 ①

1894년, 조선의 격동기

'동학농민운동(東學農民運動)'의 시발점이었던 고부농민봉기는 고부군수 조병갑의 횡포와 착취 때문에 발생했습니다. 조병갑은 만석보를 수축한 후 수세를 강제로 징수하였습니다. 이에 고부의 동학접주 전봉준의 주도로 시정을 요구하였으나 수용되지 않자 사발통문을 돌려 봉기 계획을 세우고, 전봉준이 농민군을 이끌고 고부관아 점령, 농민들에게 지대를 거둬 원성이 높았던 균전사(均田使)를 폐지하였습니다. 이후 신임 군수 박원명의 무마로 진정되어 해산하였으나, 안핵사 이용태가 봉기 관련자를 역적으로 몰아 탄압하면서 전봉준이 손화중, 김개남과 함께 봉기합니다. 그리하여 8천여 명의 농민군이 집결하게 되었는데, 이것이 1차 동학농민봉기입니다.

농민군은 백산에 집결, 4대 강령과 격문을 발표하고 1894년 5월에 황토현전투(黃土峴戰鬪)와 황룡촌전투(黃龍村戰鬪)에서 정부군을 격파하고 나흘 뒤에 전주성을 점령하였습니다. 이에 정부는 청에 원군을 요청하여 청군이 아산만에 상륙하게 되었고, 일본군도 톈진조약을 이유로 인천에 상륙하였습니다. 동학농민군은 외국군대의 철수와 폐정개혁(弊政改革)을 조건으로 정부와 전주화약(和約)을 체결하였습니다. 화약에 따라 정부는 청·일군의 철수를 요구하였으나 일본은 이를 거부하였습니다. 반면 농민군들은 전라도 각 군에 '집강소(執綱所)'를 설치하고 폐정개혁안을 실천하였습니다.

초창기에 벌어지던 산발적인 농민봉기가 이후 조직적인 농민전쟁으로 발전하면서 우리나라 역사에서 가장 규모가 큰 농민운동으로 전환되었습니다. 동학농민운동은 노비문서 소각 및 토지의 평균 분작을 요구하는 등 봉건지배체제에 반대하여 개혁에 앞장섰으며 후에 갑오개혁에 영향을 주었습니다. 그뿐만 아니라 봉건질서의 붕괴를 촉진하여 조선이 근대 사회로 진입하게 되는 데 큰 역할을 하였습니다. 또한 일본의 침략에 맞서려는 반외세·반침략 민족운동의 성격을 띠고 있었고 그 후 잔여 세력이 을

미의병에 가담하기도 하였으며 활빈당(活貧黨), 영학당(英學黨) 등 농민무장결사단체를 조직하여 반봉건·반침략 투쟁을 계승했는데요. 이것은 이후에 벌어질 의병 투쟁을 활성화하는 계기가 되었습니다.

술술 읽힐걸? 신문GO!   News Paper

집강소(執綱所)와 민주주의

우리 역사상 가장 위대한 날 중 하나가 1894년 4월 27일이다. 이날은 바로 부정부패 세력들을 일소하고 백성들의 나라를 건설하겠다고 기치를 올린 동학농민운동군이 호남의 심장인 전주성을 점령한 날이었다.

노비제도에 대한 혁파와 과부의 재가 허용, 그리고 탐관오리에 대한 처벌 등이 그 안에 포함되었다. 귀한 자와 천한 자가 없는 평등 세상. 바로 당시 백성들이 꿈꾸던 사회로의 첫발을 내디딘 것이다.

관료들의 고압적 행정은 쇄신되고 실질적인 백성의 삶을 헤아리는 지도자가 모든 고을을 책임지게 되었다. 이 얼마나 대단한 일인가! 참정권을 얻고 올바른 지도자를 뽑기 위한 목숨을 건 투쟁의 결과였다. 결국 백성들에 의해 선발된 지도자가 백성들의 실제적 삶을 나아지게 올바른 정치적 행위와 행정을 하게 만든 것이다. 이는 단순히 우리 민족사만이 아닌 세계사적 자랑거리이다.

출처 : 경인일보/일부인용

상식UP! Quiz

문제 다음 중 1차 동학농민운동의 결과로 전라도 일대에 설치된 자치적 개혁 기구는?

① 집강소　　　　　　　　　② 활빈당
③ 영학당　　　　　　　　　④ 교정청

해설 활빈당과 영학당은 각각 조선 후기에 활동한 농민무장조직이다. 교정청은 내정개혁에 관한 정책입안을 위하여 설치한 임시관청으로, 군국기무처(軍國機務處)가 설치되면서 폐지되었다.

답 ①

최초의 한글신문

갑신정변의 실패로 미국에 망명하였던 서재필은 1895년 귀국하여 정동에 독립신문 사 사옥을 설립하고 정부로부터 자금을 지원받아 1896년 4월 7일 우리나라 최초의 민간신문인 독립신문을 발행하였습니다. 창간 당시에는 가로 22cm, 세로 33cm 의 타블로이드판 크기로 총 4면 중 3면은 한글판으로, 4면은 〈더 인디펜던트 (The Independent)〉라는 제목의 영문판으로 제작하였습니다.

주시경은 한글판의 제작을 맡았고, 상당수의 기자도 있었으며, 영문판 제작에는 헐 버트가 도움을 주었습니다. 발행부수 또한 처음에 300부에서 3,000부까지 늘었습 니다.

독립신문은 창간사에서 인민의 대변자가 되어 정부의 일을 전달하고 부정부패와 탐관오리의 고발을 천명하였는데요. 이후 수구파의 탄압을 받자 서재필은 2년 후 미국으로 돌아가고 윤치호가 뒤를 이어 운영을 맡았습니다. 그러나 1899년 윤치호 가 손을 뗀 후에는 아펜젤러 등이 주필을 맡아 영문기사만으로 발행하였고, 정부가 신문사를 매수하여 1899년 12월 4일자로 폐간되고 말았습니다.

우리나라 최초의 근대적 신문인 한성순보가 정부에서 발행한 순한문 신문인 데 반 해 독립신문은 민중의 입장에서 한글 전용으로 발행한 신문이라는 데 큰 의의가 있 습니다. 또한 신문의 필요성을 대중에게 인식시켜 이후 여러 민간신문이 만들어지 는 계기가 되기도 하였습니다.

이러한 역사적 의의를 기념하기 위해 1957년부터 독립신문 창간일인 4월 7일이 '신문의 날'로 제정되었으며 발행된 신문은 등록문화재로 지정되어 관리되고 있습 니다.

요즘 누가 신문 보나

한국인 최초의 서양의사이자 독립운동가인 서재필. 갑신정변 후 미국으로 건너간 그는 의과대학을 졸업하고 귀국한 뒤 입각 제의를 사양하고 신문을 창간했다. 그렇게 해서 최초의 민영 일간지 독립신문이 탄생했다. 1896년 4월 7일 창간호가 나왔으니 올해로 120년. 이날을 기려 제정한 게 '신문의 날'이다.

독립신문은 한글판에 띄어쓰기를 적용한 덕분에 금세 대중과 친숙해졌다.

그때나 지금이나 신문의 역할은 변함없다. 미디어를 둘러싼 환경이 변해도 신문 본연의 가치는 훼손되지 않는다. 지금 달라진 것은 콘텐츠의 질과 양이다. 심층취재와 기획 시리즈 등으로 사회 변화와 지식의 깊이, 사고의 흐름을 함께 조명하는 것도 큰 역할이다.

출처 : 한국경제/일부인용

🔍 | **상식UP! Quiz**

문제   20살의 나이에 독립신문 발행에 참여한 '이 사람'은 우리말 연구에 크게 기여한 국어학자이기도 하다. '이 사람'은 누구인가?

① 신채호
② 지석영
③ 주시경
④ 최현배

해설   1896년 배재학당에 다니던 주시경은 독립신문사의 회계사 겸 교정원으로 독립신문 제작에 처음 참여하였다.

답 ③

대신이란 자들이…

제국주의 일본은 조선을 점령하기 위하여 청일전쟁(1894)을 일으켜 청나라 세력을 꺾고, 러일전쟁(1904)으로 또 다른 경쟁세력인 러시아를 물리칩니다. 이후 1905년 7월 27일 미국과 태프트 · 가쓰라밀약을 체결함으로써 침략을 사전에 묵인 받습니다. 그리고 실질적인 조선 침략행위로 외교권을 박탈하는 을사늑약(1905. 11. 17. 제2차 한일협약)을 강제로 체결하는데요.

당시 고종 위문 특파대사 자격으로 조선에 파견된 추밀원장 이토 히로부미는 조선 주재 일본군사령관인 하세가와를 비롯한 헌병의 호위를 받으며, 고종이 건강상 참석하지 못한 어전회의에서 조선의 각료들을 강압하여 조약에 찬성할 것을 강요하였습니다. 반대하던 참정대신 한규설은 고종에게 고하러 가던 중 졸도하였고, 총 9명 중 5명의 대신은 약간의 내용 수정 뒤 찬성에 서명했습니다. 일본에게 조국을 팔아먹은 그들은 이완용(학부대신), 권중현(농상부대신), 박제순(외부대신), 이지용(내부대신), 이근택(군부대신)으로, '을사오적신(乙巳五賊臣)'이라 칭합니다.

외교권 포기, 통감부 설치의 내용을 담고 있는 을사늑약은 조선이 대외적으로 주권을 행사할 수 없고 대내적으로 통감부의 감독을 받는다는 내용으로 그 본질은 국가의 주권상실이었습니다.

이에 장지연은 황성신문에 사설 '시일야방성대곡'을 실어 조약의 부당성을 규탄하였는데요. 사실을 알게 된 온 국민은 분노했고 민영환, 조병세 등은 의분을 참지 못해 자결했습니다. 이어 애국심에 불붙은 국민들에 의해 을사오적에 대한 물리적 공격, 전국적인 의병운동(을사의병) 등이 일어났습니다.

조약의 원명은 '한일협상조약'이지만 조약 체결 과정의 강압성을 비판하는 뜻에서 '을사늑약(乙巳勒約)'이라 부릅니다.

'나라는 망했어도 겨레는 있다', 나철의 독립운동

"5적을 베어서 내부의 병통을 제거한다면 우리와 우리 자손은 길이 독립된 나라에서 살 수 있습니다. 사느냐가 여러분에 있고 죽느냐가 여러분께 있습니다. 제가 부족한 몸으로 이 의거를 주창하면서 오늘 줄줄이 흐르는 눈물을 거두고 방울방울 떨어지는 피를 씻으며 이 의거를 우리 혈성 있고 용기있는 여러분의 가슴에 제출합니다"

전남 벌교에 있는 대종교 교주 흥암 나철(나인영)의 생가에 있는 '을사오적처단 격려문'은 당시 민족 지도자의 울분과 결기를 그대로 느끼게 해준다. 나철이 조직한 을사오적처단을 위한 암살단은 을사조약을 체결(1905년 11월 17일)한 매국노를 처단하기 위해 행동에 들어갔다.

당시 신도 30만명을 거느린, 강력했던 민족종교인 대종교를 이끌던 나철이 조천(사망)한 지 올해가 100년이 된다. 을사오적에 대한 암살도 실패하고 일제의 대종교에 대한 탄압이 극심해지자, 나철은 이를 자신의 부덕함으로 여겼다.

출처 : 한겨레/일부인용

🔍 **상식UP! Quiz**

문제 다음 중 을사늑약이 체결된 비운(悲運)의 장소는?

① 중화전
② 명정전
③ 숭정전
④ 중명전

해설 ④ 중명전(重明殿) : 덕수궁 별채로 처음 이름은 수옥헌(漱玉軒)이며, 1901년 황실도서관으로 지어진 양식(洋式)의 2층 벽돌집이다. 1904년 덕수궁이 불타자 고종의 편전이자 외국 사절 알현실로 사용되었다. 궁궐 내에 남아 있는 최초의 근대 건축물로 서울시에서 관리하다가 문화재청으로 소유권이 이전등기되고, 2007년 2월에 사적 제124호로 덕수궁에 포함되었다.
① 중화전(中和殿) : 덕수궁의 정전
② 명정전(明政殿) : 창경궁의 정전
④ 숭정전(崇政殿) : 경희궁의 정전

정답 ④

아무도 들어주지 않았던 호소

러일전쟁에서 승리한 일본은 1905년 조선을 보호국으로 삼는 을사늑약을 체결하였습니다. 그 결과 대한제국은 외교권을 박탈당하였고, 통감부가 설치되어 이토 히로부미(伊藤博文, 1841~1909)가 초대 통감으로 부임해 왔습니다.

조약 체결 당시 고종 황제는 끝까지 이를 인준하지 않았고, 그 부당함을 알리기 위해 미국을 비롯한 세계 여러 나라에 친서를 보냈으나 별 성과를 얻지 못하였는데요. 그러던 중 고종은 1906년 6월에 만국평화회의의 초청장을 받게 되었고, 그 회의를 통해 을사늑약이 무효임을 전 세계에 알리고자 특사의 파견을 결정합니다. 이에 따라 전 의정부참찬 이상설, 전 평리원 검사 이준과 러시아 주재 한국 공사관 서기였던 이위종이 네덜란드 헤이그에 파견됩니다.

이들 일행은 숙소에 태극기를 게양하고 평화회의에 한국 대표로서 참석하기 위한 활동을 벌였습니다. 그러나 일본의 방해에 의해 각국 정부가 이미 을사늑약을 승인하였기 때문에 한국 정부의 자주적인 외교권을 인정할 수가 없으므로 회의에 참석할 수 없다는 통보를 받게 됩니다.

이로 인해 회의 참석은 어려워졌지만, 대신 각국 신문 기자단이 여는 국제협회에서 발언할 기회를 얻을 수 있었습니다. 그 자리에서 이위종은 '한국을 위하여 호소한다'라는 제목으로 전문을 발표하는데요. 이것은 세계 각국에 보도되는 등 주목을 끌었으나, 구체적인 성과를 얻지는 못하였습니다. 만국평화회의에서 소기의 성과를 거두지 못하고 고전을 계속하는 과정에서 이준은 현지에서 울분을 참지 못하고 병환으로 숨을 거두었습니다.

고종의 헤이그 특사 파견이 국내에 알려지면서 일본은 고종을 강제로 퇴위시키고 순종을 즉위시킵니다. 그리고 한일 신협약(정미7조약)을 체결하여 대한제국 행정의 모든 부분에서 통감의 지도와 승인을 받을 것을 강압하였습니다. 이후 통감부는 신문지법과 보안법 등을 발표하며 언론 및 집회·결사의 자유를 박탈하였고, 군대까지 해산시켜 대한제국을 무력화시켰습니다.

술술 읽힐걸? 신문GO!

News Paper

만주벌 신학문 요람 '서전서숙' 110년 만에 진천서 부활

'천재 애국자' 보재 이상설(1870~1917) 선생이 만주에 세웠던 신학문 교육기관인 '서전서숙(瑞甸書塾)'이 110년 만에 그의 고향인 충북 진천에서 부활했다. 서전서숙이 진천에서 서전중학교와 서전고등학교로 부활한 '3월 2일'은 공교롭게도 만주, 연해주, 구미를 누비며 항일 독립운동을 벌인 보재 선생이 망국의 한을 품고 연해주에서 47세의 일기로 순국한 날이다. 선생이 고종에게 죽을 각오로 을사5적을 처단하고 조약 파기를 선언하라는 간언을 시작으로 다섯 번 상소를 올리고, 군중 연설에서 자결을 시도한 일화는 유명하다.

서전서숙은 그러나 선생이 일제에 의해 강제 체결된 을사늑약을 폭로하기 위해 고종 황제로부터 헤이그 특사의 임무를 받아 떠난 후, 일제 통감부 간도출장소의 감시 속에 1907년 가을에 문을 닫았다.

출처 : 연합뉴스/일부인용

🔍 │ 상식UP! Quiz

문제 다음 중 헤이그 특사가 아닌 사람은?

① 이위종
② 이상설
③ 이범윤
④ 이준

해설 헤이그 특사는 이준, 이상설, 이위종 등이다.

정답 ③

나라의 독립과 동양 평화를 위해서

안중근은 러일전쟁 후 위기감을 느껴 국제 정세에 대해 관심을 더 기울였고, 이후 삼흥학교와 돈의학교를 설립하여 교육운동을 벌였으며, 국채보상운동에도 주도적으로 참여하였습니다. 1907년에는 연해주로 망명하여 의병부대에 참여하여 의병을 이끌고 국내 진입작전을 수행하여 승리를 거두기도 하였습니다. 하지만 소신에 따라 포로를 석방해 주었는데, 이로 인해 위치가 알려지면서 패하게 되는 원인을 제공하기도 하였습니다.

1909년 1월, 11명의 동지들과 단지동맹을 맺었고, 그해 10월 26일에 이토 히로부미가 하얼빈역에 도착한다는 사실을 알고 가서 처단하고는 만세를 외치다 체포되었습니다. 체포 후 '이토는 주권 침탈의 원흉이며, 동양 평화의 교란자이므로 개인 자격이 아닌 대한의용군사령관의 자격으로 총살한 것'이라고 밝혔습니다.

안중근은 감옥에서 간수 등에게도 여러 유묵을 남기고 의미 있는 말을 남기기도 했습니다. 6번의 재판을 받으며 당당하게 변론하였으나, 일본인으로만 가득 찬 재판정에서의 말에 의미를 두기보다는 거사 이유 등에 대한 자신의 생각을 정리한 '동양평화론'과 자서전인 '안응칠 역사'를 쓰고자 했습니다. 하지만 일제는 그럴 시간을 주지 않고 1910년 2월 14일 사형을 선고하고 3월 26일에 집행하였습니다. 그의 어머니는 사형이 되거든 당당하게 죽음을 택하라고 했고, 안중근은 항소하지 않았습니다. 사형이 집행되기 며칠 전 두 동생에게 나라가 독립하기 전에는 반장(返葬)하지 말라고 하였는데, 아직도 안중근의 유해가 어디에 있는지 찾지 못하고 있습니다.

안중근 의사가 가장 존경했던 인물은?

도마 안중근(1879~1910) 의사가 가장 존경했던 인물은 누구일까. 그건 백범 김구도, 몽양 여운형도, 우남 이승만도 아니었다. 안중근 의사는 뤼순 감옥에 수감돼 있을 때 "내가 가장 존경하는 분은 이상설이다. 이범윤 같은 의병장 1만이 모여도 이 한 분에 미치지 못한다"고 말한 바 있다. 식민지 시대, 숱한 항일 인사들 중에서도 안중근은 유독 '이상설(1870~1917)'을 꼽았다. 그 이유는 대체 무엇이었을까.

충북 진천이 고향인 그는 25살 때 과거에 급제했다. 1905년 의정부 참찬일 때는 '을사오적'의 처단을 주장하는 상소를 다섯 차례나 올렸다. 1906년에는 아예 조선을 떠나 블라디보스토크를 거쳐 간도 용정으로 갔다. 그렇게 항일운동에 몸을 던졌다. 이상설은 먼저 자신의 재산을 털어서 8칸짜리 한옥을 구입했다. 당시로선 꽤 큰 집이었다. 그리고 학교를 세웠다. '서전서숙(瑞甸書塾)'. 서당식 교육에서 벗어나 간도 땅에 세운 첫 근대식 학교였다.

서전서숙을 세운 이듬해 고종 황제가 이상설을 헤이그 밀사에 임명했다. 이상설이 떠나자 학교는 재정난을 겪다가 문을 닫았다. 그러나 서전서숙은 '씨앗'이 됐다. 용정에 있던 세 개의 서당이 힘을 합해 근대식 민족교육기관 '명동서숙(명동학교 전신)'을 세우는 주춧돌이 됐다. 이상설'은 연해주 일대의 의병을 모아 13도 의군을 편성했다. 한일병합반대운동도 벌였다. 최초의 망명정부인 대한광복군 정부를 세워 대통령에 선임됐다. 그러나 1917년 망명지 연해주에서 병에 걸려 47세에 세상을 떠났다.

출처 : 중앙일보/일부인용

🔍 | 상식UP! Quiz

문제   **1970년 안중근에게는 건국훈장이 추서되었다. 어떤 훈장인가?**

① 대한민국장

② 대통령장

③ 독립장

④ 애국장

해설   건국훈장은 대한민국장, 대통령장, 독립장, 애국장, 애족장의 5단계로 나뉘며 안중근에게는 가장 높은 등급인 대한민국장이 추서되었다.

答 ①

삼천리에 퍼져나간 대한 독립 만세

1910년 우리나라가 일제에 의해 강제로 합병된 후 한국의 의병·열사들은 일본의 부당한 침략에 항거하여 전국 각지에서 독립운동에 나섰습니다. 조선총독부는 강력한 무단통치(武斷統治)를 감행하여 가혹한 탄압을 자행하는 한편, 민족 고유문화 말살, 경제적 지배의 철저화로 한국 민족의 정당한 민족적 저항의 기반을 없애고자 하였습니다.

이러한 와중에 미국 대통령 윌슨(Woodrow Wilson)의 민족자결주의(民族自決主義) 원칙이 발표되었습니다. 이 원칙은 모든 피압박 민족에게 구원의 메시지로 받아들여져, 각각이 자국에 유리한 방향으로 이 원칙을 해석하여 독립을 요구하게 되었는데요. 한국의 민족지도자들도 윌슨의 민족자결주가 발표되자 이에 따라 한국 민족의 독립을 호소하고자 노력하였습니다.

민족자결주의 발표 이후 국내에서도 독립운동의 분위기가 고조되어가던 때, 덕수궁에 기거하던 고종황제가 당시 68세로 건강한 편이었는데 갑자기 붕어(崩御)하였다는 소식이 전해집니다. 소식을 듣자 일제가 독살했다는 말이 퍼져 온 국민은 망국의 설움과 일제에 대한 적개심으로 크게 동요하였습니다.

1910년 국권 상실 이후 기회만을 찾고 있던 일부 민족지도자들은 윌슨의 민족자결주의 원칙 발표, 재일 유학생의 2·8 독립선언, 고종황제의 붕어 등이 한데 겹쳐 한껏 고조된 항일의식 속에서 3·1 독립운동을 본격적으로 계획하였습니다. 처음에는 비교적 활동이 자유로웠던 종교단체와 교육기관에서 각각 독립운동의 추진계획을 세웠지만, 나중에는 거족적(擧族的)이고 일원화된 독립운동을 위해 서로 통합하게 됩니다.

3·1운동은 지식인과 학생뿐 아니라 노동자, 농민, 상공인 등 각계각층의 민중들이

폭넓게 참여한 최대 규모의 항일운동으로 독립운동사에서 커다란 분수령을 이루게됩니다. 나라 안팎에 민족의 독립 의지와 저력을 보여주었을 뿐 아니라, 독립운동의 대중적 기반을 넓혀 독립운동을 체계화·조직화·활성화하는 계기가 되었는데요. 민중들은 3·1운동에 참여하면서 민족의식과 정치의식을 높일 수 있었으며, 이는 1920년대에 다양한 사회운동과 조직이 성장할 수 있는 기반이 되기도 했습니다.

술술 읽힐걸? 신문GO!   News Paper

3·1 독립운동에 외국인도 참여했다?

1919년 3월 1일 전국 곳곳에서는 태극기를 쥔 사람들이 "대한독립 만세"를 외쳤다. 이들 가운데 우리나라 국적을 가지지 않은 외국인들도 있었다.

스코필드 박사는 일제가 우리나라 사람들을 억압하는 장면을 촬영해 외국에 알린 인물이다. 우리나라의 독립을 위해 힘쓴 것을 인정받아 '34번째 민족대표'라고 불리기도 한다.

1916년 11월 세브란스 의학전문학교의 교수 자격으로 처음 우리나라에 와서 일제강점기의 참상을 목격한 스코필드 박사는 3·1운동 현장과 제암리 사건 현장 등을 사진으로 촬영해 세계에 알렸다.

그는 일제에 의해 1920년 강제 추방을 당했다가 1958년 다시 한국으로 돌아와 서울대 수의과대학 외래교수로 일하며 우리나라에 정착했다. 1970년 4월 "한국 땅에 묻어 달라"는 유언을 남긴 채 세상을 떠났다. 스코필드 박사는 외국인으로서는 유일하게 국립현충원 애국지사 묘지에 묻혔다.

출처 : 에듀동아/ 일부인용

🔍 | 상식UP! Quiz

문제   '이 사람'은 아일랜드 출신 기업인으로 일제강점기에 우리나라 독립운동을 도운 공로를 인정받아 우리나라 정부로부터 건국훈장 독립장을 받은 외국인 독립운동가이다. 1907년 중국 단둥시로 옮겨가 무역회사이자 선박대리점인 '이륭양행(怡隆洋行)'을 세웠고, 이륭양행 건물 2층에 임시정부의 연락소를 설치하도록 도왔다. '이 사람'은 누구인가?

해설   조지 루이스 쇼(George Lewis Shaw)는 아일랜드계와 일본계의 혼혈인 영국 기업인으로, 일제 강점기에 있었던 조선인의 망명 계획과 한국의 독립운동을 지원한 공로로 1963년에 대한민국 정부로부터 건국훈장 독립장이 추서된 외국인 독립운동가이다.

- -

📖 조지 루이스 쇼

대한민국 건국의 기초를 마련하다

1919년 3·1운동을 전후하여 국내외에 7개의 임시정부가 수립되었습니다. 이중 상하이의 임시정부, 블라디보스토크의 대한국민의회, 서울의 한성임시정부 등이 주축이 되어 1919년 9월 11일 상하이를 거점으로 하는 대한민국임시정부를 통합·선포함으로써 본격적인 정부의 역할을 추진해 나가게 됩니다.

임시정부는 통합 당시의 임시헌법(1차 개헌)을 비롯하여 다섯 번의 개헌을 했고, 정부형태는 대통령제, 내각책임제, 집단지도체제, 주석제 등으로 바뀌었습니다. 또한 상하이, 항저우, 난징, 창사, 광저우, 류저우, 치장, 충칭 등으로 여러 차례 청사를 옮기는 어려움 속에서도 27년간 대한민국 정부조직을 유지하면서 지속적인 독립운동을 펼쳐 나갔습니다.

임시정부는 국내와의 연락망으로 연통제라는 비밀조직을 운영하여 자금조달, 정보수집, 문서전달 등을 수행하였고, 통신담당 업무를 수행하는 교통국을 별도로 운영하였습니다. 또한 김구 선생의 주도로 한인애국단을 조직하여 윤봉길, 이봉창 의거 등을 통해 독립의지를 널리 알렸고, 1940년에는 한국광복군을 창설하여 태평양전쟁이 일어났을 때는 일본과 독일에 선전포고를 하는 등 광복이 될 때까지 활동하였습니다.

광복을 맞이하면서 임시정부의 지도부는 개인 자격으로 귀국하였고, 혼란한 정세 속에 임시정부의 정책이 직접 계승되지는 못하였지만, 1948년의 제헌헌법에 임시정부의 자유주의 이념과 삼균주의 이념이 반영되어 대한민국 독립과 건국의 모태임을 천명하였습니다. 이러한 내용은 '우리 대한국민은 3·1운동으로 건립된 대한민국임시정부의 법통과 불의에 항거한 4·19민주이념을 계승하고…' 라는 대한민국 헌법 전문에도 잘 명시되어 있습니다.

79년 만에 발견된 임시정부 청사

대한민국임시정부가 중일전쟁 당시 1938년 7월 22일부터 같은 해 9월 19일까지 사용한 광저우 청사가 확인됐다. 당시 임시정부가 머물렀던 '동산백원'은 광저우 동산구 흉고원로 12호에 위치해 있으며 지금은 주택으로 사용되고 있다. 임시정부는 1919년 4월 상하이에서 수립돼 1945년 11월 국내로 환국할 때까지 27년간 항저우, 전장, 창사, 광저우, 포산, 류저우, 충칭 등지에 머물렀다. 광저우에는 1938년 중일전쟁이 격화되자 이를 피해 약 두 달간 머물렀다.

"중국 화남지역 임시정부 역사를 재조명할 수 있는 중요한 계기가 마련됐다"고 말했다. 외교부는 중국 정부와 청사 보존방안을 협의해 나갈 계획이다.

출처 : 서울신문/일부인용

🔍 | **상식UP! Quiz**

문제   1941년 임시정부의 건국기본이념으로 채택된 삼균주의를 제창한 사람은?

① 이승만
② 안창호
③ 김구
④ 조소앙

해설   삼균주의(三均主義)는 개인과 개인, 민족과 민족, 국가와 국가 간의 완전한 균등을 의미하며, 이를 실현하기 위해서는 정치적 · 경제적 · 교육적 균등이 이루어져야 한다는 주장이다.

답 ④

기꺼이 폭탄을 안고, 내 청춘을 조국에 바치다

3·1운동(1919) 뒤, 근거지를 해외로 옮긴 독립운동가들 중에는 일제의 무력에 항거하여 더 조직적이고 강력한 단체가 필요하다고 생각한 이들이 있었습니다. 이에 1919년 11월 9일 만주 지린성(吉林省)에서 민족주의 노선을 지향하는 항일비밀결사인 의열단(義烈團)이 조직되었는데, '정의의 사(事)를 맹렬히 실행한다'는 의미를 갖고 있습니다. 당시 조직된 독립운동단체들이 '미온적이다'라고 생각한 의열단은 직접적 투쟁 방법인 암살과 파괴, 폭파라는 과격한 방법을 통해 독립운동을 해나기로 하였습니다.

대체로 신흥무관학교 출신 중심으로 창단되었는데 단장 김원봉 포함, 윤세주 등 총 13명이었습니다. 얼마 뒤 근거지를 베이징으로 옮기고, 상하이 지방에서 단원들을 포섭, 1924년경에는 약 70여 명의 단원을 이루었는데요. 김구, 김규식, 김창숙 등이 실질적 고문 역할을 했고, 중국 장제스 총통의 지원을 받기도 하였습니다. 창단 직후 '공약 10조'와 후에 '5파괴', '7가살(可殺)'이라는 행동목표를 채택하였는데 조선총독 이하 고관, 군부 수뇌, 타이완 총독, 매국노, 친일파 거두, 적탐(밀정), 반민족적 토호열신(土豪劣紳) 등을 암살대상으로 지적하였고, 조선총독부, 동양척식주식회사, 매일신보사, 각 경찰서, 기타 일제의 중요기관을 파괴대상으로 선정하고 이를 위해 폭탄제조법을 배우기도 하였습니다. 초기 의열단은 밀양·진영 폭탄 반입사건(곽재기, 이성우), 부산경찰서 폭파사건(박재혁), 밀양경찰서(최수봉)·조선총독부(김익상)·종로경찰서·동양척식주식회사 및 식산은행 폭탄 투척(나석주) 및 삼판통·효제동 의거(김상옥) 등의 활동을 하였습니다.

신채호는 일부 독립운동가들의 입장을 비판하면서, 일체의 타협주의를 배격하고 오직 폭력적 민중혁명에 의한 일제의 타도라는 전술을 내걸어 의열단의 경륜과 강령을 체계화하였습니다.

1962년 건국훈장 대통령장을 추서받은 의열단원

전쟁기념관은 조선총독부에 폭탄을 투척하고 일본군 대장의 처단을 시도하는 등 독립투쟁에 앞장선 추산 김익상 선생을 2월의 호국인물로 선정했다고 밝혔다.

1895년 서울 마포구에서 태어난 선생은 비행사가 되기 위해 중국으로 갔다가 베이징에서 의열단장 김원봉을 만난 뒤 독립운동에 투신한다.

1921년 김원봉으로부터 총독 암살 밀령을 받고 국내로 들어온 선생은 전기 수리공으로 변장해 당시 서울 남산에 있던 조선총독부로 잠입, 비서과와 회계과에 폭탄을 투척했다.

선생은 1922년 3월 28일 상하이 황포탄 부두에 도착한 다나카를 향해 총탄을 발사했지만 빗나갔고 폭탄마저 불발돼 거사에 실패하고 말았다. 의거 직후 오성륜은 현장에서 체포됐고, 선생은 피신 중 붙잡혀 상하이 일본총영사관에 수감됐다가 나가사키로 이송돼 사형을 선고받았다.

출처 : 연합뉴스/일부인용

🔍 | 상식UP! Quiz

문제 다음 중 윤봉길, 이봉창 의사가 소속된 항일독립운동 단체는?

① 한인애국단
② 국민군단
③ 대한광복회
④ 의민단

해설 ① 한인애국단 : 대한민국 임시정부 국무령 김구(金九)를 중심으로 1931년 중국 상하이에서 조직된 항일독립운동 비밀결사 단체로 목적은 '일본의 주요 인물 처단'이었다.
② 국민군단 : 일제강점기 하와이에서 창설된 항일 군사단체
③ 대한광복회 : 1915년 대구에서 결성된 무장투쟁 독립운동단체
④ 의민단 : 국내 진공을 목적으로 1919년 간도에서 천주교도가 중심이 되어 조직한 독립운동단체

📖 ①

영원히 빛날 봉오동과 청산리여

1919년부터 1920년까지 간도를 비롯한 만주와 연해주에서는 수많은 독립군 부대가 편성되었습니다. 전투태세를 갖춘 독립군은 압록강과 두만강을 건너 주로 한·만 국경지대인 함경도와 평안도에 진입하여 일제의 식민통치기관을 습격·파괴하였으며, 일본 군경과 치열한 전투를 전개하였습니다. 또한 군자금의 모금과 친일파 숙청뿐만 아니라 독립군을 추격해오는 일본군을 격파하기도 하였습니다.

가장 괄목할 만한 활동을 전개한 부대가 바로 홍범도가 지휘하는 대한 독립군이었습니다. 홍범도는 함경북도 회령, 온성, 경성 지방에 연속적으로 진입하여 국경 일대의 일본 군경을 공격하고 식민통치기관을 파괴하였습니다. 이에 일제는 일본군 19사단의 일부 병력을 동원, 독립군을 추격·섬멸할 작전을 추진하였습니다. 그러나 일본의 추격이 있을 것을 탐지한 홍범도는 최진동의 도독부군, 안무의 국민회군 그리고 신민단군과 협의하여 연합부대를 결성하여 일본군의 공격에 대비하였고 연합부대는 1920년 6월에 추격해온 일본군을 대파합니다.

독립군에 연전연패당하자 일본 추격대는 병력을 보충한 후 홍범도군의 사령부가 있는 봉오동을 공격합니다. 이때에도 연합부대는 이미 사방 고지에 병력을 매복시키고 일본군의 진입을 기다리고 있었습니다. 네 시간의 전투 끝에 독립군은 수백 명의 일본군을 살상하는 큰 전과를 거두게 되는데요. 이것이 바로 봉오동 전투의 승리입니다.

이후 북로군정서·대한독립군·국민회군·대한신민단 등으로 구성된 독립군은 본거지를 떠나 화룡현 이도구와 삼도구에 집결하였습니다. 추격하여 오는 일본군과 독립군 간의 전투가 벌어진 곳은 청산리 일대입니다. 김좌진이 이끄는 북로 군정서군은 1920년 10월의 백운평 전투와 그 이튿날 벌어진 천수평과 어랑촌 전투에서 대승을 거두었습니다. 그리고 홍범도가 이끄는 대한독립군, 국민회군, 도독부군, 대한의민단군 등 독립군 연합부대도 완루구에서 일본의 대병력과 교전하여 일본군을 크게 격퇴하였습니다. 이어서 독립군은 일본군과 싸워 연전연승하였는데, 이것이 바로 청산리 대첩입니다.

봉오동 전투와 청산리 대첩에서 크게 패한 일본은 그 보복으로 1920년 10월부터 이듬해 4월까지 간도 지역에 거주하는 한인들을 무참히 죽이고 가옥을 불태우는 간도 참변을 저지르게 됩니다.

술술 읽힐걸? 신문GO!   News Paper

봉오동 · 청산리 전투 '비운의 영웅' 최운산

독립항쟁사에서 최대 승전인 **봉오동 전투와 청산리 대첩.** 이 두 전투에 대한 기록에선 홍범도, 김좌진, 이범석의 이름이 주로 거론된다. 그러나 이들의 이름 뒤에는 숨은 주역 '최운산(1885~1945)'이라는 인물이 가려져 있다. 만주 일대에 흩어져 투쟁하던 독립군들이 1920년 북로독군부라는 이름의 독립군 사령부로 통합되는 과정에서 핵심적 역할을 함으로써 봉오동 · 청산리 전투 승전의

기반을 마련한 이가 바로 최운산이라는 사실은 잘 알려져 있지 않는 것이다.

청의 군대에서 간부를 지내기도 한 최운산은 농지 경영과 공장 운영, 곡물무역으로 거액의 재산을 모았다. 그는 무장 독립전쟁을 하려면 독립군의 규모가 더 커져야 한다고 보고 대종교 지도자 서일 총재와 함께 뒷날 청산리 전투의 주축이었던 북로군정서 창설을 주도했다.

☒ 상식UP! Quiz

문제 **다음 중 가장 먼저 일어난 사건은?**

① 청산리 대첩   ② 봉오동 전투   ③ 간도 참변   ④ 자유시 참변

해설 봉오동 전투(1920. 6) – 청산리 대첩(1920. 10) – 간도참변(1920. 10) – 자유시 참변(1921. 6)

정답 ②

힘을 키워서 독립을

3·1운동 이후 일부 지식인들은 당장 독립을 할 만큼 힘을 갖추고 있지 못하니 독립을 위해서는 실력을 더 쌓아야 한다는 생각을 하기 시작했습니다. 그들은 교육, 민족 산업 육성, 의식의 개혁 등을 통해 정신적·물질적으로 힘을 키우는 것이 독립을 위한 밑거름이 될 것이라 생각했습니다. 이러한 활동의 대표적인 것이 물산장려운동, 민립대학설립운동 등입니다.

1920년대 초 조만식 등의 민족 지도자들은 자작회, 조선물산장려회 등을 만들어 '내 살림 내 것으로', '조선 사람 조선 것으로' 등의 구호를 내걸고 자급자족, 국산품 애용, 소비 절약 등을 통해 산업을 발전시켜 민족자본을 육성하고자 하였습니다. 조선물산장려회의 다음의 것들을 지키자는 결의를 하였는데요.

- 옷은 남자는 두루마기, 여자는 조선인 산품 또는 가공품을 염색하여 사용할 것
- 음식물은 식염, 사탕, 과자, 청량음료 등을 제외하고는 모두 조선인의 물산을 사용할 것
- 일용품은 조선인 제품으로 대용 가능하면 이를 사용할 것

이런 운동은 토산품 장려, 금연실천운동 등으로도 확산되었으나 일제의 분열공작과 탄압으로 더 커지지는 못하였습니다.

한편 이상재, 윤치호 등은 민족교육을 강조하며 조선교육회를 출범하였습니다. 이들은 여러 교육 관련 활동과 함께 민립대학을 설립하기로 하고 모금운동에 나섰는데요. 그 기세가 커지자 일본은 이러한 활동을 탄압하며 경성제국대학 설립을 서둘렀습니다. 또한 많은 국민들이 극도로 궁핍한 생활에 시달리다 보니 모금에 한계가 있어 모금액이 많이 부족했고, 일부 특정인들에게만 많은 기회를 주기보다는 대중교육의 확산이 바람직하다는 등의 반대 의견도 많아 결국 소득 없이 끝나고 말았습니다.

일제의 방해와 많은 어려움이 있었음에도 불구하고 학생들은 야학을 열어 우리말과 역사 등을 가르치며 문맹퇴치 등을 위해 계몽운동을 했습니다. 또한 조선일보의 문자보급운동, 동아일보의 브나로드운동 등 각계각층은 민족의식 고취와 실력양성을 위해 끊임없는 활동을 했다는 점에서 큰 의의가 있습니다.

경제자립, 실력양성운동으로 일제에 맞서

물산장려회가 조직되면서 '내 살림은 내 것으로'라는 구호 아래 물산장려운동이 전국으로 확산되었다. 학생들이 중심이 된 자작회, 부인들의 토산 애용 부인회 등의 단체들이 이 운동을 이끌었다.

물산장려운동은 일제의 탄압과 소비자들의 외면을 받으면서 큰 성과를 거두지 못했다. 3·1운동 이후 다양한 민족 운동이 전개되는 가운데, 민족 교육을 통한 실력양성운동도 전개되었다. 민족주의자들은 독립을 준비하기 위한 실력을 기르기 위해서는 무엇보다도 교육의 진흥이 중요하다고 보았다. 이들은 교육 진흥을 위한 대중 계몽운동을 전개했고, 이에 따라 교육열이 급격히 고조되었다.

출처 : 중앙선데이/일부인용

🔍 | 상식UP! Quiz

문제 조선물산장려회에서 발행한 기관지가 아닌 것은?

① 산업계
② 자활
③ 장산
④ 신생활

해설 신생활은 1922년 창간된 사회주의 순간 잡지이다. 조선물산장려회에서 발행한 기관지는 산업계, 자활, 장산, 조선물산장려회보, 실생활 등이 있다.

답 ④

나의 조국, 나의 마라톤

손기정은 평안북도 신의주 출생으로 어렸을 때부터 달리기에 뛰어난 소질이 있었습니다. 소학교 6학년 때는 신의주와 만주 안동현 사이를 달리는 안의육상경기대회에 출전하여 청장년을 누르고 5,000m 달리기대회에서 우승하면서 마라톤과 인연을 맺게 되었습니다.

1934년 10월에는 제10회 조선신궁대회의 마라톤경기에서 우승하였습니다. 이듬해 1935년 3월 도쿄에서 열린 베를린올림픽 파견 후보 1차 선발전에서 2시간 26분 14초의 세계기록으로 우승했고, 11월에 개최된 메이지신궁대회 겸 올림픽 선발 2차전에서도 2시간 26분 41초로 우승하였습니다. 이듬해 5월에 개최된 최종전에서는 1위의 남승룡(南昇龍) 선수에 이어 2위를 차지하였고, 일본 선수들이 3, 4위를 하였습니다. 이에 일제는 올림픽에 일본 선수를 내보내기 위해 베를린에서 20㎞로 최종평가전을 하도록 하였는데요. 최종평가전에서 손기정과 남승룡이 1위와 2위를 하여 올림픽에 출전하였으며, 손기정은 1936년 8월 9일 밤 11시(한국 시각)에 거행된 제11회 베를린 올림픽 마라톤경기에서 2시간 29분 19초의 공인세계기록으로 우승하였습니다.

올림픽이 끝나고 10여 일 후에 동아일보의 이길룡 기자가 이상범 기자 등과 함께 월계관을 쓰고 시상대에 선 손기정 선수의 가슴에 있는 일장기를 지운 후 그 사진을 1936년 8월 25일자 석간신문에서 배포하였으니, 이것이 그 유명한 '일장기 말소사건'입니다.

광복 후에는 1948년 대한체육회 부회장, 1963년 육상경기연맹 회장 등을 역임했고, 1966년부터는 대한올림픽위원회 상임위원, 제5회 아시아경기대회 한국대표선수단 단장에 임명되었습니다. 또한 그는 1981년 9월 독일의 바덴바덴에서 88서울올림픽 유치를 위한 사절단으로 활동했으며, 이후 서울올림픽 경기대회조직위원회 위원으로서 우리나라 체육발전을 위해 활약하였습니다.

그리스 청동투구와 손기정 마라톤

1936년 베를린 올림픽 마라톤 우승자 **손기정**. 최근 독일 베를린과 서울에 손기정의 동상이 세워졌다. 이 동상에서 눈길을 끄는 것은 가슴에 일장기가 아닌 태극기를 달고 있다는 점. 그런데 손기정은 두 손으로 투구를 들고 있다.

20세기 전반기엔 올림픽 마라톤 우승자에게 그리스 유물을 부상으로 주는 것이 관행이었다. 마라톤이 그리스에서 유래했기 때문이다. 당시 베를린 올림픽에선 그리스의 한 신문사가 고대 그리스 청동투구를 부상으로 내놓았으나 국제올림픽위원회는 손기정에게 투구를 전달하지 않았다.

손기정은 이런 사실조차 모른 채 귀국했다. 1970년대 손기정은 뒤늦게 이 사실을 알게 되었다. 투구의 행방을 수소문한 끝에 투구가 베를린 샤를로텐부르크 박물관에 있음을 확인했다. 이때부터 반환운동이 시작되었다.

1986년 올림픽에서 우승한 지 50년 만에 드디어 청동투구는 손기정의 품에 돌아왔다. 그 후 투구를 보관해 오던 손기정은 "투구는 나의 것이 아니라 우리 민족의 것"이라며 국립중앙박물관에 기증했다.

출처 : 동아일보/일부인용

🔍 상식UP! Quiz

문제 우리나라 보물 제904호는 손기정 선생이 1936년 제11회 베를린올림픽 마라톤경기에서 우승한 후, 50여 년이 지나 뒤늦게 부상으로 받게 된 '이 유물'이다. 선생은 이 유물이 개인의 것이 아니라 우리 민족의 것으로 생각하여 1994년 국립중앙박물관에 기증하였는데, '이 유물'은 무엇인가?

① 청동거울
② 청동방울
③ 청동검
④ 청동투구

해설 손기정이 베를린올림픽 우승 기념으로 받게 된 것은 고대 그리스 청동투구이다.

답 ④

아리랑, 자주독립을 향한 민족의 한(恨)

나운규(1902~1937)는 함경북도 회령 출생으로 본관은 나주, 한의(韓醫) 나형권의 6남매 중 셋째 아들으로 태어났습니다. 회령 신흥학교 고등과를 졸업한 뒤 간도의 명동중학 재학 중 3·1운동에 참가하였고, 일제의 탄압에 의해 학교가 폐쇄되자 1년여 동안 북간도와 만주 지방을 유랑했습니다. 이때 독립군에 가담, 독립운동을 하던 중 '청회선터널폭파미수사건'의 용의자로 잡혀 1년 6개월의 옥고를 치르는데, 이 시기에 감방 동료에게서 춘사(春史)라는 호를 얻게 됩니다. 1923년 출감 후 신극단 예림회 소속 배우로 북간도 일대를 순회 공연하였고, 1924년 부산의 조선키네마(주)의 연구생이 되어 〈운영전〉에 단역인 가마꾼으로 첫 출연함으로써 영화와 인연을 맺기 시작합니다. 이듬해 〈농중조〉에 출연하여 절찬을 받으며 일약 유명배우가 되었습니다.

그 뒤로 〈심청전〉, 〈개척자〉, 〈장한몽〉 등에서 주연을 맡아 뛰어난 연기를 보인 그는, 이후 영화를 직접 만들기로 결심하고 독립운동을 배경으로 한 저항적인 작품 〈아리랑(1926년)〉과 〈풍운아〉를 제작하고 감독·주연을 맡아 한국 영화계의 독보적 존재로 올라서게 되었습니다. 1927년 윤봉춘 등과 함께 나운규프로덕션을 설립하여 〈옥녀〉, 〈사나이〉, 독립 투쟁하는 늙은 나팔수를 그린 영화 〈사랑을 찾아서〉 등을 만들었고, 1929년에는 한국 최초의 문예영화라 일컬어지는 〈벙어리 삼룡〉을 발표하여 절정의 인기를 얻었으나 무질서한 사생활로 회원들이 떠나고 다른 영화사를 만들면서 나운규프로덕션은 해체되었습니다.

이후 우리 영화계에서 꺼리던 일본 우익계열의 도야마프로덕션의 〈금강한〉에 출연하면서 그의 명성은 바닥에 떨어졌으나, 악극단 무대에 출연하는 등 노력 끝에 재기하여 다시 〈임자 없는 나룻배〉 등 여러 영화에 주연을 맡거나 감독·제작자로 나섰습니다. 특히 1936년 〈아리랑 제3편〉을 발성영화로 제작하면서 유성영화시대로 전환하는 데 크게 기여하였는데요. 1936년 〈오몽녀〉를 마지막으로 모두 15편의 영화를 원작·감독·주연·제작까지 직접 맡은 그는 한국 영화계의 선구자라 할 수 있습니다.

폐결핵으로 30년 남짓한 짧은 생애를 마칠 때까지 불세출의 영화작가이자 항일독립투사로서 조국과 민족을 위해 그의 청춘을 바쳤습니다. 1993년에는 항일영화로 민족혼을 고취시킨 공로를 인정받아 건국훈장이 추서되었습니다.

술술 읽힐걸? 신문GO! *News Paper*

'아리랑' 나운규, 80년 만에 창극으로 부활

영화인 나운규(1902~1937)의 삶과 그의 대표작인 영화 '아리랑'을 소재로 한 창극이 무대에 오른다.

만주 독립군 출신 영화감독 겸 배우인 나운규는 35세의 나이로 요절할 때까지 서른 편 가까운 영화에서 감독·주연·각본 등을 맡으며 일제 치하 피폐한 조선인의 삶과 저항 정신을 스크린에 담아냈다. 특히 1926년 10월 서울 단성사에서 상영된 흑백 무성영화 '아리랑'은 나라를 잃은 울분과 설움을 극적으로 담아내 큰 반향을 일으켰다.

창극 '나운규, 아리랑'은 나운규의 삶과 그의 영화 '아리랑'을 창극으로 재해석한 작품이다. 2015년 '제1회 창극 소재 공모전'을 통해 당선된 작품으로 2016년 9월 초연됐다.

출처 : 연합뉴스/일부인용

🔍 | 상식UP! Quiz

문제 나운규는 영화계 입문 전(1920) 만주에서 활동하던 독립군 지도자인 '이 사람' 산하 부대에서 활동했다. 다음 중 '이 사람'은?

① 김좌진 ② 지청천
③ 홍범도 ④ 김경천

해설 홍범도(1868년 ~ 1943) : 한말의 독립운동가. 대한독립군 총사령관. 봉오동 전투에서 독립군 최대의 승전을 기록하였으며 청산리 전투에서는 북로군정서 제1연대장으로 참가하였다.

답 ③

또 하나의 독립운동, 국어사랑 한글사랑

1900년 전후 주시경(周時經)을 중심으로 한글 연구가 확대되기 시작해 1921년 12월에는 조선어연구회가 설립되었는데, 꾸준한 연구와 함께 우리말과 한글의 보급운동을 하였고 1926년에는 훈민정음 반포를 기념하여 음력 9월 29일을 '가갸날'('한글날'의 시초-1940년 훈민정음 해례본의 발견으로 계산한 결과 현재의 양력 10월 9일로 변경)로 제정하였습니다. 1929년 10월에는 조선어사전편찬회가 조직되어, 〈한글맞춤법통일안〉, 〈표준어사정〉, 〈외래어표기〉 등 사전을 편찬하기 위한 연구로 국어의 제반 규칙을 정리하였습니다. 1933년 '한글맞춤법통일안'을 확정하였으며 1931년 1월 '조선어학회(朝鮮語學會)'로 그 이름을 바꿨고, 다시 1949년 9월 '한글학회'로 개칭하여 오늘에 이르고 있습니다.

대외 침략전쟁 시기인 1940년대가 되자 일본은 식민지 통치를 더욱 강화하면서 우리 민족성을 말살하는 정책을 추진했는데요. 그 대표적인 것이 황국신민화정책과 창씨개명정책, 그리고 한국말을 자유롭게 쓰지 못하게 하고 일본어를 사용토록 하는 일본어 교육정책이었습니다. 또 일제는 '조선사상범 예방 구금령'을 공표하여 민족운동이나 민족계몽운동을 하는 한국인을 마음대로 구속할 수 있도록 하였습니다 (1941).

당시 조선어사전 편찬의 진행 사실을 알게 된 일제는 조선어학회가 민족운동단체라는 억지 자백을 받아 내고 이를 근거로 1942년 10월부터 1943년 4월까지 모두 33명의 관련 학자들을 검거하고, 관련 증인 명목으로 48명이나 잡아들였습니다. 이극로, 이윤재, 최현배, 이희승, 정인승, 정태진, 김양수, 김도연, 이우식, 이중화, 김법린, 이인, 한징, 정열모, 장지영, 장현식 등 16명은 '치안유지법' 위반 내란혐의로 기소, 그 외 12명은 기소유예되었는데 이 중 이윤재와 한징은 옥중에서 사망하기에 이릅니다. 재판부는 "고유언어는 민족의식을 양성하는 것이므로 조선어학회의 사전편찬은 조선민족정신을 유지하는 민족운동의 형태이다"라는 유죄 판결문을 내놓았습니다.

News Paper

조선어학회 숨결 담긴 '큰사전', 인터넷 속으로

이극로 · 최현배 · 이윤재 등 대표적 국어학자들의 주도로 만들어져 우리나라의 첫 종합 국어사전으로 평가받는 '큰사전'(전 6권 · 을유문화사 · 1947~57년)을 인터넷으로 볼 수 있게 됐다.

한글학회(회장 권재일)는 한글날을 앞두고 누리집(www.hangeul.or.kr)에 '큰사전'을 PDF 파일로 공개했다. 3,558쪽에 올림말(표제어) 16만 4,125개가 수록돼 있고 분량은 200자 원고지 2만 5,900장에 이른다.

우리말 사전 편찬은 1929년 10월 각계 인사 108명이 조선어사전편찬회를 만들어 시작했고 1936년 조선어학회가 이어받았다.

1945년 광복 후 사전 편찬이 재개돼 1947년 10월부터 1950년 6월까지 1~3권이 나왔고 6 · 25전쟁이 끝난 뒤인 1957년 4~6권이 완간됐다. 1 · 2권의 책명은 '조선말 큰사전'이었고, 1949년 9월 조선어학회가 한글학회로 개칭되면서 사전명도 '큰사전'으로 바뀌었다.

출처 : 조선일보/일부인용

상식UP! Quiz

문제 '강산도 빼어났다 배달의 나라'로 시작하는 한글날 노래의 작사자는?

① 주시경 　　　② 정인보 　　　③ 이희승 　　　④ 최현배

해설 최현배(1894.10.19~1970.3.23)는 한글학자로 호는 외솔이다. 조선어학회를 창립했고, '한글맞춤법통일안' 제정에 참여하였다. 조선어학회 사건으로 복역하였으나 광복 후에는 교과서 행정의 기틀을 잡았고 연세대학교 부총장 등을 역임하였다. 저서로는 〈우리말본〉, 〈한글갈〉, 〈글자의 혁명〉 등이 있다.

② 정인보 : 민족 역사학자. 삼일절 · 광복절 · 개천절 노래 작사자

답 ④

사회주의 문화예술운동

카프(KAPF)라는 명칭은 조선 프롤레타리아 예술가 동맹의 에스페란토어 표기 (Korea Artista Proleta Federatio)의 머리글자를 축약한 것입니다. 3·1운동 이후 사회주의 사상이 보급되고 노동자·농민들의 운동이 급격히 성장하면서, 예술 영역에서도 예술의 사회적 역할에 대해 고민하는 예술가들이 등장하였습니다. 특히 문학 분야에서 두드러졌는데, 이들은 기존의 작품들을 퇴폐적이고 감상적이라고 비판하였습니다.

이러한 흐름이 계속 발전하여 박영희, 김기진 등을 발기인으로 1925년 카프가 결성되었습니다. 카프는 1926년 1월에 〈문예운동〉을 발행하였으며, 1927년에는 도쿄에서 카프의 기관지인 〈예술운동〉을 간행하였습니다.

카프는 1927년 사회주의 운동의 '방향전환론'에 영향을 받아 정치 투쟁을 강조하는 신강령을 채택합니다. 정치 투쟁을 강조한 신강령은 예술의 대중화 문제, 민족 개량주의 문학 및 무정부주의 문학과의 투쟁 등을 카프의 중요한 과제로 만들었는데요. 그 결과 1920년대 후반 다양한 문학 논쟁이 벌어졌습니다. 1931년에는 각 분야별로 문학 동맹, 연극 동맹, 영화 동맹, 미술 동맹을 두고, 각 분야별 동맹의 중앙 협의체로 카프의 위상을 재정립했습니다. 그러나 1931년과 1934년에 이루어진 두 차례의 검거 사건으로 카프의 중심인물들이 검거되면서 카프는 동력을 상실합니다. 결국 1935년 6월 김기진이 카프의 문학부 책임자로서 '카프 해산계'를 제출하면서 카프는 해체되었습니다.

카프의 대표 작가 중 하나로 시인 임화가 있습니다. 그는 1920년대 후반부터 시 창작과 비평 활동을 시작했으며, 영화배우로도 활동했습니다. 1929년 시 〈우리 옵바와 화로〉, 〈네거리의 순이〉 등을 발표하면서 카프를 대표하는 작가로 떠올랐는데요. 그는 해방 이후 조선 문학 건설 본부, 조선 문학가 동맹 등 좌익 문학 단체에 참여하였고, 박헌영과 함께 조선 공산당 재건 운동에 힘썼습니다.

술술 읽힐걸? 신문GO!　　　　　　　　　　　　　　　　　　　　　News Paper

"마산은 1930년대 카프 운동의 문학적 토양"

'마산이 1930년대 중 · 후반 카프(KAPF ; 조선 프롤레타리아 예술가 동맹)운동의 이론적 · 문학사적 성찰을 이끌어 낸 공간적 토양이 됐다'는 주장이 제기됐다. "임화가 1935년 마산으로 내려와 1938년 상경하기까지 지하련과의 결혼, 이상조와의 친교를 통해 마산에서 민중들의 삶의 현장을 구체적으로 목격할 수 있는 기회를 잡고, 카프 운동의 패배를 딛고 다시 일어설 새로운 모색 가능성을 모색했다"며 "이 시기 김해에 머무르고 있던 문학가 권환과도 마산 등지에서 교류한 것으로 짐작된다"고 덧붙였다. 이날 학술대회는 광복 70주년을 맞아 경남이 낳은 문학인들 중 카프계열의 문학인과 그들의 문학 세계, 그리고 그들의 문학적 전통을 살펴보면서 카프 이후 경남지역 실천 문학의 흐름을 짚어 보고자 마련됐다.

출처 : 경남신문/일부인용

Ｑ| 상식UP! Quiz

문제 다음 중 카프가 결성된 시기는?

① 1910년대
② 1920년대
③ 1930년대
④ 1940년대

해설 카프는 1925년 8월에 결성하여 1026년에는 준기관지 〈문예운동〉을 발간하고, 이듬해 도쿄에서 기관지 〈예술운동〉을 발간하는 등 활발한 활동을 펼쳤다.

정답 ②

인간이 인간을 수탈하다

일제는 우리나라에서 쌀이나 각종 자원, 문화재 등 많은 것을 수탈해 갔습니다. 이러한 수탈은 시간이 지날수록 심해졌으며, 결국에는 자원뿐만 아니라 사람도 수탈해 가기에 이르렀습니다.

처음에는 일본인의 일자리를 보호하기 위해서 일본 입국을 제한하였으나 나중에 노동력이 부족해짐에 따라 일제는 값싼 노동력으로 힘든 일을 시키기 위하여 사람들을 끌고 갔습니다. 주로 광산, 토건공사, 군수공장 등에서 혹사당했는데요. 처음에는 모집하는 모습을 보였으나 나중에는 강제로 동원하였습니다. 이들은 기밀 유지를 위해서 집단 학살당하기도 했고, 일본의 패전 후에도 일본이나 소련 등 외국에 그냥 방치되는 경우도 많았습니다.

여성들은 이렇게 노동에 동원되는 경우 이외에 성노예가 되는 경우도 많았습니다. 일본군이 위안부대를 창설한 것은 군인들의 주둔지 주변 여성들에 대한 강간 때문입니다. 1932년 상해사변을 일으킨 뒤에 처음 생겼고, 1937년 난징 대학살 이후에 본격화되었는데요. 취직을 제안하면서 위안부를 모집하였으나, 이 방법이 통하지 않자 '사람사냥'으로 충원하였습니다. 불임수술이나 낙태 등이 강제로 행해지기도 하였습니다.

일본 정부는 한일국교정상화 때의 협상에 따라 모든 보상 문제는 끝났다며 피해자들에 대한 어떠한 보상도 더 해 줄 수 없다는 자세를 취하고 있습니다. 2015년에는 한일위안부협상에 따라 최종적으로 모든 것이 끝났다는 입장을 고수하며 평화의 소녀상에 대해 문제를 제기하기까지 하는 상황입니다.

이용수 할머니 대구 수요집회 참석

수요집회 불참을 선언하며 정의기억연대(정의연) 회계 장부 파란을 일으킨 일본군 위안부 피해자 이용수 할머니가 대구에서 열린 수요시위에 참석했다.

이 할머니는 대구에 있는 숙소로 돌아가기 위해 평화의 소녀상이 있는 중구 2·28 중앙공원을 지나가다가 학생들이 촛불문화제를 연 것을 보고 집회에 동참했다. 촛불문화제는 대경주권연대 주최로 평화의 소녀상을 지키기 위한 구호와 자유발언으로 진행됐다.

이 할머니는 선창에 맞춰 "명예훼손, 인권훼손 당장 중단하라"고 제창하고 학생들에게 두 손을 흔들며 인사했다.

기자회견 이후 소감을 묻는 취재진에게 "할 말 다 했다"며 "할 말 다 했으니 그 말만 믿으리라. 그 말만 믿으시고 같이 우리 투쟁하자"고 강조했다.

이 할머니 지인은 "숙소로 돌아가던 중 우연히 지나가다 들렀다"라며 "할머니께서 학생들이 있는 걸 보고 가보자고 하셨다"고 전했다.

이 할머니는 앞선 두 차례 기자회견에서 윤미향 더불어민주당 당선인(전 정의연 이사장)을 저격하며 정의연 부실 회계, 후원금 횡령 등 각종 의혹을 불러왔다.

출처 : 연합뉴스/일부인용

🔍 | 상식UP! Quiz

문제 일본 나가사키항 근처에 위치한 섬으로 1940년대 조선인 강제징용이 대규모로 이루어졌던 곳이다. '메이지 산업 혁명 유산'으로 2015년 유네스코 세계유산에 등록된 이곳은?

① 지치지마 섬
② 이오 섬
③ 하시마 섬
④ 야쿠 섬

해설 지치지마 섬과 이오 섬은 자연유산으로 등록된 오가사와라 제도에 속하는 섬이고, 야쿠 섬도 자연유산으로 등록된 섬이다. 하시마는 해군 군함 '도사'를 닮아 우리말로는 보통 군함도라 부른다.

답 ③

한국광복군(韓國光復軍)의 활약

대한민국 임시정부가 한국광복군을 창설한 바로 다음해인 1941년에 태평양전쟁(太平洋戰爭)이 일어났습니다. 제2차 세계대전이 아시아·태평양 지역으로 확산된 것인데요. 일본군이 미국을 중심으로 하는 연합군을 향해 총구를 들이댄 것이었습니다. 태평양전쟁이 일어나자 임시정부(臨時政府)는 즉각 대일 선전포고를 발표하였습니다. 그리고 한국광복군을 연합군의 일원으로 참전시켰습니다. 뒤를 이어 독일에 대해서도 선전포고를 하여 대한민국 임시정부와 그 부대인 한국광복군의 국제적 위상을 높였습니다.

한국광복군 초대 총사령관에는 '대전자령 전투' 등에서 명성을 떨친 지청천이, 참모장에는 이범석이 임명되었고 제2차 세계대전에서 연합군의 일원으로 국제적인 활동을 펼쳤습니다. 중국에서는 중국군과 연합하여 일제에 대항했고, 미얀마와 인도 전선에까지 파견되어 영국군과 연합 작전을 수행했습니다. 한국광복군은 직접 전투에 참여하는 것 이외에도 포로 심문·암호 해석·선전 전단 작성·대적 회유 등의 심리전에도 참여했습니다.

한국광복군은 국내로 진입하여 일본군과의 전면전을 전개하려는 계획을 세우기도 했습니다. 총사령관 지청천, 지대장 이범석 등을 중심으로 직접 일본과 전투를 벌여 국권을 우리 힘으로 되찾으려고 한 시도인데요. 이 계획은 중국에 주둔하고 있던 미군과 연합하여 추진하였습니다. 계획 추진을 위해 국토 수복 작전의 임무를 맡은 국내 정진대를 편성하여 특수 훈련을 하고, 비행대를 편성하는 등의 준비를 진행해 나갔습니다.

하지만 1945년 8월 15일 일본이 무조건 항복했기 때문에 국내 진입 계획을 실현하지 못한 채 광복을 맞게 되었습니다. 일본이 조금만 더 늦게 항복했다면 계획대로 한국광복군이 국내로 진입해 많은 것이 달라졌을 것입니다. 우리는 전승국으로서 국제 사회에서 당당히 외교 관계를 맺었을 것이고, 그러한 입장이었다면 미국과 소련에 의해 민족이 분단되는 비극도 맞지 않았을 것입니다.

술술 읽힐걸? 신문GO!   News Paper

'독립 원동력 · 국군의 뿌리' 한국광복군은 1940년 중국 충칭서 창군 … 항일전쟁 선봉에

1940년 9월 17일 중국 충칭 가릉빈관에서 창군한 광복군은 민족의 군대를 가져야 한다는 임시정부의 숙원이 빚어낸 큰 성과였다. 임시정부는 광복군 창설과 함께 김원봉이 이끄는 조선민족혁명당을 받아들이면서 행정(임시정부), 정당(한국독립당 · 조선민족혁명당), 군(광복군)을 갖춘 명실상부한 정부로 거듭났다.

임시정부는 1941년 일본의 진주만 습격 직후 일본과 독일에 선전포고한다. 하나의 당당한 국가로서 연합군의 일원으로 일본과 독일에 맞서 싸우겠다는 의지를 천명한 것이다.

그뿐만 아니라 미국 첩보기구인 OSS와도 공동작전을 추진했다. '독수리 작전'이라고 이름 지어진 이 작전은 광복군 대원들이 한반도에 잠입, 미국의 공습에 맞춰 일제 공격을 하는 것을 주 내용으로 삼고 있다.

실제로 광복군은 독수리 작전을 위해 중국 내 OSS에 대원들을 파견, 특수훈련을 받도록 했다.

출처 : 국방일보/일부인용

상식UP! Quiz

문제 대한민국 임시정부는 1940년 충칭에서 한국광복군을 창설하였는데, 이와 관련한 내용으로 옳지 않은 것은?

① 총사령관에 지청천, 참모장에 이범석을 선임하였다.
② 영국군의 요청으로 일부 병력을 인도와 버마(미얀마) 전선에 참전시켰다.
③ 미국 전략정보처(OSS)와 협력하면서 국내 진공을 준비하였다.
④ 조선의용군(朝鮮義勇軍)과 연합하여 일본에 대해 선전포고를 하였다.

해설 ④ 한국광복군 단독으로 선전포고한 것이다.

답 ④

평화의 섬, 갈등과 반목에서 화해와 상생으로

제주4·3사건은 1947년 3월 1일을 기점으로 1948년 4월 3일에 발생한 사태 및 1954년 9월 21일까지 제주에서 발생한 남로당 무장대와 토벌대 간의 무력충돌과 토벌대의 진압 과정에서 다수의 주민들이 희생당한(정부 진상보고서 25,000~30,000명 추정) 사건을 말합니다.

광복 직후 제주도는 귀환한 6만여 인구의 실직난, 콜레라의 창궐, 극심한 흉년, 생필품 부족 등의 악재에다 미곡정책의 실패, 일제 경찰의 군정 경찰로의 변신, 군정 관리의 모리(謀利) 행위 등이 큰 사회 문제로 드러나고 있었습니다. 이러한 상황에서 1947년 3·1절 기념 집회의 시가행진을 구경하던 군중들에게 경찰이 오인하여 발포함으로써 민간인 6명이 숨지는 사건이 발생했는데요. 이에 남로당 제주도당은 반경찰 활동을 조직적으로 전개했고, 대규모 민·관 총파업이 이어져 전체 95% 이상의 직장이 참여했습니다. 당시 미군정은 경찰의 발포보다는 남로당의 선동에 비중을 두고 좌익 척결을 위한 강공책으로 대응했습니다. 이후 약 1년 동안 2,500명이 구금되고 고문을 당했으며 1948년 3월 일어난 세 건의 고문치사 사건은 제주를 폭발 직전의 위기상황으로 몰고 갔습니다.

1948년 4월 3일 새벽, 남로당이 무장봉기를 주도해 350명의 무장대가 12개의 경찰 지서와 우익단체 요인들의 집을 습격했는데, 경찰과 서북청년회의 탄압중지, 단독선거·단독정부 반대, 통일정부 수립 촉구 등을 슬로건으로 내걸었습니다. 미군정은 군을 투입시켰고, 이후 5·10 선거 후 이승만 정부의 강도 높은 진압으로 중산간 마을 주민들은 해변으로 강제 이주됐습니다. 계엄령 선포 이후 진압군에 의해 4개월 동안 중산간 마을 95% 이상이 불에 탔고, 주민들은 집단으로 살상되었습니다.

1949년 3월 사면정책 발표 후 많은 주민들이 하산했고 1949년 6월 무장대는 사실상 궤멸되었으나 6 · 25 때 '예비검속'이라는 명분으로 보도연맹 가입자, 요시찰자, 입산자 가족 등이 붙잡혀 다시 집단으로 희생되었습니다. 또 전국 각지 형무소에 수감되어 있던 4 · 3사건 관련자들도 즉결처분되었는데요. 1954년 9월 21일, 한라산의 금족지역이 전면 개방되면서 7년 7개월 만에 4 · 3사건은 비로소 막을 내리게 됩니다.

'4 · 3특별법', 의미 정립해 포괄적으로 개정해야

2000년 1월에 공포된 제주 4 · 3특별법은 과거 국가폭력에 청산을 정리한 진실 · 화해를 위한 과거사 정리 기본법(과거사정리법, 2005년 제정)의 권고사항을 감안해 '제주4 · 3사건'의 역사적 의미 정립, 추모사업, 배 · 보상 등 포괄적 개정으로 진행돼야 한다는 주장이 제기됐다.

4 · 3당시 국가가 계획적이고 체계적 · 불법적으로 국민을 학살한 것에 대해 국가가 피해자 유족들에게 배상해야 하는 것은 당연한 일로 참혹한 현장을 목격하며 수십 년간 트라우마에 시달려온 이들을 위한 트라우마 치유센터 설립이 더 늦어져선 안 된다는 지적이다.

출처 : 제주일보/일부인용

🔍 | 상식UP! Quiz

문제 다음 중 제주 4 · 3사건 진압을 위한 국방경비대 파견에 반발해 일어난 사건은?

① 대구 10월사건
② 여순사건
③ 문경양민학살사건
④ 김수임간첩사건

해설 ② 여순사건 : 1948년 10월 19일 전남 여수 · 순천에서 일어난 군인들의 반란과 여기에 호응한 좌익계열 시민들의 봉기로 진압될 때까지 대략 2,000~5,000여 명의 인명 피해가 발생한 것으로 추정된다. 이에 1948년 12월 1일에 '국가보안법'이 제정되는데 이는 결국 이승만의 권력 강화로 이어지게 되었다.

📖 ②

우리의 힘으로 법치(法治)를 시작하다

1945년 광복 이후 한국 문제 처리를 둘러싼 미·소 간의 갈등이 분단으로 귀결되면서 유엔의 결의에 따라 1948년 5월 10일 남한만의 총선거를 실시하여 구성된 대한민국 제1대 국회를 말합니다.

총 200의석 중 제주도 2개구를 제외한 198개 선거구에서 198명의 국회의원이 선출되었고 제주는 4·3사건 발발로 무기한 연기되었다가 1년 뒤에 치러졌습니다. 정당별 의석 분포는 이승만 지지의 대한독립촉성국민회 54석, 한국민주당 29석, 대동청년단 12석, 조선민족청년당 6석, 대한독립촉성농민총동맹 2석, 그 밖이 95석(무소속 84석 포함)이고 투표율은 75% 정도였는데요. 정당정치가 아직 안착되지 못했고 남한만의 단독정부 수립을 반대하며 선거에 불참한 김구와 한국독립당 같은 정치세력이 많았기에 당시 무소속 의석이 가장 많았습니다.

1948년 5월 31일 개원한 초대국회는 이승만을 의장에, 부의장으로는 신익희와 김동원을 선출하였고, 7월 12일 헌법을 제정하여 17일 국내외에 공포하였으며 20일에 이승만과 이시영을 제1공화정의 정·부통령으로 선출하였습니다. 제헌의회(制憲議會)는 정부조직법을 비롯하여 반민족행위처벌법, 농가 양곡의 정부 매입을 의무화한 양곡매입법안, 사상범 단속을 위한 국가보안법 및 지방행정조직법 등 20여 건의 주요 법안을 제정·통과시켰습니다. 반민족행위처벌법에 따라 반민족행위자특별조사위원회(반민특위)가 조직되고 친일파 처벌을 위해 활발하게 활동하였지만 이승만 정권의 방해 공작으로 인해 중단되었습니다.

8월 15일 정부 수립 후 이승만은 한국민주당을 배척하고 본인 지지의 국민회 소속 50여 명이 이정회(以正會)를 구성하였으며, 한국민주당은 민주국민당으로 개편되어 야당의 입장으로 변모하였는데요. 헌법제정 등 특수 과업을 목적으로 구성된 의회였기에 제헌의회는 4년이 아닌 2년으로 제한되었고 1950년 5월 30일 제2대 국회의원 총선거가 실시되어 같은 해 6월 19일 개원함으로써 그 임기를 다하게 되었습니다.

술술 읽힐걸? 신문GO!　　　　　　　　　　　　　　　　　　News Paper

제헌의회부터 이어진 선거구의 변화

선거제도의 원형이라 할 수 있는 소선거구제는 제헌의회 때부터 시작됐다. 의원 정수는 제헌의회 선거 당시 200명이었으나 1950년 선거에서 210명으로 늘어났고, 1954년 선거에서는 203석으로 줄었다가 1958년 선거에서 다시 233명으로 증가했다.

이승만 전 대통령의 '발췌개헌'으로 국회는 민의원과 참의원으로 나뉘어 양원제가 됐다. '사사오입 개헌'이 4·19혁명을 불러와 대통령 선거제도가 의원내각제로 바뀌었다. 이때 지역구당 2~8인을 선출하는 대선거구제가 도입됐다. 유권자가 선출하는 의석수는 절반이었다. 한 선거구에서 8명의 당선자를 뽑는다면 4명까지 투표할 수 있었다.

그러나 5·16군사 정변으로 1년 만에 선거제도는 소선거구 다수대표제로 회귀했다. 이때 사상 최초로 전국구 비례대표제가 도입됐다. 유신헌법 공포 후 1973년에는 중선거구제가 전면 도입됐다. 한 선거구에서 2위까지 국회의원이 될 수 있도록 한 것이다. 여기에 통일주체국민회의에서 선출하는 간선 방식도 도입됐다. 1987년 민주화 운동으로 제6공화국이 탄생하면서 국회의원 선거는 다시 소선거구제로 돌아왔다. 전국구 의석도 비례성을 보장하는 방식으로 바꿔 지역구 5석 이상을 확보한 정당의 의석 비율로 배분했다.

출처 : 중앙일보/일부인용

🔍 상식UP! Quiz

문제 일제강점기 사회주의 항일운동가였고 제헌의원 및 초대 농림부 장관을 역임하였으며 국가보안법 위반으로 사형된 '이 사람'은?

① 유진오　　　② 조봉암　　　③ 신익희　　　④ 조병옥

해설 조봉암(1899. 9~1959. 11)은 경기도 강화군의 빈농 집안에서 태어났다. 광복 후 대한민국 건국에 참여하였고 국회부의장을 역임하였다. 1958년 1월 간첩죄 및 국가보안법 위반(진보당 사건)으로 체포되어 사형이 집행되었으나 2011년 1월 대법원의 무죄판결로 신원이 복권되었다.

📖 ②

한국전쟁의 도화선

1950년 당시 미국은 서유럽으로 세력을 확장하려는 소련을 저지하는 일에 전력을 기울이고 있었습니다. 1949년 12월 국민당이 타이완으로 축출되고 중국 본토를 중국 공산당이 장악하여 소련과 중국 양국이 북한과 국경을 접하게 되었습니다. 하지만 미국은 군사력 증강보다도 서구 자본주의 진영의 부흥을 표방한 경제 부흥을 최우선적인 정책으로 설정합니다.

이에 따라 1950년 1월 12일, 국무장관 애치슨은 전 미국신문기자협회에서 '아시아의 위기'라는 제목으로 태평양에서 미국의 극동 방위선을 알류샨 열도-일본-오키나와-필리핀을 연결하는 이른바 '애치슨 라인'으로 정한다고 밝혔습니다. 미국의 방위에서 제외된 한국·타이완·인도차이나반도 등은 국제연합의 보호에 의존해야만 했습니다.

애치슨 선언 이후 해리 트루먼(Harry S. Truman) 대통령은 한국의 경제 부흥을 위하여 장기 원조 계획을 입안하였습니다. 그러나 이 안은 장제스가 이끄는 국민당의 몰락을 정치적으로 이용하려는 공화당 의원들의 비협조적인 의회 전략 때문에 실패로 돌아갔습니다.

만일 한국이 공격을 받을 경우 한국인 스스로 방어해야 한다는 것으로 인식되었고, 1950년 6월 25일 새벽 북한군은 선전 포고도 없이 전면적인 남침을 감행했습니다. 북한군은 전차를 앞세운 우세한 전력으로 3일 만에 서울을 점령한 뒤 파죽지세로 남하했습니다. 미국과 한국 정부는 예기치 못한 전쟁 상황을 맞아 북한군의 남침에 효과적으로 대응하기가 어려웠습니다.

1950년 미국 국무장관 '애치슨 라인' 발표

제2차 세계대전 전후 외교문제를 책임진 딘 애치슨 미국 국무장관은 1950년 1월 12일 워싱턴 내셔널클럽에서 열린 '아시아의 위기'라는 연설에서 "한반도와 대만을 제외하고 일본을 포함한 알류산 열도로부터 필리핀까지가 미국의 방위선"이라는 일명 '애치슨 라인'을 처음 언급한다. 구체적으로는 소련·중국의 영토적 야심을 저지하기 위해 태평양에서의 미국 방위선을 알류산 열도~일본~오키나와~필리핀을 연결하는 선으로 정한다고 발표했다. 그는 "이 방위선 밖은 자위(自衛)와 유엔에 의존해야 할 것"이라고 밝히며, 미국의 의무에는 한계가 있음을 강조했다. 요컨대 이 방위선 밖의 한국, 대만의 안보는 국제연합의 책임 아래 둘 뿐 미국이 직접 개입하지는 않겠다는 것이었다.

같은 해 6·25전쟁이 발발하자 이 '불후퇴 방위선'은 한국전쟁을 일으킨 결정적 원인 중 하나로 지목받았다.

애치슨은 평생 동안 계속된 비난으로 1971년 10월 12일 세상을 떠나면서 "불행한 역사의 나라 한국에 '불안한 침묵'이 퍼져가고 있으며 아직도 계속되고 있다"는 말을 남겼다.

출처 : 경향신문/일부인용

🔍 **상식UP! Quiz**

문제 애치슨 라인 설정 당시 미국의 대통령은 누구인가?

① 프랭클린 루즈벨트
② 로널드 레이건
③ 조지 부시
④ 해리 S. 트루먼

해설 애치슨 라인은 1950년 1월 국무장관 애치슨이 언급하여 설정된 미국의 극동방위선으로 당시 미국은 해리 S. 트루먼 대통령(재임기간 : 1945. 4~1953. 1)이 재임하고 있었다.

답 ④

동족 상잔의 비극

주한미군 철수, 애치슨 라인 설정, 북한의 군사력 우세 등으로 자신감을 얻은 북한은 소련, 중국의 지원 약속을 받아 1950년 6월 25일 새벽에 남침을 감행하였습니다. 이에 미국은 국제연합 안전보장이사회를 긴급 소집하여 이를 침략 행위로 규정하고 철군 요청을 결의했으나 북한이 이에 응하지 않습니다.

곧 미군이 참전하고 뒤이어 국제연합군도 참전하게 됩니다. 하지만 북한은 서울을 점령하고 계속 남하했습니다. 낙동강 전투에서 치열한 싸움이 이어졌는데, 맥아더는 인천상륙작전을 관철시켰습니다. 1950년 9월 15일 인천에 상륙하여 28일에 서울을 수복함으로써 전세는 역전되고 한국군과 유엔군은 북으로 진격하여 10월 19일 평양을 점령했습니다. 10월 하순에는 압록강, 두만강 유역까지 진격했지만, 북한의 패망이 자국의 안보를 위협한다고 본 중국이 대규모 병력을 투입하는데요. 험한 지형을 이용한 공격에 전선이 점차 남하하여 1951년 1월 4일에는 다시 서울을 뺏기게 됩니다. 계속되는 치열한 전투 끝에 다시 서울을 수복했지만 이때부터 2년 넘게 현재의 휴전선 부근에서 일진일퇴를 거듭하게 됩니다.

1951년 7월부터 휴전협상을 하기 시작하여 10월에 휴전선 문제가 합의되었으나 포로의 강제송환과 자유송환 문제는 합의되지 못했습니다. 이런 상태에서 시간을 끄는 동안 점령지의 주민들은 강제로 징집되거나 노동에 투입되었고, 상대에게 협조할 것을 우려하여 학살을 당하기도 하는 등 많은 고통을 겪었습니다. 또한 전쟁으로 남북이 나뉘며 뿔뿔이 흩어진 가족은 이산가족이 되는 아픔을 겪어야 했습니다.

공동조사단 유해발굴 작업 결과 설명

한국전쟁기 민간인 학살 유해발굴 공동조사단은 진주시 명석면 용산리 용산고개 발굴현장에서 설명회를 열고 유해발굴 작업 결과를 설명했다.

공동조사단은 유해와 유품 상태를 분석하고 증언들을 종합한 결과 희생자들 대다수는 '진주지역 보도연맹사건 희생자'로 추정한다고 밝혔다. 또 이곳을 포함해 6·25전쟁 당시 용산리 골짜기 3곳에 걸쳐 모두 5곳에 718구의 시신을 매장했다고 마을주민들이 증언하고 있다.

공동조사단은 앞으로 미발굴 유해가 더 있는지 확인해 추가 발굴 작업 및 안치계획을 세울 예정이다.

민간인 희생자유족회 강병현 회장은 "한국전쟁 전후해 민간인들이 뚜렷한 이유 없이 죽임을 당한 채 이름 모를 산야에 버려졌다"며 "국가권력에 의해 억울하게 희생된 분들의 유해를 수습해 적절한 장소에 안치해 피해자와 유족의 한을 조금이나마 풀 수 있고 이들 통해 국가가 국민에 대한 책임과 의무가 무엇인지를 되새겨 보는 계기가 되기를 바라는 마음이다"라고 말했다.

출처 : 뉴시스/일부인용

🔍 | 상식UP! Quiz

문제   한국전쟁 중 반공포로와 친공포로의 갈등, 경계병과 포로들의 알력 등으로 폭동이 자주 일어나던 '이곳'의 포로수용소에서는 1952년 5월 포로수용소장이 납치되기도 하였다. '이곳'은 어디인가?

① 거문도
② 거제도
③ 가거도
④ 가덕도

해설   1952년 5월 거제도 포로수용소 내 제76수용소에서 수용소 사령관 F. T. 도드 준장이 포로들에게 납치되어 4일 만에 석방되는 사건이 일어났다.

정답 ②

캄캄한 밤의 침묵에 자유의 종을 난타하다

이승만 대통령의 독재가 이어지면서 독재 정치에 대한 불만은 높아만 갔습니다. 1960년 대통령 선거가 시작되자 85세의 고령인 이승만이 다시 후보로 나왔습니다. 자유당은 이승만과 이기붕을 각각 대통령과 부통령 후보로 내세웠고, 이에 맞서 민주당은 조병옥과 장면을 후보로 내세웠습니다.

국민들은 정권 교체에 대한 기대를 하게 되었지만 자유당은 선거에서 이기기 위하여 관청 공무원까지 동원한 불법 선거를 저지르게 됩니다. 그 결과 1960년 3월 15일에 행해진 선거는 이승만과 이기붕의 압도적 승리로 끝났습니다. 일부 지역에서 자유당 표가 전체 유권자 수보다 많이 나오자 당황한 선거관리위원회가 이승만, 이기붕의 득표율을 낮추어 발표하기도 합니다.

민주주의를 정면으로 부정한 이승만 정권의 3 · 15 부정 선거에 민중들은 분노했습니다. 선거 직후 전국 곳곳에서 이승만 자유당 정권에 반대하는 시위가 일어났고, 마산에서는 많은 학생과 시민들이 선거 무효를 주장하며 시위를 벌였습니다. 시위가 점차 전국으로 퍼지자 이승만 정권은 경찰을 동원하여 무력으로 시위를 진압하였습니다. 그러던 중 1960년 4월 11일에 마산 앞바다에 최루탄 파편이 눈에 박힌 시체가 떠올랐습니다. 당시 마산상고 1학년 김주열(金朱烈) 학생이었는데요. 국민의 분노는 폭발하기에 이릅니다.

1960년 4월 19일, 중 · 고등학생, 대학생, 시민 등 수십만 명의 시위대가 서울 거리를 가득 메웠습니다. 선거 무효를 넘어 독재 정권 타도를 외쳤고, 4월 25일에는 대학교수 400여 명이 "학생의 피에 보답하라!"라는 구호를 외치며 시위에 동참했습니다. 결국 이승만은 대통령직에서 물러나 미국으로 망명하였습니다. 이로써 12년에 걸친 제1공화국이 끝을 맺었습니다. 부패한 독재 정권을 민중의 힘으로 무너뜨린 이 거대한 움직임을 4 · 19혁명이라고 부릅니다.

4 · 19혁명 역사적 배경,
학생이 중심세력 되어 일으킨 민주주의혁명

이승만 정권은 1948년부터 1960년까지 발췌개헌, 사사오입 개헌 등 불법적인 개헌을 통해 12년간 장기 집권하였다. 그리고 1960년 3월 15일 제4대 정·부통령을 선출하기 위해 치른 선거에서 자유당은 반공개 투표, 야당 참관인 축출, 투표함 바꿔치기, 득표수 조작 발표 등 부정 선거를 자행하였다. 그러자 마산에서 시민들과 학생들이 부정선거를 규탄하는 격렬한 시위를 벌였고 당국은 총격과 폭력으로 강제 진압에 나서 다수의 사상자가 발생하였으며, 무고한 학생과 시민을 공산당으로 몰면서 고문을 가했다.

그 후 마산에서 실종되었던 김주열 군이 눈에 최루탄이 박힌 채 시체로 발견되어 국민들의 분노가 커졌고, 4월 18일 시위에 참여한 고려대학교 학생들은 괴한의 습격을 받아 많은 사상자가 발생했다. 분노가 격화된 시민들은 다음날인 4월 19일에 총궐기하였다. 4 · 19혁명에서 각 대학 교수단 3백여 명은 시국선언문을 채택, 시민들과 시위에 동참하였으며 서울 시내를 가득 메운 대규모의 시위군중은 무력에도 굽히지 않고 더욱 완강하게 투쟁하여 이승만은 결국 대통령직에서 하야하였다.

출처 : 한국경제/일부인용

상식UP! Quiz

문제 다음 중 4 · 19혁명에 대한 설명으로 가장 적절한 것은?

① 5 · 10 총선거에 영향을 주었다.
② 3 · 15 부정선거가 원인이었다.
③ 2 · 8 독립선언이 계기가 되었다.
④ 5 · 18 민주화운동을 계승하였다.

해설 제4대 정·부통령선거에서 자유당의 부정 선거로 이승만이 당선되자 독재 정권을 타도하기 위해 4 · 19혁명이 일어나게 되었다.

답 ②

한강의 기적, 이제는 '분배의 기적'으로

경제개발 5개년계획은 1962년부터 5년 단위로 실시된 계획으로 한국 경제의 획기적인 발전을 추구하여 양적 성장과 더불어 질적 발전 및 국민생활의 향상에 그 목표를 두었는데요. 1981년까지 4차에 걸쳐 실시되었으며 1982년부터는 그 명칭이 '경제사회발전계획'으로 바뀌어 제5차, 제6차, 그리고 1992~1996년의 제7차 경제사회발전 5개년계획까지 이어졌습니다.

정부가 마련한 경제개발계획은 1959년 3월 부흥부 산하에 있던 산업개발위원회에서 작성한 경제개발 3개년계획안(1960~1962)이 그 시초입니다. 이를 토대로 제2공화국 때 농업 위주의 경제개발 5개년계획(1961~1965)을 기획하였으나 실시되지 못했고 박정희 정권 때부터 본격적인 공업 위주의 경제개발계획이 실시되게 됩니다.

한국 경제 공업화 전략은 정부 주도, 외자 의존, 수출 의존, 저임금 의존, 농업 근대화, 사회개발을 그 내용으로 하는데 이의 배경은 절대적으로 빈곤한 자본과 부존자원, 값싸고 풍부한 노동력에 기인합니다. 제1차는 에너지원과 기간산업 확충, 사회간접자본 충족, 농업생산력 확대, 수출 증대, 기술의 진흥에 목표를 두었으며 경제성장률은 7.8%, 1인당 국민총생산(GNP)은 83달러에서 125달러로 증가되었습니다.

이후 1965년의 한·일 국교 정상화로 6억 달러가 들어왔고, 베트남 파병 결정으로 전쟁특수에 의해 자본을 마련한 한국 경제는 비약적으로 발전하였는데, 이를 바탕으로 식량 자급화와 산림녹화, 과학기술의 진흥, 기술수준과 생산성의 향상, 중화학공업으로의 전환 등을 추진할 수 있었습니다. 1977년에는 100억달러 수출 달성, 1인당 GNP 944달러 달성을 이뤘지만, 1979년 제2차 석유파동의 여파로 1980년에는 잠깐 마이너스 성장을 하기도 하였습니다. 제5차에 이르러서는 고질적 문제였던 물가를 전폭적으로 안정시켰으며, 이를 바탕으로 1986년부터 3저 현상의 유리한 국제환경 속에 경상수지의 흑자 전환을 이루며 한국 경제는 탄탄한 질적 구조를 이루게 됩니다.

한국 경제, 마음은 이미 '고희(古稀)'도 넘었다

한국 경제는 쉰 고개를 넘었다. 1962년 1차 **경제개발 5개년계획**부터 치면 쉰다섯이다. 수출 100억달러라는 고지에 올라섰던 1977년은 10대 중반이었고, 단군 이래 최대 호황이라고 했던 1980년대 말에는 20대 중반의 청년이었다. 연평균 성장률이 10%를 넘나들었다.

30대 후반에 겪은 외환 위기가 엊그제 같은데 어느새 중년이 됐다. 성장률이 2%대로 주저앉았다. 혈압이 높아지는 것처럼 실업률이 슬금슬금 오르더니 청년(15~29세) 실업률은 역대 최고라는 수식어를 달고 다닌다. 무릎이 시큰거리고, 오르막길에서는 숨이 찬다.

대선 후보들의 목소리가 커지면서 저마다 성장과 분배에 대한 처방들을 쏟아내고 있다. 기본소득이라는 이름으로 나라에서 돈을 나눠주자는 말도 나온다.

출처 : 조선일보/일부인용

🔍 **상식UP! Quiz**

문제　당시 총 건설비(용지비, 부대비 포함) 430억원이 투입되어 1970년 한국에서 두 번째로 완공된 고속도로는?

① 중부고속도로
② 경부고속도로
③ 서해안고속도로
④ 영동고속도로

해설　② 제2차 경제개발 5개년계획 기간인 1968년 2월 1일에 착공하여 약 900만명의 연인원이 동원되어 1970년 7월 7일에 완공되었으며, 1968년 개통된 서울·인천 간의 경인고속도로에 이어 한국에서는 두 번째로 건설된 고속도로이다.

답 ②

아름다운 청년, 인권을 위해 '나'를 불태우다

1970년 11월 13일 서울 동대문 평화시장 앞, 온몸에 휘발유를 붓고 불을 붙인 한 청년이 "근로기준법을 지켜라", "우리는 기계가 아니다"라고 외치며 달리다 쓰러져 "내 죽음을 헛되이 말라"는 말을 남긴 뒤 끝내 숨을 거두었습니다. 그는 22살의 평화시장 피복공장 재단사인 전태일이었습니다. 이날의 사건을 계기로 대한민국 노동운동은 새 역사를 쓰게 되었습니다.

전태일(全泰壹)은 1948년 대구에서 어느 가난한 집의 장남으로 태어나 1954년 가족과 함께 서울로 올라왔습니다. 아버지의 사업 실패로 1960년 남대문국민학교 4학년을 중퇴하고 동생과 함께 동대문시장에서 행상을 하며 생계를 이었습니다. 아버지로부터 배운 재봉기술로 1965년 평화시장의 피복공장 보조로 취업해 하루 14시간 노동의 대가로 당시 차 한 잔 값인 50원을 받았습니다. 그 다음해 옮긴 직장에서 미싱사로 일하는 동안 어린 소녀들이 창문 하나 없고 환기가 전혀 되지 않는 열악한 환경에서 고된 노역에 시달리며 점심도 굶은 채 70원의 일당을 받는 것을 보고 노동운동에 관심을 가지기 시작했습니다.

1968년 우연히 노동법을 알게 된 후, 이듬해 6월 평화시장 최초 노동운동 조직인 '바보회'를 창립하고 노동자들에게 근로기준법의 내용을 알려주며 노동실태 설문조사를 하고 근로조건의 부당성을 역설하였으나 결국 실패로 끝나고 시장에서도 더 이상 일을 하지 못하게 된 전태일은 한동안 공사판에서 막노동을 하였습니다. 1970년 9월 재단사로 다시 돌아온 그는 '삼동친목회'를 조직하고 노동조건을 개선해 달라며 노동청에 진정서를 제출하면서 평화시장 근로개선 운동에 본격적으로 나섰습니다. 정부와 사업주 대표들은 여러 번에 걸쳐 임금 · 노동시간 · 노동환경의 개선, 그리고 노동조합 결성의 지원 등 제반 노동문제 해결을 위한 약속을 하였으나 번번이 지키지 않았습니다. 이에 분개한 전태일은 분신사건 당일 근로기준법 화형식을 갖기로 결의하고 노동환경 개선을 요구하며 시위를 벌였습니다. 하지만 사업주들과 경찰의 방해로 시위가 무산되어 가자 결국 분신을 하기에 이릅니다. 한국 노동운동의 출발점으로 평가되는 역사적 사건으로, 이에 영향을 받아 1970년대에만 전국에 2,500여 개의 노동조합이 만들어졌습니다.

술술 읽힐걸? 신문GO!

News Paper

전태일 정신을 가슴에 품을 때

전태일 열사는 1970년 11월 13일 서울 평화시장 앞길에서 근로기준법 책을 품에 안은 채 자신의 몸을 불살라 노동자들의 고통을 세상에 알렸다. 수많은 사람이 노동운동에 헌신했다. 그들은 전태일의 후예였다.

그런데 현재 노조들은 어떤가. 일부 대형 사업장의 고용세습 문제가 도마 위에 오르고 있다. '정년 퇴직자, 장기 근속자 등의 요청이 있으면 결격사유가 없는 한 그 직계가족을 먼저 채용한다' 등의 노사 단체협약 내용을 넣었다. 이런 고용세습 문제 외에도 전국 사업장에서는 노조 간

부가 취업 사기에 가담해서 구속되는 사례들도 있다. 취업준비생의 절박한 심정을 악용하는 범죄행위다. 비정규직의 노조가입 신청을 받아주지 않는 노조들도 있다. 기존 정규직들의 임금과 복지에 부담을 줄까 걱정되기 때문이다. 일부 대기업 노조의 지나친 임금인상 요구가 하청업체 근로자의 임금에 부정적으로 작용한다는 의견도 있다.

전태일 열사가 살아있다면 올해 만 70세가 된다. 그는 이런 현실에 대해 뭐라고 할까. 노조가 전태일 정신을 다시 한번 가슴에 품을 때다.

출처 : 전북중앙/일부인용

🔍 **상식UP! Quiz**

문제 다음 중 노동3권에 포함되지 않는 것은?

① 단결권   ② 단체교섭권   ③ 단체협상권   ④ 단체행동권

해설 노동3권은 근로 3권이라고도 하며 단결권, 단체교섭권, 단체행동권을 말한다. 헌법 제33조에서는 노동자의 권익과 근로조건의 향상을 위하여 노동3권을 보장하고 있으나, 단체행동권의 행사는 법률이 정하는 범위 내에서 보장된다. 헌법상 보장되는 기본권으로서 생활권(생존권 또는 사회권)에 속한다.

답 ③

남북 대화의 첫걸음

제2차 세계대전 이후 세계는 미국과 소련을 중심으로 자유진영과 공산진영이 대립하는 냉전의 시기를 맞이하였고, 남과 북 역시 냉전체제 하의 세계 질서에 따라 치열한 대립각을 세우고 있었습니다. 그러나 1960년 소련의 수상 흐루시초프가 평화공존 정책을 내세우며 자유진영 세력과 대화하려고 노력하였고, 미국 또한 이와 같은 소련의 대화 시도에 적극적으로 호응하였습니다. 이른바 데탕트의 시기가 도래하면서 한반도 역시 이러한 세계사적 화해의 흐름에 영향을 받게 됩니다.

1969년 미국의 닉슨 대통령은 주한미군의 감축을 선언하였습니다. 1971년에는 중국이 UN에 가입하였고, 1972년 닉슨이 중국을 방문함으로써 화해의 분위기가 고조되었습니다. 남한과 북한의 정부 역시 이러한 변화에 민감하게 반응하였고, 민간 차원에서는 '이산가족 찾기 운동'을 중심으로 한 남북 적십자 예비회담이 진행되었습니다. 1972년 남과 북의 정부 관계자들은 비밀리에 서로 접촉하기 시작하였습니다. 남한의 중앙정보부장 이후락이 북한을 방문해 김일성과 면담하였고, 북한에서는 부수상 박성철이 남한을 방문하여 박정희 대통령과 비밀회담을 가졌습니다.

1972년 '7 · 4 남북 공동성명'에서는 '자주적인 통일, 평화적 방법의 통일, 사상과 이념 및 제도를 초월한 민족 대단결' 등 조국 통일 3개 원칙을 천명하였는데 그 내용은 다음과 같습니다.

> 첫째, 통일은 외세에 의존하거나 외세의 간섭을 받음이 없이 자주적으로 해결하여야 한다.
> 둘째, 통일은 서로 상대방을 반대하는 무력행사에 의거하지 않고 평화적 방법으로 실현해야 한다.
> 셋째, 사상과 이념, 제도의 차이를 초월하여 우선 하나의 민족으로서 민족적 대단결을 도모하여야 한다.

이후 남북조절위원회와 적십자 회담 등 다각적인 대화가 추진되었습니다. 하지만 이후 한국에는 유신 체제가 선포되었고, 북한은 국가 주석에게 절대적인 지위를 부여하는 사회주의 헌법을 선포함으로써 남과 북은 각자의 체제를 더욱 강화하였습니다. 결국 '7·4 남북 공동성명'을 바탕으로 한 남북 당국자 간의 대화는 중단되고 말았습니다. 하지만 당시의 공동성명은 이후 2000년 남북 정상회담과 6·15 남북 공동선언의 디딤돌이 되었습니다.

통일의 길은 멀고도 험하다

독일은 통일 전 주변의 4강인 미, 영, 불, 소를 설득하여 통일의 외교적 토대를 튼튼히 마련하였다. 우리는 아직도 한반도 통일에 관한 주변 4강의 이해를 구하지 못하고 있는 실정이다. 또한 독일은 정권 교체와 상관없이 동방정책이라는 독일 통일 정책을 꾸준히 추진하였다. 그러나 남북은 공히 통일에 관한 일관적인 정책을 펴지 못하고 있다.

1971년 남북 당국은 7·4 남북 공동성명을 통해 통일의 꿈을 잔뜩 부풀려 놓고는 남쪽의 유신체제와 북쪽의 주석제라는 권력의 절대화 수단으로 이용하였다. 한반도는 이러한 사정들이 상호 중첩되어 통일의 길은 더욱 난해한 과제가 되어 버렸다.

출처 : 경북매일신문/일부인용

🔍 | 상식UP! Quiz

문제 7·4 남북 공동성명으로 최초의 이산가족 상봉이 성사되었다.   O / X

해설 남북 이산가족 상봉은 대한민국의 대한적십자사가 한국전쟁으로 인해 남과 북으로 헤어져 살고 있는 이산가족들의 실태를 확인하고, 서로 소식을 전하거나 만날 수 있게 하기 위한 목적으로 실시한 '이산가족찾기 운동'을 계기로 시작되어 남한과 북한의 적십자사 간의 합의에 의하여 1985년 9월에 서울과 평양에서 최초로 이산가족 고향방문단과 예술공연 교환 행사가 이루어졌다.

답 (X)

커져가는 민주화 요구

1971년 대통령 선거와 국회의원 선거에서 득표율이 기대에 못 미치자 박정희는 유신 체제를 만들어 장기 집권을 꾀했습니다. 하지만 이러한 방식은 정치 · 사회적 갈등을 더 커지게 했습니다.

1979년 YH무역이 무책임하게 폐업하자 여성 노동자들이 신민당 당사를 점거하고 회사를 살려달라는 시위를 벌였습니다. 이에 공권력이 투입되어 진압하였는데 국회의원 · 기자 등을 무차별적으로 폭행했고, 그 과정에서 여성 노동자 1명이 사망하고 100여 명이 부상당하게 됩니다. 이에 신민당 김영삼 총재는 여러 단체들과 반유신투쟁에 나섰고 이로 인해 총재직 정지, 의원직을 박탈당했습니다.

또한 제2차 석유파동 등으로 경제도 어려워졌고 이에 따라 국민들의 사정도 더 어려워지면서 노동집약적 제조업이 많은, 김영삼의 정치적 고향인 부산 · 마산 지역의 반발이 커졌습니다. 그리하여 1979년 10월 16일 부산대학교와 동아대학교 학생들이 시위를 벌였고, 수백 명의 학생이 연행되었습니다. 그럼에도 불구하고 다음날에도 시위는 계속 이어졌고, 여기에 시민들도 합류하였습니다. 저녁이 되자 다양한 시민이 합류하여 수가 급증했습니다.

부산지역에 비상계엄령이 선포됩니다. 다음날은 마산, 창원 지역으로 확산되면서 무정부 상태에 가까워지며 위수령이 선포되었습니다. 공화당사, 경찰 · 파출소, 부유층, 세무서, 언론기관 등을 파괴하는 양상의 격렬한 시위였지만, 강력한 진압에 오래 가지는 못했습니다. 하지만 사회적 모순과 불만의 심화를 보여주었고, 결과적으로는 얼마 지나지 않아 10 · 26 사태를 불러오게 됩니다. 이는 유신 체제를 끝내게 하는 아래로부터의 움직임이라는 점에서 의미가 크다고 할 수 있습니다.

부마항쟁을 다룬 소설

부마항쟁을 정면으로 다룬 소설이 나왔다. 부마항쟁역사관 건립추진위원회를 이끄는 정광민 부마민주항쟁계승사업회장이 장편소설 〈부마항쟁 그 후〉를 펴냈다.

부산대 경제학과 2학년이던 1979년 10월 16일 부산대 시위 주동자라는 이유로 고문을 당했던 정 회장은 1979년 12월 8일 긴급조치 9호가 해제되면서 풀려난 뒤 면소 판결을 받고 학교로 돌아왔다. 하지만 이듬해 전국적으로 확대된 비상 계엄 이후 체포돼 유죄 판결을 받으면서 결국 10개월간 형을 살았다. 정 회장은 이후 부산지법에 재심을 신청해 무죄 판결을 받아냈다.

그가 책을 쓰게 된 것은 시민들까지 합세한, 유신정권에 대한 처음이자 마지막 항쟁이었던 부마민주항쟁이 이후 광주항쟁, 나아가 1987년 6월 항쟁으로 이어지며 민주화의 단초 역할을 했지만 제대로 보존되지 않고 왜곡되는 데 대한 안타까움을 글로 남기고 싶어서라고 한다.

출처 : 부산일보/일부인용

🔍 **상식UP! Quiz**

문제 육군 부대가 계속적으로 일정한 지역에 주둔하여 그 지역의 경비, 질서 유지, 군대의 규율 감시와 군에 부속된 건축물과 시설물 따위를 보호하도록 대통령령으로 규정하는 것은?

① 진격령
② 금족령
③ 위수령
④ 계엄령

해설 위수령에 대한 설명이다. '계엄령'은 군사적 필요나 사회의 안녕과 질서 유지를 위하여 일정한 지역의 행정권과 사법권의 전부 또는 일부를 군이 맡아 다스리도록 하는, 대통령이 선포하는 명령이다.

답 ③

앞서서 나가니 산 자여 따르라

5 · 18 광주민주화운동은 1980년 광주시민과 전라남도민이 중심이 되어 전두환 보안사령관 및 12 · 12사태를 일으킨 신군부 세력의 퇴진과 김대중의 석방 등을 요구한 민주화운동입니다.

1979년 10 · 26사태 이후 박정희의 유신독재가 끝을 맺자, 전두환을 주축으로 한 신군부 세력이 12 · 12사태로 정권을 장악하였습니다. 전두환과 신군부 세력은 군사독재를 연장하려 했고, 이에 학생을 중심으로 한 수만명의 시민이 1980년 5월 15일 서울역에서 계엄 철폐 등을 주장하며 시위를 벌였습니다. 곧 해산하지만 신군부는 1980년 5월 17일 계엄령을 전국적으로 확대한다는 발표를 하고 학생 지도자들에 대한 체포 · 휴교령 등을 단행하며 민주 세력에 대한 대대적인 탄압에 들어갔습니다.

다음날인 5월 18일 전남대 학생 2백여 명은 휴교령이 내려진 학교에 들어가려다 계엄군과 투석전을 벌였고, 합세한 시민들과 함께 시위를 벌였습니다. 그러나 계엄군의 폭력 진압으로 많은 희생자가 발생하면서 '민중항쟁'으로 발전하게 되는데요. 5월 19일 시위대가 5천여 명으로 불어나자, 계엄군은 장갑차를 앞세우고 착검한 총으로 시위대를 진압했습니다. 5월 20일에는 20만명의 시민이 군경 저지선을 뚫고 시청 건물을 장악하였으나, 계엄군에 의해 모든 시외전화가 끊겨 광주는 고립되었고, 5월 21일 계엄군의 발포로 수십여 명이 사망합니다. 이에 분노한 시민들은 자신을 '시민군'이라 칭하며, 경찰서나 계엄군으로부터 탈취한 소총으로 무장을 시작했습니다.

5월 22일 시민들은 계엄군을 몰아내고 도청을 점령한 후 '5 · 18 사태 수습 대책 위원회'를 결성해 사태 수습에 들어갔습니다. 그러나 5월 27일 새벽, 2만 5천여 명에 달하는 계엄군이 시위대가 점령하고 있던 도청에 진입하였고, 광주 시내에 다시 투입되어 시위대를 진압함으로써 광주민주화운동은 막을 내렸습니다.

5·18 헬기 사격 22년 전 밝혀질 수도 ···
검찰 증언 확보하고 묵살

국립과학수사연구원이 "5·18 광주민주화운동 당시 광주에 투입한 군 헬기의 공중사격 가능성이 유력하게 추정된다"라는 견해를 내놓았다.

기관총에 의한 사격(기총) 여부까지는 판명하지 못했지만, 헬기에서 최소한 소총 사격을 했다는 유력한 직접 증거가 37년 만에 전일빌딩에서 발견된 것이다.

5·18 당시 헬기 사격이 있었다는 것은 '불특정 다수에게 사격을 가했다'는 의미로 해석돼 '폭도의 위협에 대한 자위권 발동'이라는 신군부의 주장을 정면으로 반박하는 증거다.

그러나 과거 두 차례에 걸친 검찰 조사에서 헬기 사격 증언은 결국 '사실무근'으로 허무하게 결론났다. 검찰이 당시에 수많은 시민의 목격 증언을 토대로 수사만 제대로 했더라면 20여 년 전 이미 밝혀졌을 일이었던 셈이다.

출처 : 연합뉴스/일부인용

🔍 상식UP! Quiz

문제 '이 노래'는 5·18 광주민주화운동을 추모하는 노래이자, 한국 민주화운동을 대표하는 민중가요이다. 1981년 5월, 백기완의 미발표 장시 '묏비나리'의 한 부분을 차용하여 소설가 황석영이 가사를 짓고, 전남대 출신으로 대학가요제에서 수상한 바 있는 김종률이 지은 '이 노래'의 제목은 무엇인가?

해설 1980년대 말부터 이 노래는 민주화운동 집회를 시작할 때 민주화운동의 열사들에게 바치는 묵념과 함께 불리는 노래가 될 정도로 한국 민주화운동을 대표하는 노래가 되었다. 5월 18일이 국가 기념일로 지정된 이후 이 노래는 기념식장에서 공식적으로 제창되었으나, 2010년과 2013년 국가보훈처가 기념식에서 이 노래를 빼려다 유족들의 반대에 부딪히는 사건이 발생했고, 2013년 6월 국회에서 이 노래를 5·18 광주민주화운동의 공식 추모곡으로 지정하자는 결의안이 통과되었다.

📻 임을 위한 행진곡

끝내 민의(民意)가 이긴, 그러나 미완성으로…

1987년 6월 29일 대통령 후보 노태우 민주정의당 대표위원이 시국 수습을 위해 당시 국민들의 민주화와 직선제 개헌요구를 받아들여 발표한 특별선언입니다.

야당과 재야세력은 1985년 2 · 12총선 이후 간선제로 탄생한 제5공화국 정부의 정통성과 도덕성의 결여 및 비민주성을 비판하며 줄기차게 직선제 개헌을 주장했습니다. 이에 전두환 대통령은 1987년 4월 13일 일체의 개헌 논의를 금지하는 호헌(護憲)조치를 발표합니다. 이러한 상황 중에 서울대생 박종철이 경찰의 고문에 의해 사망한 사실이 드러나고 6월 9일 연세대생 이한열이 시위 도중 최루탄에 맞아 사망하자 시민들의 분노는 극에 달하게 되었습니다.

1987년 6월 10일 민주헌법쟁취국민운동본부가 주최하는 대규모 가두집회가 전국 18개 도시에서 열렸고, 학생과 시민들의 시위가 연일 계속되었는데 특히 그동안 참여가 저조했던 직장인(일명 '넥타이부대')이 대거 거리로 나왔습니다. 6월 26일에는 사상 최대인 100만여 명이 전국 37개 도시에서 늦은 밤까지 격렬한 시위를 벌였는데, 전두환 정권은 경찰력이 마비되자 한때 군 투입을 검토하였으나 온건론이 우세하여 결국 직선제 개헌요구를 받아들이기로 하고 6 · 29선언을 발표하게 됐습니다.

선언은 8개항으로 대통령직선제 개헌을 통한 1988년 2월 평화적 정권이양, 공정한 경쟁이 보장되는 대통령 선거법의 개정, 김대중의 사면 · 복권과 시국관련 사범들의 석방, 인간존엄성 존중 및 기본인권 신장, 언론자유의 창달, 지방자치 및 교육자치 실시, 정당의 건전한 활동 보장, 사회정화 조치의 강구 등으로 노태우는 제안이 관철되지 않으면 대통령 후보와 모든 공직에서 사퇴한다는 단서를 붙였습니다. 이후 10월 27일 국민투표로 직선제 개헌이 이루어졌고, 12월 16일 대통령선거에서 노태우 후보가 36.6%의 지지를 얻어 당선되었습니다.

6 · 29선언은 대한민국 역사상 최초의 집권층의 공개적 민주화 선언이었고, 또한 민중항쟁에 의한 급격한 변혁과 지배층에 의한 점진적인 개혁, 이 양자 간 타협의 산물이었습니다.

술술 읽힐걸? 신문GO!   *News Paper*

1987년 민청련, 6 · 29선언의 기만적 본질을 지적하다

1987년 6월 29일 아침 일찍 중대발표가 있다는 예고가 있었다. 전두환의 후계자 노태우가 나와 이른바 '6 · 29 민주화 선언'을 발표했다. 정권의 유화조치가 있을 것을 예감하기는 했지만 6 · 29선언은 그 기대 이상이었다. 6월 항쟁에 참여한 국민들에게는 전두환 정권의 항복선언으로 받아들여졌다. 국민들은 환호하고 감격했다. 서울 시내 각 언론사들이 일제히 호외를 뿌려 이 사실을 시민들에게 알렸다. 정치권에서도 일제히 6.29선언을 환영하는 발표가 나왔다. 양 김씨는 6 · 29선언이 나오자 즉각 환영 성명을 냈다.

김영삼 총재는 "국민의 뜻을 받아들인 중요한 결심으로 진심으로 환영한다"고 했고, 김대중 민추협 의장도 "이 나라 정치가 새로운 장을 실현해 나갈 조짐을 보게"됐다는 소감을 피력했다.

반면에 재야의 반응은 많이 달랐다. 민통련에서는 6 · 29선언은 "군사독재의 부분적 후퇴"로서 "당초 약속과는 달리 많은 민주인사들을 여전히 감옥에 가두고 있다. 따라서 정권의 유화술책이 갖는 기만성을 폭로하는 즉각적인 투쟁을 재개할 것"을 주장했다.

출처 : 오마이뉴스/일부인용

🔍 | **상식UP! Quiz**

문제 다음 중 6 · 29선언 이후 직선제 개헌으로 치러진 1987년 대선에서 후보를 낸 정당이 아닌 것은?

① 통일민주당   ② 평화민주당   ③ 신한민주당   ④ 신민주공화당

해설 ③ 신한민주당은 1980년 정치활동이 금지되었던 구(舊)신민당 인사들이 해금되면서 1985년 1월 18일 야권 정치인들과 함께 설립한 정당이다. 그러나 당고문 김영삼과 김대중이 1987년 4월 내각제를 전제로 한 '이민우 구상'에 반발, 소속의원 74명을 이끌고 통일민주당을 창당한 이후 사실상 붕괴되었다.

📖 ③

손에 손잡고 벽을 넘어서, 세계로의 도약

제24회 하계 올림픽이 서울을 비롯한 전국의 주요 도시에서 1988년 9월 17일부터 10월 2일까지 16일 간에 걸쳐 개최되었는데, 1976년 캐나다 몬트리올올림픽 이후 처음으로 동·서 진영이 함께 참가하여 사상 최대 규모로 치러졌습니다. 전 세계 159개국 1만 3,304명의 선수단(선수 8,391명)이 참가한 서울올림픽은 기본 이념으로 '화합과 전진'을, 대회 목표로는 '최다의 참가, 최상의 화합, 최고의 성과, 최적의 안전, 최대의 절약'을 내걸었습니다.

9년 전인 1979년 9월, 한국은 제24회 하계 올림픽 서울 유치를 결의하고 1981년 국제올림픽위원회(IOC)에 유치신청서를 제출하였습니다. 마침내 그해 9월 30일에 서독 바덴바덴에서 열린 IOC총회에서 52 대 27로 일본의 나고야를 누르고 서울이 선정되었습니다. 아시아에서 2번째, 세계에서는 16번째로 대한민국은 올림픽 개최국이 되었습니다.

조직위 직원 1,435명, 자원 봉사요원 2만 7,221명, 지원요원 1만 8,281명, 단기 고용요원 2,775명 등이 대회 운영에 참여한 전 국민의 축제였으며 대회 휘장은 한국 고유의 전통문양인 삼태극을 그렸고, 마스코트는 한국 호랑이를 상징하는 호돌이로 정했습니다.

정식종목 23개, 시범종목 2개(야구·태권도), 시범세부종목 1개(여자 유도), 전시종목 2개(배드민턴·볼링), 전시세부종목 1개(장애인휠체어 경기)의 경기가 치러졌는데, 소련이 종합순위 1위였고 2위는 동독이, 3위는 미국이 차지하였습니다. 한국은 역대 최고 성적인 4위를 차지했습니다.

동·서 진영의 세계 여러 나라가 냉전의 상황 속에서 분단국가인 한국에서 모이게 되었다는 점과 개발도상국으로 최초의 올림픽 개최국이 되었다는 점에서 서울올림픽은 큰 역사적 의미가 있습니다. 서울올림픽 개최를 계기로 이후 한국은 공산권 및 미수교국과의 활발한 경제·문화·스포츠 교류를 추진하며 세계 속으로 그 입지를 넓혀가게 되었습니다.

손기정, 최종 주자에게 바통을 넘겨주는 역할로

4년마다 개최되는 지구촌 축제인 올림픽은 최종 성화 봉송주자의 성화대 점화로 시작된다. 고대올림픽 기간 중 경기장에 불을 피워 놓았던 게 모태가 됐다고 한다. 그러나 근대 올림픽 초창기인 1896년 제1회 아테네올림픽부터 제8회 파리올림픽까지는 성화라는 개념이 없었다. 1928년 제9회 암스테르담올림픽에서 성화대가 첫선을 보였다.

올림픽 성화의 주인공은 누가 뭐래도 최종 주자다. 모든 대회에서 최종 주자는 1급 비밀이다. 우리나라에서 열린 1988년 제24회 88 서울올림픽 성화 봉송 최종 주자 역시 비밀에 부쳤다. 그러나 손기정 선수라는 사실이 보도되는 바람에 임춘애 선수로 바뀐 것으로 알려져 있다. 성화대 점화는 당시 노태우 대통령의 '보통 사람'이라는 구호에 걸맞게 3명의 평범한 시민에게 돌아갔다.

출처 : 서울신문/일부인용

상식UP! Quiz

문제 1980년 제22회 모스크바올림픽대회에는 소련의 '이 나라' 침공을 이유로 미국을 비롯한 서방 60여 개국이 불참했다. 다음 중 '이 나라'는?

① 우크라이나   ② 아프가니스탄   ③ 그루지아   ④ 체첸

해설 1979년 소련이 침공해 일어난 아프가니스탄 전쟁은 미·소 냉전시대에 소련이 치른 마지막 전쟁이었다. 1984년 로스앤젤레스에서 개최된 제23회 올림픽대회는 반대로 소련 등 동유럽 국가 18여 개국에서 불참했다.

답 ②

남북 상호 인정의 딜레마

1991년 9월 17일 오후 3시 30분(한국 시간 18일 오후 4시 30분)에 열린 제46차 유엔 총회에서 남한과 북한의 유엔 가입안이 159개 회원국의 만장일치로 승인되었습니다. 이에 따라 북한은 160번째, 남한은 161번째, 북한은 162번째 회원국으로 동시에 유엔에 가입하였습니다.

이전까지 남한과 북한은 단독으로 유엔에 가입하려 노력하였으나 북한은 상임이사 미국의 반대로, 남한은 소련의 거부권 행사로 이를 실현할 수 없었습니다. 1970~1980년대 데탕트 분위기와 냉전체제의 완화는 남북 간의 관계에도 영향을 미쳤습니다.

제5공화국에 들어서면서 남북 경제회담이 진행되고, 이산가족 고향 방문과 예술 공연단 교환이 추진되었습니다. 그러나 경제회담은 실질적 성과로 이어지지 못했고, 이산가족 고향 방문과 예술 공연단 교환은 민간차원의 행사에 그치게 되었습니다.

1980년대 말 소련과 동유럽 사회주의권 국가들의 붕괴와 동·서독의 통일로 동·서 간의 냉전체제는 실질적으로 해체되는 분위기가 조성되었습니다. 이런 냉전 와해의 분위기 속에서 남북 협상이 시도되어 1990년에 서울과 평양에서 남북고위급 회담이 개최되었고, 1991년 9월에 남과 북이 유엔에 동시 가입함으로써 남북 관계는 새로운 국면에 접어들었습니다.

이러한 분위기를 이어 1991년 12월 서울에서 열린 고위급 회담에서 '남북 사이의 화해와 불가침 및 교류·협력에 관한 합의(남북 기본 합의서)'가 채택되었습니다. 이 남북 기본 합의서는 남북한 정부 간에 이루어진 최초의 공식 합의서로, 서로의 체제를 인정하고 상호 불가침을 약속한 것입니다.

25년 전 오늘 … '두 개의 한국' 남북 UN 동시 가입

분단 46년 만에 남·북은 다름을 인정하고 국제사회에 '두 개의 한국'을 알렸다. 1991년 9월 13일, 대한민국(남한)과 조선민주주의인민공화국(북한)은 UN(국제연합) 사무국에 동시 가입 결의안을 제출했다. 5일 뒤 남북은 유엔안전보장이사회 결의 제702호에 따라 만장일치로 신입 회원국이 됐다.

서로의 체제를 인정하지 않고 남북이 평화·적화통일을 주장하던 당시 UN 동시 가입 성사는 기념비적 사건으로 손꼽힌다. 당시 양측은 국제사회에서 각자 유일 정부를 내세우며 의견을 좁히지 못했으나 UN 동시 가입을 통해 각자의 체제를 인정했다.

앞서 7·4 성명 이후 남북은 10여 차례 넘게 가입시도를 했으나 번번이 미국과 소련 등의 반대로 실패를 겪었다. 그러나 미국과 중국을 중심으로 한 세계적인 냉전종식 분위기까지 겹치면서 공동 가입이 성사됐다.

출처 : 머니투데이/일부인용

🔍 | **상식UP! Quiz**

문 제 다음 중 남한과 북한의 UN 가입이 이루어진 시기는?

① 1991년
② 1996년
③ 2000년
④ 2008년

해 설 1991년 9월 남과 북은 UN 사무국에 동시 가입 결의안을 제출했고 5일 뒤 유엔안전보장이사회 결의에 따라 만장일치로 신입 회원국이 되었다.

📖 ①

빠른 성장의 이면

우리나라는 '한강의 기적'이라 불리는 급격한 경제 성장을 이루었습니다. 하지만 다른 부분의 수준이 그에 걸맞게 성장하지는 못했습니다. 경제 자체에 있어서도 수출 중심의 경제체제는 외부 요인의 영향을 많이 받을 수밖에 없는 등 여러 약점이 있었고요. 번 돈을 저축하기보다는 투자하는 경우가 많아 잘될 경우 더 큰 성장을 이룰 수도 있지만, 돈의 흐름이 끊길 경우 큰 문제가 생길 수도 있었습니다.

1995년부터 엔화 가치가 하락하면서 우리나라 기업들의 수출이 주는 등 여러 교역 조건이 악화되었고 여러 기업의 실적이 안 좋아지며 단기 부채는 늘어났습니다. 이를 견디지 못하고 여러 기업이 도산하였습니다. 이때 태국을 시작으로 아시아 외환 위기가 이어지자, 외국인들은 우리나라에 대해서도 불안감을 느끼게 되었는데요. 이에 우리나라에 대한 부채를 연장해 주지 않고 단기간에 많이 회수해 가자 우리나라가 갖고 있던 외환은 바닥이 나고, 결국 1997년 12월에 IMF에 구제금융을 신청하게 되었습니다. IMF에서는 구제금융을 제공해주는 대신 우리나라 경제에 대해 전반적인 개혁을 요구하였습니다.

외환위기 극복 과정에서 금은 바로 외환으로 바꿀 수 있는 것이기 때문에 국민들이 갖고 있는 금을 모아 외화를 확보하자는 운동이 일어났습니다. 국채보상운동을 떠올리게 하는 일이었지만, 국민들의 노력에 비해 기업들은 책임을 다하지 않는다는 비판도 있었습니다. 우여곡절 끝에 IMF의 자금을 조기에 상환하고 외환위기 상황에서 벗어났습니다. 하지만 이 과정에서 사회·경제적으로 많은 변화가 나타났습니다. 비정규직이 큰 폭으로 늘어나고 소득 불평등이 악화되는 등의 후유증이 그것입니다.

파산 · 회생사건을 전문으로 하는 서울회생법원 출범

서울 회생법원은 행정 · 가정 · 특허법원에 이은 네 번째 전문법원이다. 파산 · 회생을 신청하는 개인이 꾸준히 늘고 한진해운 등 대기업까지 파산에 이르는 상황에서 '효율성과 전문성'을 갖춘 독립조직이 필요하다는 이유로 2017년 3월에 설립됐다.

서울회생법원의 모태인 서울중앙지법 파산부는 1997년 국제통화기금(IMF) 외환위기 뒤에 설립됐다. 당시 회사 정리사건이 급증하면서 법원은 기업 채무 정리라는 새 과제를 떠안았다. IMF와 국제부흥개발은행(IBRD) 등도 한국 정부에 도산 전문법원 설립을 권고했다.

2008년 글로벌 금융위기 후에는 독립 필요성이 제기됐다. 대법원에 따르면 회생과 파산을 위해 법원을 찾은 회사는 2008년 207곳(이하 전국 기준)에서 2016년엔 1,675곳으로 늘었다. 개인 회생 · 파산 신청자도 2008년 이후 13만~16만명에 이른다. 결국 2016년 12월 국회에서 회생법원을 독립시키는 법안이 통과됐다.

출처 : 중앙일보/일부인용

🔍 상식UP! Quiz

문제 1944년 7월 44개국이 모여 전후의 국제 통화질서를 논의한 회의로, 달러화를 기축통화로 쓰기로 하고 국제통화기금(IMF), 국제개발부흥은행(IBRD)을 설립하였으며 관세와 무역에 관한 일반 협정(GATT)체제를 성립하게 한 회의는?

① 브레턴우즈협정   ② 나소협정
③ 로메협정   ④ 미주리협정

해설 ② 나소협정 : 핵무기 배치에 관한 미국과 영국의 협정
③ 로메협정 : 유럽 경제공동체의 9개국과 아프리카 · 카리브해 · 태평양 지경의 46개국 사이에 체결된 무역협정으로, 1975년에 토고의 수도 로메에서 조인
④ 미주리협정 : 1820년에 미국에서 자유주의 세력과 노예주의 세력 균형을 유지하기 위하여 실시한 남북 지역 간의 협정

답 ①

남북 최고 지도자들의 회담

1990년대에 이르면서 탈냉전, 동유럽의 변화, 한·소 수교 등 국제 정세가 급변했습니다. 이러한 화해의 분위기 속에서 남북한 대화가 보다 진전되어 1990년 북한이 김일성 주석의 신년사를 통해 남북 최고위급회담을 제안하였고, 남한도 남북 정상회담을 조속히 개최하길 바란다는 견해를 밝혔습니다. 그 결과, 비록 남북 정상회담은 아니지만 분단 이후 처음으로 남북 고위급회담이 서울과 평양에서 8차에 걸쳐 진행될 수 있었습니다.

1994년 6월에는 북한의 핵 문제를 중재하기 위해 지미 카터(Jimmy Carter) 미국 전 대통령이 북한을 방문하였습니다. 김일성 주석은 지미 카터 대통령의 주선으로 김영삼 대통령과의 정상회담을 제안했습니다. 남한 정부가 이 제의를 즉각 수락함으로써 곧바로 양국 간 협의를 통해 남북 정상회담의 구체적인 일정을 마련하였으나, 1994년 7월에 김일성 주석이 갑작스럽게 사망하며 남북 정상회담은 무기한 연기됩니다. 그러다 김대중(金大中) 정부 때인 2000년 6월 13일부터 15일에 분단 이후 첫 남북 정상회담이 평양에서 열렸고 6월 15일에 양국 정상은 6·15 공동선언문을 발표하였습니다. 또한 2007년 평양에서 한 차례 더 남북 정상회담이 열렸는데, 양측은 10월 3일 두 차례 개최된 정상회담에서의 논의 결과를 토대로 10월 4일 '남북관계의 발전과 평화번영을 위한 선언(10·4 선언)'을 발표합니다.

2018년에는 세 차례에 걸쳐서 남북 정상회담이 열렸습니다. 1차 회담에서는 이전과는 달리 북한의 정상이 남한으로 내려와 판문점에서 회담을 갖게 되었는데요. 이 자리에서 문재인 대통령과 김정은 위원장은 한반도의 비핵화와 종전의 내용을 담은 '판문점선언'을 발표하기도 했습니다. 2차 회담은 북측 판문점에서 회담이 이뤄졌습니다. 3차 회담은 평양에서 열렸습니다.

6 · 15 선언 20주년, 기념행사는 '언택트 방식'

올해(2020년)로 20주년을 맞는 6 · 15 남북공동선언 기념행사가 각계각층의 축하 속에 다양한 방식으로 진행됐다. 신종 코로나바이러스 감염증(코로나19) 전파 방지를 위해 방송과 온라인 이벤트 등 '언택트 방식'을 취한 점이 눈에 띈다.

통일부는 "6 · 15 남북공동선언 20주년을 계기로 남북관계 발전과 한반도의 항구적 평화에 대한 국민적 의지를 모으는 기념행사를 개최했다"고 밝혔다.

정부는 서울시 · 경기도 및 김대중평화센터 등 민간단체들과 함께 '평화가 온다(Peace Come)'라는 슬로건으로 다양한 시민참여형 문화 프로그램을 기획했다. 시민들은 평화를 주제로 한 노래와 춤, 그림 등을 촬영해 사회관계망서비스(SNS)

에 공유하며 '한반도 평화 만들기' 이벤트에 참여했다. 정부인사와 연예인, 유튜버 등 각계각층의 유명인사들도 행사 기간 매일 홈페이지와 유튜브 등을 통해 동참해 시민들의 이벤트 참여를 독려했다.

문재인 대통령 통일 · 외교 · 안보 특별보좌관이 사회를 맡는 대담도 진행됐다. 김연철 통일부 장관, 윌리엄 페리 전 미국 국방장관, 하토야마 유키오 전 일본 총리 등이 참여했다.

6 · 15 공동선언은 2000년 6월 13~15일 평양에서 진행된 김정일 국방위원장과 김대중 대통령의 **남북정상회담** 이후 발표됐으며 통일 문제의 자주적 해결 등을 내용으로 한다.

출처 : 연합뉴스/일부인용

🔍 상식UP! Quiz

문제 다음 중 2000년 6월 14일 분단 이후 최초로 남북한 정상회담을 통해 한국의 김대중 대통령과 북한의 김정일 국방위원장이 합의하여 6월 15일 발표한 5개 항의 합의 내용을 담고 있는 공동선언은 무엇인가?

① 7 · 4 남북 공동성명
② 남북기본합의서
③ 6 · 15 공동선언
④ 10 · 4 공동선언

해설 6 · 15 공동선언에 대한 설명이다. 7 · 4 남북 공동성명은 1972년 7월 4일에, 남북기본합의서는 1991년 12월 13일, 그리고 10 · 4 공동선언은 2007년 노무현 대통령 때 채택한 선언이다.

정답 ③

역사책에 없는 역사 이야기

중전 민씨는 조선 백성들을 위한 국모였던가?

을미사변은 1905년 10월에 일어났다. 그런데 의병운동은 다음해 1월에 일어났다. 3개월의 간극이 있는 것이다. 그 이유는 민비에 대한 당시 백성들의 평판에서 찾을 수 있다. 당시 조선에 와 있던 서양인들은 중전 민씨를 총명하고, 기품이 있는 완벽한 귀부인이라고 평했다. 국제정세에도 밝아 국사를 의논하기에 부족함이 없는 지략가라고도 평했다. 그러면 백성들은 어떻게 평가하고 있었을까? 일단 을미사변이 일어났을 때 일반 백성들은 그다지 슬퍼하지 않았다고 한다. 백성들에게 중전 민씨는 안동 김씨 이후 사라졌던 세도정권을 부활시킨 주범이었고, 민씨 척족들의 전횡과 부정부패를 방관하면서 국가재정을 파탄지경으로 몰아넣은 원흉이었다. 실제로 민씨 척족들은 상당수가 일제에 협력을 했고, 그중에는 민병석처럼 친일인명사전에도 올라갈 정도의 친일파도 있었다. 이들은 조선 말기에는 부정부패로 백성을 도탄에 빠뜨렸고, 일제강점기에는 친일매국행위를 했고, 독재시대에는 독재자를 돕는 등 반역사적 행위를 자행해왔다. 그리고 그 시작에 중전 민씨가 있다. 또한 중전 민씨가 백성들을 위해 어떤 정책을 폈다는 등의 기록이 없다. 대신 진령군이란 무당을 가까이 두고 국고를 탕진해가면서 세자를 위한 큰 굿을 벌였고, 이유인이란 무당에게는 점 한번 잘 쳤다고 비단 100필에 1만냥을 하사했다는 기록이 있다. 또한 구식군대의 월급을 착복하고 겨가 섞인 썩은 쌀을 주어 임오군란을 야기한 민겸호를 비호하고 중용한 이도 중전 민씨였다. 그뿐이 아니었다. 세수 부족으로 관리들의 봉급이 9년치나 밀려 있는 상황에서도 화려한 복식을 유지했고, 뇌물을 받고 일본 상인들이 조선의 쌀을 싹쓸이하게 방관함으로써 곡물값을 인상시켰다. 그리고 무엇보다도 시아버지 흥선대원군과의 권력다툼에서 밀려나지 않기 위해 일본을, 청나라를, 러시아를 조선에 끌어들였다.

말랑말랑 시사상식

책속의 책

Q1. 한반도 북부에서도 다수 출토된, 춘추전국시대 연나라에서 사용된 화폐는?

● ● ● 명도전(明刀錢)

표면에 '명(明)'자 비슷한 글자가 새겨져 있기 때문에 붙여진 이름으로, 자루에는 3줄의 직선
무늬가 있고 끝에는 고리 모양으로 되어 있다. 연(燕)·제(齊)·조(趙)에서 사용되었고, 한국
에서는 청천강, 대동강, 압록강 상류지역과 한반도 서북부에 걸쳐서 발견되었다. 연의 명도
전이 가장 많이 발견되고 있어 고조선이 연과 활발한 교역을 하였음을 알 수 있다.

Q2. 초기 고대국가 동예에서 공동체지역의 경계를 침범한 측에게 과하던 벌칙은?

● ● ● 책화(責禍)

각 씨족마다 읍락(邑落)이 산과 하천을 경계로 구분되어 생활권이 정해져 있어 함부로 다
른 지역에 들어가 경제활동 등을 할 수 없었는데, 만약 경계를 침범하였을 때 침범자 측
이 생구(生口·노예)와 우마(牛馬)로 이를 변상하는 법속이다. 3세기 후반의 중국 역사서
〈삼국지(三國志)〉에 기록되어 있다.

Q3. 대한민국에서 발견된 유일한 고구려비(碑)는?

● ● ● 충주 고구려비(또는 중원 고구려비)

5세기 무렵 고구려의 남진과 신라와의 관계를 알려주는 역사적 유물로 1979년에 조사되
어 알려졌으며 1981년 국보 제205호로 지정되었다. 고구려가 남한강 유역까지 영역을 확
장한 5세기 장수왕 때 세워진 것으로 추정되며, 높이 203cm, 폭 55cm, 두께 33cm이다.
4면에 모두 예서체로 글을 새겼지만 현재 뒷면과 우측면은 글씨를 알아볼 수 없을 정도
로 심하게 마모되어 있다.

Q4. 신라 진흥왕 6년 이사부의 의견에 따라 왕명을 받고 역사서 〈국사〉를 편찬한 '이 사람'은?

● ● ● 거칠부

내물마립간(柰勿麻立干)의 5세손으로 일명 '황종(荒宗)' 또는 '거칠부지(居七夫智)', '거칠부지(居柒夫智)'라고도 하는데 신라 진흥왕 때의 재상으로 대아찬으로서 〈국사(國史)〉를 편찬하여 파진찬의 관등을 받았다. 551년 백제와 연합하여 고구려를 공격, 죽령(竹嶺) 이북의 10군(郡)을 빼앗고 혜량법사와 함께 신라로 돌아와 그를 최초의 승통(僧統)이 되게 하였다. 진지왕 즉위에 공헌하였고 그 뒤 상대등이 되어 군국정사를 총괄하였다.

Q5. 대한민국 국보 제3호인 북한산진흥왕순수비를 판독한 조선 후기의 명필가는?

● ● ● 김정희

서화가 · 문신 · 문인 · 금석학자(金石學者)로 본관은 경주, 자는 원춘(元春), 호는 완당(阮堂) · 추사(秋史) · 예당(禮堂) · 시암(詩庵) · 과파(果坡) · 노과(老果)이며, 1819년(순조 19년) 문과에 급제하여 성균관대사성, 이조참판 등을 역임하였다. 실사구시를 주장하였고 독특한 추사체를 대성시켰으며, 특히 예서 · 행서에 새 경지를 이룩하였다. 1816년 북한산 비봉에 있는 석비가 조선 건국시 무학대사가 세운 것이 아니라 진흥왕순수비이며, '진흥'이란 칭호도 왕의 생전에 사용한 것임을 밝혔다.

Q6. 신라의 왕자이자 승려로 중국에서 지장보살의 화신으로 평가받는 '이 사람'은?

● ● ● 김교각

성덕왕(691~737)의 첫째 아들로 속명은 중경이며 24세에 출가하여 당나라로 건너가 구도생활을 하다 양쯔강 남쪽 구화산(九華山)에 화성사(化城寺)를 짓고 불법을 설교하였다. 입적 후 시신이 썩지 않아 등신불이 되었는데 아직도 주화산 지장보전(地藏寶殿)에 그의 등신불이 봉안되어 있다.

Q7.
고려 태조 때 지방에 연고가 있는 중앙의 고관에게 자기의 고장을 다스리도록 임명한 특수 관직은?

● ● ● 사심관(事審官)

기인(其人) 제도와 더불어 지방세력을 견제하기 위해 실시된 것으로 사심관은 호장 추천권과 부호장 이하의 향리를 임명할 수 있었으며, 그 지방의 치안에 대한 연대 책임, 풍속 교정, 공무 조달을 맡았다. 김부(金傅, 신라의 경순왕)는 최초로 경주의 사심관이 되었다.

Q8.
다음 중 만부교사건(萬夫橋事件)과 연관있는 동물은?

● ● ● 낙타

고려 태조 때 거란에서 보내온 낙타 50필을 만부교(개경의 보정문 안에 있는 다리) 아래에서 굶어 죽게 한 사건으로, 고려는 거란이 발해를 멸망시킨 무도한 나라라고 하여 사신들 또한 섬으로 유배했다. 이로써 고려와 거란의 외교관계는 1019년(현종 10년)에 화의가 맺어질 때까지 단절되었다.

Q9.
고려 관리 중 수상직을 수행한 최고의 관직은?

● ● ● 시중 또는 문하시중

고려시대 최고 정무기관인 중서문하성의 수상직으로 종1품에 해당된다. 982년(성종 1년)에 당나라의 관제를 채용하여 내사문하성(內史門下省)을 설치하면서 처음 두었으며, 1061년(문종 15년)에 중서문하성으로 개편할 때 정원과 품계를 정했다. 조선 건국 후 1401년(태종 1년)에 의정부를 설치하면서 좌·우정승으로 바뀌었고 뒤에 좌·우의정이 되었다.

Q10. 고려 목종을 살해하려다 실패한 뒤 1009년 강조의 정변으로 현종 즉위 후 아들과 함께 처형된 권신은?

○ ● ● 김치양

목종의 어머니 헌애왕후 황보씨의 외척으로 목종이 즉위하고 천추태후(千秋太后=헌애왕후)의 총애로 권력 남용과 횡포가 심하였으며, 태후와의 사이에서 낳은 아들로 왕위를 잇게 하고자 대량군(大良君) 순(詢)을 살해할 모의를 하다가 실패하였다. 그 뒤 순(현종)이 즉위한 후 그의 일당과 태후의 친척 이주정 등은 해도로 유배되고 왕과 태후는 충주로 내쫓겼다.

Q11. 몽골의 침입 때 처인성(지금의 용인)에서 적장 살리타(撒禮塔)를 활로 쏘아 죽인 '이 사람'은?

○ ● ● 김윤후

고려의 승장이자 무반 장군으로 일찍이 중이 되어 경기도 평택 지역에 소재하는 백현원에 있다가 1232년(고종 19년)에 몽골이 침입하므로 처인성에 피난하였는데, 이때 몽골의 원수 살리타를 활로 쏘아 죽였다.

Q12. 고려 말기의 학자이자 농부로서, 사위 문익점과 함께 목화씨를 심어 종자를 널리 보급한 '이 사람'은?

○ ● ● 정천익

1363년 사위 문익점이 원나라에서 목화씨를 가지고 오자 3년 동안 재배, 연구한 후 고려에서 처음으로 목화를 번식시켰고, 이후 원나라 승려 홍원을 만나 직조법을 익혀 목화 직조의 길을 열었다. 목화를 처음 심어 번식시킨 경상남도 산청군 단성면 사월리에는 문익점면화시배지(文益漸棉花始培地)가 사적 제108호로 지정되어 남아 있다.

Q13. 조선 세종 때 정인지, 정흠지와 함께 〈칠정산내편〉을 편찬하고, 간의대를 제작 · 설치하는 일을 관장한 사람은?

●●● 정초(鄭招)

자는 열지(悅之), 세종 때의 문신으로 이조판서 · 대제학을 지냈으며 과학사업에 중요한 소임을 맡아 대통통궤 등을 연구하여 역법을 개정했고 1433년 이천과 함께 혼천의를 제작했으며 〈농사직설〉, 〈회례문무악장〉, 〈삼강행실도〉 등을 편찬하였다.

Q14. 조선시대에 학문이 풍부하고 행실이 고매한 선비들을 우대하여 기용하는 제도는?

●●● 정초(旌招)

처음 시행한 시기는 1552년으로, 명종은 각 도의 관찰사에게 명하여 명망이 높은 선비를 천거하도록 하였고 즉석에서 6품직을 주었는데, 때로는 왕이 특별히 사정전에 초치하여 치국의 도리와 학문의 방도를 하문하기도 하며, 주찬을 하사하고 내의를 파견, 약물을 보내는 등 그 우대함이 삼공에 비할만하였다.

Q15. 세조는 평소 "한명회는 나의 장자방이고 '이 사람'은 나의 위징이다"라고 두 사람을 칭찬했다. '이 사람'은?

●●● 신숙주

조선 초기의 문신으로 영의정을 지냈으며 4차례 공신의 반열에 올랐던 인물로 훈민정음의 창제 · 보급에 큰 역할을 했고 국가 중요 서적의 찬수에 참여하는 등 조선 전기 문물제도의 완비에 기여했다. 또한 〈해동제국기〉를 저술하여 일본과의 교린외교에 도움을 주었고 계유정난 때 중용되어 요직을 두루 거쳤는데 사육신과 뚜렷이 구분되는 삶을 살아 종종 변절자로 비판받기도 한다.

Q16. 조선의 문신 권근이 명(明) 태조의 지시에 의하여 지은 시를 모아 그의 손자 권람이 간행한 책은?

● ● ● 양촌응제시(陽村應制詩)

보물 제1090호. 1462년(세조 8년)에 간행된 책이며 1책(85장)으로 구성되어 있고 서울 삼성출판박물관에 소장되어 있다. 1396년(태조 5년) 사신으로 갔던 권근이 응제시(應制詩) 24수를 지었는데, 시에 인용된 사항에 대해 역사 지리적 주석을 붙여 목판으로 간행하였다. 명 황제가 권근에게 지어준 시 3수도 같이 실려 있는데 당시 명과 조선의 관계를 이해하는 데 도움이 된다.

Q17. 조선시대에 왕실이나 국가 주요 행사의 내용을 그 일의 전말과 경과, 소요된 재용(財用) · 인원, 의식 절차, 행사 후의 논상 등을 기록해 놓은 책은 무엇인가?

● ● ● 의궤(儀軌)

현존하는 의궤는 모두 임진왜란 이후에 만들어진 것으로, 1600년(선조 33년)에 작성된 의인왕후의 〈빈전혼전도감의궤(殯殿魂殿都監儀軌)〉와 〈산릉도감의궤(山陵都監儀軌)〉가 최초의 것이다. 1866년 병인양요 때 프랑스군이 강화도 외규장각에 보관되어 있던 많은 수의 의궤를 약탈했는데, 파리국립도서관에서 재불 서지학자 박병선이 발견한 뒤, 한국 정부와 학계의 반환요청이 계속되어 2011년 4월과 5월에 걸쳐 5년 단위의 임대방식으로 모두 반환되었다. 2007년 6월 '조선왕조의궤'는 유네스코 세계기록유산에 등재되었다.

Q18. 1866년(고종 3년) 미국 상선(商船) 제너럴셔먼호를 불태우고 일본과의 수교를 주장하여 1876년 강화도조약을 맺게 한 사람은?

● ● ● 박규수

조선 후기의 문신 · 개화사상가. 박지원의 손자로 개화파 형성에 결정적인 역할을 하였으며 1875년 운요호사건을 빌미로 일본이 수교를 요구해오자 그는 최익현 등의 강력한 척화 주장을 물리쳤다.

Q19. 1906년 만주에 설립된 한국 최초의 신학문 민족교육기관은?

● ● ● 서전서숙

이상설을 중심으로 여준, 정순만, 이동녕 등의 애국지사들이 연길현(延吉縣) 육두구(六頭溝) 용정촌에 설립하였고 이상설이 천주교회장 최병익의 집을 사재로 매입하여 학교 건물로 개수하였으며, 학교명은 서전평야의 이름에서 따온 것이다. 일체의 경비는 이상설이 사재로 부담하는 완전 무상교육이었는데, 1년 미만의 짧은 역사로 폐교되고 말았다.

Q20. 회사가 부당한 폐업을 공고하자 노조원들이 회사 정상화와 노동자의 생존권 보장을 요구하며 1979년 8월 신민당 당사에서 농성을 벌인 사건은?

● ● ● YH무역사건(YH무역농성사건, YH사건)

가발 제조업체 YH 무역 노조원들이 1979년 8월 9일 시작한 농성으로 중 8월 11일 새벽 2시 2,000여 명의 경찰이 투입되면서 23분 만에 진압하였는데 이 과정에서 22세 여성 노동자 김경숙이 숨진 채 발견됐다. 이 사건은 이후 신민당의 무기한 농성과 김영삼 당시 신민당 총재의 의원직 제명 등으로 이어졌다.

Q21. '이것'은 1933년 일본 도다이사(東大寺) 쇼소인(正倉院)에서 발견되었다. 통일신라에서 촌락의 토지 크기, 인구 수, 소와 말의 수, 토산물 등을 파악하여 3년마다 만든 문서로 이를 토대로 조세·공물·부역 등을 거두었다. 신라 장적, 또는 신라 촌락문서라고도 하는 '이것'은 무엇일까?

● ● ● 민정문서

사람은 남녀별로 구분하고, 연령을 기준으로 나이에 따라 6등급으로 구분하여 기록하였다. 호(가구)는 사람의 많고 적음에 따라 9등급으로 나누어 파악하였다.

Q22. 조선시대 사관은 임금의 일거수일투족을 모두 기록하고자 하였다. 이러한 자료는 임금의 사후에 정리하여 〈조선왕조실록〉으로 펴내고, 사초라고 부르는 원본 기록은 '이곳'에서 물에 씻어 글자를 지웠다고 한다. '이곳'은 창의문 밖 삼각산과 백운산 사이에 있으며, 인조반정 때 반정세력이 창의문으로 들어갔기 때문에 이름 지어졌다는 〈궁궐지〉의 기록을 보면 그들이 '이곳'에서 칼을 씻었을 것으로 보이는데, '이곳'은?

● ● ● 세검정(洗劍亭)

세검정에서 세초한 이유는 근처에 종이를 만들고 관리하는 기관인 조지서가 있었기 때문이다.

Q23. '이곳'은 백제에 불교를 전한 인도의 승려 마라난타가 384년 중국 동진을 거쳐 백체에 처음 발을 디딘 곳이라고 한다. 지금은 영광굴비로 유명한 '이곳'은?

● ● ● 법성포

법은 불교를, 성은 마라난타를 의미한다고 한다.

Q24. 임오군란 이후 청으로 끌려갔던 흥선대원군은 1887년 귀국한다. 저고리 위에 입는 웃옷으로, 원래 만주인의 옷이었으나 이때 흥선대원군이 입고 귀국한 옷이 변형된 것인 '이것'은?

● ● ● 마고자

남녀 모두 입을 수 있는 옷으로, 형태는 깃, 고름이 없고 여성용은 섶을 달지 않고 남성용은 섶을 다는데 길이를 여성용보다 길게 하고 양옆에 트임이 있다.

Q25. 조선시대, '이것'의 서쪽을 대사동, 동쪽을 탑골이라 불렀다. 탑골에는 관직이 낮은 양반이나 중인들이 주로 거주했다. 18세기 이곳에서는 홍대용, 박지원, 이서구 등이 서얼이었던 이덕무, 박제가, 유득공, 백동수 등과 교류하였는데, 이들은 '이것'의 별칭을 따서 백탑파라 불렀다. 조선 세조 때 만들어진 탑으로 대리석으로 만들어져서 흰색을 띠어 백탑이라 불렸다. 현재 국보 제2호로 지정되어 있는 '이것'은?

●●● 원각사지 10층 석탑

현재 탑골공원 자리에 있던 흥복사를 세조 11년에 원각사로 중건하였으며, 세조 13년 (1467)에 10층 석탑을 세웠다. 원각사는 연산군 때 폐사되었고, 건물은 성종 때 사라졌다.

Q26. 고려 예종 때, 사학에 밀리는 관학을 진흥하기 위하여 국자감을 국학으로 바꾸고 장학재단인 '이것'을 설치하였다. 조선시대에는 성균관의 유생들에게 식량을 공급하던 기관이었는데, '이것'은?

●●● 양현고

충렬왕 때는 안향의 건의에 따라 관리들의 품위에 따라 섬학전을 내어 장학기금으로 썼다.

Q27. 개성의 송악산에 있는 고려의 궁궐터로, 공민왕 때 홍건적의 침입으로 소실될 때까지 고려 왕의 주된 거주지였다. 남북 공동 발굴조사를 하기도 했던 곳으로, 북한의 국보 제122호인 '이곳'은?

●●● 만월대

2018년 남북 공동 발굴조사를 하기 전인 1973~1974년에 북한에서 먼저 발굴조사를 했다.

Q28. 1120년 예종이 팔관회에 갔다가 그 자리에 김락, 신숭겸 두 개국공신의 모형이 참석한 것을 보고 지은 가요이다. 향가 형식인데, 8구체이지만 4구 둘로 이분된다. '이것'은 무엇인가?

   ● ● ● **도이장가(悼二將歌)**

'도이장가'는 '정과정곡'과 함께 향가 형식의 노래가 고려 중기까지 남아있었다는 증거이다.

Q29. '이것'은 선조 1년(1568) 이황이 선조가 성군이 되기를 바라는 뜻에서 올린 상소문이다. 율곡은 '퇴계의 평생 학문이 응축된 것'이라 하였는데, 근왕의 도에 관한 학문의 요체를 도식으로 나타낸 '이것'은?

   ● ● ● **성학십도(聖學十圖)**

예조판서 자리를 사양하며 올린 것이다.

Q30. 세종 23년(1441) 왕과 왕비가 온수현으로 갈 때 '이것'을 사용하여 거리를 쟀다고 한다. 1리를 갈 때마다 인형이 북을 쳐서 알려주었다고 하는데, 현재의 존스 카운터나 타코미터와 같은 원리인 '이것'은?

   ● ● ● **기리고차(記里鼓車)**

장영실의 작품으로 추정된다.

Q31. 고려시대, 상약국·태의감 등이 왕실과 관리를 위한 의료기관이었다면, 백성을 위해서는 제위보, 혜민국과 함께 '이것'이 있었다. 개경에 동·서로 있었고, 서경에도 있었는데, 불교정신에 입각해 이름이 붙었으며, 의료 행위와 함께 빈민을 구휼하기도 했던 '이것'은?

   ● ● ● **대비원**

동·서에 있어서 동서대비원이라고도 했으며, 대자대비한 불교정신에 입각해 대비원이란 이름이 붙었다.

Q32. 공양왕 때 처음 생겨 고려 말~조선 초에 유통되었던 지폐이다. 태종 때 2,000장을 발행하며 유통을 위해 노력하였으나 점차 가치가 떨어지며 쓰이지 않게 되었는데, '이것'은?

　●●● 저화(楮貨)

조선 건국 주도 세력이 재정 기반을 마련하고자 추진한 정책이었다.

Q33. '이것'은 사냥하는 모습이 비단에 그려진 그림으로 현재는 그림 중 일부로 보이는 3조각만 남아 있다. 현재 국립중앙박물관에 있으며, 공민왕이 그린 것으로 알려진 '이 그림'은?

　●●● 천산대렵도(天山大獵圖)

긴 두루마리 그림 중 일부로 보인다.

Q34. 성종 때 서거정이 중심이 되어 편찬한 시문선집이다. 신라시대부터 당시까지해서 약 500인의 4,302편이 수록되었으며, 후대에 속편이 나오기도 했다. 우리나라 한문학의 총결산이라고 할 만한 '이것'은?

　●●● 동문선

후대에 나온 것의 경우 신용개의 것을 〈속동문선〉, 송상기의 것은 〈신찬동문선〉으로 구별하기도 한다.

Q35. 조선시대에 역관들의 외국어 학습 및 역과시용으로 사역원에서 간행한 중국어 학습서로, 고려의 상인이 인삼 따위의 우리나라 특산물을 베이징에 가져가서 팔고, 그곳 특산물을 사서 귀국할 때까지의 노정을 기록하였으며, 여행이나 교역(交易) 등에 알맞은 대화로 이루어진 '이 책'은?

● ● ● **노걸대**

〈노걸대〉에는 여행객에게 필요한 여러 가지 표현 방법이 기록되었으며, 몽고어와 일본어로 번역되었고, 후세에는 만주어로도 번역된 듯하다.

Q36. '이 사람'은 무열왕, 문무왕, 신문왕의 3대에 걸쳐 문장가로 이름을 떨쳤으며, 특히 외교 문서에 능하여 삼국통일에 크게 공헌하였다. 〈청방인문표〉, 〈답설인귀서〉 등을 쓴 '이 사람'은?

● ● ● **강수**

강수는 신라 최초의 유학자로 설총, 최치원과 함께 신라의 3대 문장가로 꼽힌다. 골품제라는 신분제적 한계 요소가 있었음에도 높은 유교적 교양과 뛰어난 문장력으로 칭송받는다.

Q37. 빈칸의 숫자를 모두 더하면 얼마인가?

> • 고려 태조의 훈요 (   )조
> • 최승로의 시무 (   )조
> • 최충헌의 봉사 (   )조

● ● ● **48(10+28+10)**

고려 태조가 유언으로 남긴 10가지 당부사항을 훈요10조라 하고 최승로가 성종에게 올린 글로 이루어져야 할 정치개혁을 내용으로 하는 것을 시무28조라 한다. 봉사10조는 최충헌이 실권을 장악한 후 왕에게 폐정의 시정과 반성을 요구하는 시무책이다.

Q38. 일연의 〈삼국유사〉와 이승휴의 〈제왕운기〉는 모두 고려의 '이 왕' 재위기에 편찬된 것이다. '이 왕'은 누구인가?

● ● ● 충렬왕

충렬왕은 고려 제25대 왕으로 원나라 세조의 딸과 혼인하였으며 1272년부터 1308년까지 재위하였다. 〈삼국유사〉는 1281년, 〈제왕운기〉는 1287년에 편찬되었다.

Q39. '이것'은 조선시대에 소방에 관한 일을 맡아보던 관아이다. 세종 8년(1426)에 한양의 화재 예방을 위하여 설치하였는데, 무엇인가?

● ● ● 금화도감

조선 전기 화재가 빈발하여 가옥 사이에 방화장을 설치하고, 우물을 파서 방화기구를 설치하였는데, 이러한 방화업무를 총괄하는 기관이다.

Q40. '이것'은 조선 역대 임금의 치적에서 모범이 될 만한 일을 실록에 의하여 엮은 편년체의 역사책이다. 세조 3년(1457)에 수찬청을 설치하여 이듬해에 신숙주 등이 태조 · 태종 · 세종 · 문종 4대의 '이것'을 완성하였고, 이후 편찬을 계속하여 순종 때에 완성하였는데, 무엇인가?

● ● ● 국조보감

〈국조보감〉은 총90권 28책의 활자본으로 세종 때 모범이 될 일들에 대해 후세에 귀감으로 삼기 위해 편찬하도록 했으나 완성하지 못하여 훗날 세조가 이를 계승해 완성하였다.

Q41. 조선시대에 군국의 사무를 맡아보던 기구이다. 중종 때 삼포왜란의 대책으로 설치한 뒤, 명종 때 을묘왜변으로 상설기관이 되었다. 임진왜란 이후에는 의정부를 대신하여 정치의 중추기관이 된 기구는?

● ● ● 비변사

비변사는 조선 중기부터 후기까지 군국기무를 총괄한 최고기구이다. 초기에는 변방에 중대한 사건이 발생했을 때 소집되는 임시기구였으나 을묘왜변 후 상설기구가 되었다. 점차 비변사의 권한이 커지면서 의정부의 역할이 축소되었고 각종 폐단으로 논란이 되기도 했다. 흥선대원군은 왕권 강화를 위해 비변사를 폐지했다.

Q42. '이곳'은 전라남도 담양군 남면 지곡리에 있는 정원이다. 조선 중종 때 소쇄옹 양산보가 건립하여 은신하였던 곳으로 유명한데, 무엇인가?

● ● ● 소쇄원

조광조의 제자인 소쇄옹 양산보는 기묘사화로 조광조가 사망하자 충격을 받아 고향으로 가서 소쇄원을 지었다고 한다. 흘러내리는 계곡을 사이에 두고 건물을 지어 자연과 인공이 조화를 이루는 곳이라고 평가된다.

Q43. 조선 인조 때에 신속이 엮은 농서로 〈농사직설〉, 〈금양잡록〉, 〈사시찬요〉 등을 모아 편찬한 '이 책'은 무엇인가?

● ● ● 농가집성

1655년 신속이 왕명을 받아 간행한 농업 서적이다. 각종 곡식과 경종법 그리고 약용식물의 재배법이 기재되어 있고 시대를 달리하며 중간본들이 제작되어 기술 변천까지 파악할 수 있다. 현재 1655년 목판본이 서울대학교 농과대학과 규장각에 보관되어 있다.

Q44. 다음에서 공통으로 연상되는 인물은 누구인가?

> 조선 효종 대의 문신 / 시헌력 도입 / 대동법 확대 실시 / 동전의 사용 확대 건의 /
> 호는 잠곡

●●● 김육

김육은 어린 시절에 임진왜란을 겪고 부모를 여의는 등 힘든 상황을 겪으면서도 과거 준비를 충실히 하여 성균관시에서 수석을 차지하였다. 그러나 서인의 정통을 계승한 그에게 기회는 오지 않았다. 결국 농사를 짓기로 결심하고 은거하였으나 인조반정으로 서인이 집권하게 되면서 관직에 진출하게 된다.

Q45. 다음에서 공통으로 연상되는 인물은 누구인가?

> 주해수용 / 의산문답 / 담헌집 / 지전설

●●● 홍대용

홍대용은 조선 후기의 실학자로 지전설과 우주무한론을 주장했으며 민족을 주체성을 강조하였다. 당시 사회의 계급과 신분적 차별에 반대하였으며 재능과 학식에 따라 일자리가 주어져야 한다고 주장하였다.

Q46. 〈임원경제지〉를 저술한 '이 사람'은 〈해동농서〉를 쓴 서호수의 아들이자 〈규합총서〉를 쓴 빙허각 이씨의 시동생인데, 누구인가?

●●● 서유구

조선 후기의 문신으로 순창군수 시절, 농서를 구하는 정조의 윤음에 따라 도 단위로 농학자를 두어 그 지방의 농업 기술을 조사·연구하게 하였다. 연구의 내용을 토대로 하여 각종 농서 등과 중국 문헌 등을 참고하여 〈임원경제지〉를 완성하였다.

Q47. '이곳'은 경기도 화성시에 있는 사도세자의 묘이다. 정조 때 영우원을 고친 것으로, 후에 사도세자를 장조로 추존(追尊)하고부터 '융릉'이 된 '이곳'은?

　●●● 현릉원

현릉원은 신도시 화성 건설의 큰 계기로 작용했다. 이는 효성이 지극했던 조선 22대 왕인 정조의 아버지 사도세자와 어머니 혜경궁 홍씨의 묘이다.

Q48. 우리나라에서 문묘(文廟)는 성균관과 향교에 있는데, 중국의 '이 성현'을 모신 사당이다. '이 성현'은?

　●●● 공자

문묘는 유교를 집대성한 공자나 여러 성형들의 위패를 모시를 제사를 드리는 사당으로 태조 7년에 처음 세워졌으며 '보물 141호'로 지정되어 있다.

Q49. '이 신문'은 조선 고종 23년(1886)에 박문국에서 〈한성순보〉의 복간 형식으로 펴낸 정부의 관보이다. 최초의 국한문 신문이었으나 1888년에 폐간된 '이 신문'은 무엇인가?

　●●● 한성주보

우리나라 최초의 주간신문으로 박문국에서 창간되었다.

Q50. 고종이 황제로 즉위하면서 제사를 드리기 시작한 곳으로, '이곳'에서 황제 즉위식을 거행하였다. 서울 조선 호텔 앞에 그 터가 남아 있는 '이곳'은?

　●●● 원구단

현재 서울시청 인근 조선호텔 앞에 예전에 원구단이 있었다고 한다. 현재는 황궁우와 석고만이 남아 있는데, 기우제를 지내거나 하는 제천단을 의미한다. 현재 남아 있는 석고는 1902년 고종 즉위 40년을 기념하여 세운 석조물이다.

Q51. 1899년 개화기 철도 중 가장 먼저 개통된 것으로, 서울과 인천을 잇는 철도는?

● ● ● 경인선

우리나라 최초의 철도로 구로역에서 인천역 간 경인공업지대를 관통하며 화물과 여객을 수송하는 철도이다.

Q52. 다음은 대한제국과 일본 사이에 맺은 '이 조약'의 내용 중 일부인데, 무엇인가?

> • (전략) 대한제국정부는 대일본제국정부를 확신하고 시정의 개선에 관하여 그 충고를 들을 것
> • 대일본제국정부는 (중략) 군략상 필요한 지점을 임시 수용할 수 있을 것

● ● ● 한일의정서

1904년 2월 2일 러일전쟁을 일으킨 일본이 한국 정부에 대해 군사동맹을 맺을 것을 강요하며 압박하자 대한제국은 일본공사 하야시와 협약을 체결하는데 이것이 바로 한일의정서이다.

Q53. 이것은 1906년에 윤치호, 장지연 등이 조직한 민중계몽단체로, 교육과 계몽을 통하여 민족적 주체 의식을 고취시키고 자주독립의 기반을 마련하고자 하였다. 친일 내각에 도전하다가 1907년에 정부 명령으로 해산되었으며, 뒤에 '대한협회'로 이름을 고친 '이 단체'는?

● ● ● 대한자강회

대한자강회는 당시의 사회적 제약에도 불구하고 월보를 간행하였고, 주권회복과 자주독립을 위한 계몽운동에 기여한 바가 크다.

Q54. 다음에서 공통으로 연상되는 인물은?

> 사민필지 / 육영공원 강사 / 헤이그 밀사 파견 건의 / 미국의 감리교 선교사

●●● **헐버트**

1866년 육영공원에서 외국어를 가르쳤던 호머 헐버트는 을사늑약 후 고종의 밀서를 가지고 미국대통령과 면담하려 했지만 실패했다. 그러나 〈한국평론〉을 통해 일본의 죄상을 알렸고, 우리나라의 국권 회복 운동에 기여하였다.

Q55. '이 법'은 1925년에 일제가 반체제 운동을 탄압하기 위하여 만든 법이다. 1945년까지 한반도와 대만 등에 적용된 '이 법'은?

●●● **치안유지법**

관동대지진 후 공포된 치안유지법을 기본으로 하여 제정한 이 법률은 식민지 지배에서 벗어나고자 한 민족해방운동을 탄압하는 데 활용되었다.

Q56. 이 나무의 정화능력은 다른 나무와 비교해 비소는 14배, 아연은 8배나 높아 오염된 땅에 심으면 좋다고 한다. 단군신화에 관련된 신단수도 이것이라고 알려져 있으며, 단군의 '단'도 이 나무라는 뜻인데, 무엇인가?

●●● **박달나무**

신단수는 환웅이 하늘에서 내려왔다는 나무이며, 고대의 제정일치 사회에서 제사를 지내던 성역을 의미하기도 한다.

Q57. 한치윤의 〈해동역사〉에는 백수광부의 아내가 지었다고 전해지는 이 노래에 대한 기록이 있다. '임아 물을 건너지 마오. 그러나 임은 결국 물을 건너시네. 물에 빠져 돌아가시니 장차 임을 어이할까'라는 내용의 고대가요는?

● ● ● 공무도하가

4언 4구인 공무도하가는 고조선시대의 작품으로 추정되며, 우리나라 문헌상 가장 오래된 서정시가로 알려져 있다.

Q58. 백제 근초고왕 때의 인물인 '이 사람'은 일본에 건너가 말 두 필을 전달하고 기르는 일을 맡았다고 한다. 일본 왕은 그가 경서에 밝은 것을 알고 태자의 스승으로까지 삼았다고 하며, 왕인 박사를 초청해 일본에 한학을 전하게 하였다고 하는 '이 사람'은?

● ● ● 아직기

일본 사서 〈고사기〉에는 '아지길사', 〈일본서기〉에는 '아직기'라고 기록되어 있으며, '아직사'라는 일본 귀화 성씨의 시조라고 한다.

Q59. 국보 제29호인 이것은 높이 3.75m, 지름 2.27m, 무게 18.9톤에 달하는 신라시대의 종이다. 신라 경덕왕이 아버지(성덕왕)의 공덕을 알리려고 만들기 시작해 혜공왕 때 완성되었으며, '에밀레종', '봉덕사종' 이라고도 불리는 종은?

● ● ● 성덕대왕신종

경주국립박물관에 보관되어 있으며 종을 만들 때 참가한 사람들의 이름이 기록된 종명이 남아 있어 당시 시대사를 연구하는 귀중한 자료가 되고 있다.

Q60. 신라시대부터 조선 초까지 존재했던 지방 행정구역인 이것은 일반 양민이 아닌 노비, 천민 등의 특수 계층이 거주하던 곳이다. 고려 때에 일어난 망이·망소이의 난은 이 행정구역 세 개 중 하나인 공주 명학소에서 발생했는데 이 행정구역은 무엇인가?

● ● ● 향 · 소 · 부곡

향과 부곡은 주로 농업 생산에 종사하였으며, 소는 주로 수공업 생산을 담당하였다고 한다.

Q61. 기록에 의하면 우리나라에서 이것이 제일 먼저 행해진 시기는 서기 53년 고구려 태조왕 때라고 한다. 나이 어린 왕이 즉위했을 때, 성인이 될 때까지 일정한 기간 동안 왕의 어머니나 할머니가 국정을 처리했던 대리정치를 가리키는 이것은 무엇인가?

● ● ● 수렴청정(垂簾聽政)

신하들에게 얼굴이 보이지 않게 발을 치고 정사에 임하는 정치라는 뜻이다. 우리 역사에서는 고구려 때 1회, 신라 때 2회, 고려 때 4회, 조선 때 8회의 수렴청정 기록이 있다.

Q62. 조선시대의 사법기관을 의미하는 삼법사(三法司)는 일반적으로 형조와 사헌부 그리고 이 기관을 가리킨다. 수도의 행정을 맡았던 관청으로, 가족 간의 분쟁 등 민사소송 업무를 주로 담당했던 기관은 무엇일까?

● ● ● 한성부

태조가 한양으로 도읍을 옮긴 이듬해인 1395년부터 한일합방으로 경성부로 개칭될 때까지 사용되었던 조선의 행정구역 이름이자 관청 이름으로, 오늘날 서울특별시에 해당된다.

Q63. 창덕궁에 있는 대조전, 창경궁에 있는 통명전과 함께 경복궁의 이곳은 조선 시대 왕비가 거처하던 침전으로, 지붕에 용마루가 없는 것이 특징이다. 경복 궁 창건 당시에는 없었으며, 세종 대에 지어진 것으로 추정되는 건물은 무엇 인가?

● ● ● 교태전

교태전이라는 명칭은 주역의 태(泰)괘에서 따온 것으로, 하늘과 땅의 기운이 잘 조화하여 만물이 생성한다는 뜻이라고 한다.

Q64. 강원도 영월군 남한강 상류에 위치한 이곳은 국가 명승 제50호로 지정되어 있다. 1457년 단종이 세조에게 왕위를 찬탈당하고 유배되었던 곳으로, 단종 은 이곳을 '육지고도(陸地孤島)'라고 표현했다고 하는데, 어디인가?

● ● ● 청령포

청령포에는 단종이 살았던 어가와 돌탑, 단종이 올랐던 낭떠러지인 노산대, 외부인의 접 근을 금지한 금표비 등이 남아 있다.

Q65. 이것은 조선시대 임금과 왕비, 대비, 왕세자의 식사와 관련된 일을 맡았던 내 시부의 으뜸 벼슬이자 종2품의 관직이다. 또한 내시부 관원을 감독하는 일을 관장했고, 정원 2명은 모두 환관이 임명되었는데, 이 관직은 무엇인가?

● ● ● 상선

1명은 내시부의 관원 전체를 감독하는 내시부의 수장이었으며, 1명은 궁중에서 수라간을 지휘하였다.

Q66. 〈조선왕조실록〉에는 '정시를 시행하여 문과에는 이정기 등 9명을, 무과에는 '이 사람' 등 94명을 선발하였다'는 기록이 있으며, 〈석재고〉에는 '이 사람의 이름은 호탄만인데, 병서에 재주가 있고, 화포를 정교하게 만들었다'는 기록이 있다. 조선 최초의 서양인 무관으로 알려진 '이 사람'은?

● ● ● 박연(벨테브레)

네덜란드인으로, 1626년 일본으로 향하던 중 풍랑을 만나 제주도에 도착하였다. 동료들과 함께 훈련도감에서 총포 제작 업무를 하였고 병자호란 때에도 출전하였다.

Q67. 조선 후기 화가 조영석은 '그림을 통해 그림을 전한다는 것은 잘못된 것이다. 물체를 마주 대하고 그대로를 그려야 살아있는 진짜 그림이 된다' 고 하였다. 이 말은 당시에 유행하던 산천을 소재로 한 이 그림의 중요성을 강조한 것으로, 겸재 정선 등이 이것을 그린 대표적 인물인데, 어떤 그림인가?

● ● ● 진경산수화

조선 후기 산천을 소재로 그린 산수화를 뜻하며, 진경(眞境)이라고도 부른다. 정선, 강세황, 심사정 등이 대표적인 작가이다.

Q68. 1693년 진사시에 합격한 '이 사람'은 당쟁에 회의를 품고 벼슬을 포기한 채 낙향하여 학문과 글, 그림으로 생애를 보냈다고 한다. 고산 윤선도의 증손자이며, 국보 제240호로 지정된 자화상의 주인공이기도 한 '이 사람'은?

● ● ● 윤두서

그의 작품 〈나물 캐는 아낙네〉, 〈밭가는 농부〉 등은 하층민들의 일상을 소재로 한 우리나라 최초의 서민풍속화로 평가되기도 하며 조선시대 회화의 개척적인 작품으로 평가받는다.

Q69. 조선시대부터 한약재를 전문적으로 유통하던 시장인 이것은 약재의 채취시기에 맞추어 전국 각지에서 열렸는데, 대구, 전주, 원주의 시장이 3대 이것으로 불렸다. 지역의 보건, 의료, 유통 산업에 큰 기여를 한 것으로 평가받는 시장은?

● ● ● 약령시

효종 때부터 열리기 시작해서 일제강점기에도 있었으며 지금도 대구의 '약전골목' 등에는 많은 한약방과 한약상이 남아 있다.

Q70. 보물 제1594호로 지정된 이것은 김정호가 1834년 제작한 조선시대 한반도 지도책이다. 동일 축척의 방안을 사용한 정확하고 상세한 지도로 이후 대동여지도를 제작하는데 기초가 되었다고 전해지는 '이 지도'는 무엇일까?

● ● ● 청구도

'청구선표도'라고도 부르며, 남북 100리, 동서 70리의 방안을 사용한 대축척지도이다. 국립중앙도서관, 고려대학교, 영남대학교 3곳에 소장되어 있다.

Q71. '이 사람'은 을미사변과 단발령 이후 경상북도 영덕, 울진 지역을 중심으로 항일무장운동을 펼친 인물이다. 신출귀몰한 활약으로 '태백산 호랑이'로 불리기도 한 평민 출신 의병장인 '이 사람'은 누구인가?

● ● ● 신돌석

의병은 일반적으로 유생이나 양반출신이 대부분이었으나 신돌석은 훌륭한 지도력과 뛰어난 전술로 일본군에 큰 피해를 주었다.

Q72. 우리나라 '동시의 날'로 지정된 11월 1일은 잡지 〈소년〉이 창간된 날을 기념한 것이라고 한다. 이것은 〈소년〉에 실린 '이 시'가 우리나라 산문학에서 최초의 동시로 평가되었기 때문인데, 최남선이 쓴 '이 시'의 제목은 무엇인가?

● ● ● 해에게서 소년에게

1908년 〈소년〉 창간호 권두에 발표된 7행 6연의 작품으로 작가가 알려진 최초의 신체시로 평가받는다.

Q73. "내가 죽으면 왜놈의 발길에 채이지 않도록 화장을 하고 재를 바다에 뿌려라" 독립운동가인 이 사람의 유언이다. 〈조선상고사〉를 저술하였으며, 일제에 저항하기 위해 호적등록을 거부하여 죽은 후 100여 년 만에 대한민국 가족등록부를 받은 역사가는?

● ● ● 신채호

일제강점기의 독립 운동가이자 사학자로 '역사는 아(我)와 비아(非我)의 투쟁'이라는 명제를 내걸고 민족사관을 수립하여 우리나라 근대사학의 기초를 완성하였다.

Q74. 1912년 고종이 60세 되던 해에 낳은 고명딸인 '이 사람'은 일본으로 강제 유학을 가고 쓰시마 도주의 아들과 정략결혼을 하는 등 순탄치 않은 삶을 살았다. 대한제국의 마지막 황녀인 '이 사람'은 누구인가?

● ● ● 덕혜옹주

고종과 궁녀인 양귀인 사이에서 태어난 덕혜옹주는 19살에 쓰시마 도주의 아들과 결혼했으나 정신질환과 딸의 죽음 등을 겪는 불행한 삶을 살았다. 1962년 귀국해서도 힘든 생활 끝에 세상을 떠났다.

Q75. 청록파 시인으로 유명한 박목월, 박두진, 조지훈은 모두 '이 사람'의 추천을 받아 등단했다. 대표작으로 〈백록담〉, 〈향수〉 등이 있으며 절제된 시어와 참신한 이미지로 우리나라 현대시의 발전에 큰 영향을 준 것으로 평가받는 '이 사람'은?

● ● ● 정지용

정지용은 1930년대 한국 현대시의 시대를 개척한 선구자라 평가받으며, 시인 김기림은 "우리나라의 현대시는 지용에게서 비롯되었다"고 극찬하기도 하였다.

Q76. 김정희가 제주도 유배 중에 그린 것으로, 종이 바탕에 수묵으로 소나무를 그린 그림은?

● ● ● 세한도

세한도는 추사 김정희가 1844년에 그린 것으로 국보 제180호로 지정되어 있다. 전문화가가 아닌 선비가 그린 것을 문인화라 하는데, 문인화의 대표작이라 할 수 있다. 유배 시절 제자 이상적의 변함없는 의리를 칭송하며 그를 푸른 소나무와 잣나무에 비유했다. 그림을 세한도라 하고 편지를 써 넣었다고 한다.

Q77. 고구려 고국천왕 때 실시된 빈민 구제책으로 춘궁기에 곡식을 빌려주고 가을에 추수가 끝나면 이자를 붙여 갚도록 하는 제도는 무엇인가?

● ● ● 진대법

진대법은 고국천왕 때의 재상 을파소에 의해 실시되었다. 오늘날의 사회보장제도나 서민금융으로 볼 수 있는데, 이는 훗날 고려의 의창의 설치에 영향을 주었고 조선의 상평창, 환곡제도로 발전하게 된다.

Q78. 정조가 설립한 왕실도서관으로 학문 연구와 도서 편찬뿐만 아니라 국왕의 정책 자문기구의 역할을 하기도 했던 기관은?

● ● ● 규장각

정조는 1776년 규장각을 창설할 것을 명하여 창덕궁에 누각을 짓게 된다. 이것이 바로 규장각이다. 처음에는 왕실도서관의 역할을 하였지만 정조는 연구 및 정책기관으로 그 기능을 확대시켜 규장각은 학문 연구의 중심이자 정조의 개혁정치에 힘을 실어주는 핵심 정치기관이 되었다.

Q79. 흥선대원군은 경복궁을 중건하기 위해 '이 화폐'를 대량 주조하면서 물가가 급등하는 등의 문제가 발생하게 된다. '이 화폐'는?

● ● ● 당백전

흥선대원군은 경복궁 중건에 쓸 비용을 마련하기 위해 상평통보의 100배의 가치를 지닌 당백전을 대량으로 주조하였다. 이로 인해 화폐의 가치가 하락하면서 물가가 급등하게 되었고 그후 당백전의 유통을 중지하게 된다.

Q80. 영화 '밀정'의 모티브가 된 일제강점기 독립운동단체는?

● ● ● 의열단

의열단은 1919년 11월 만주 지린성에서 조직된 항일무력독립운동단체로 1920년대에 일본 고관 암살과 관공서 폭파 등의 무력항일독립활동을 하였다. 영화 '밀정'은 '의열단'의 '황옥경부폭탄사건'을 모티브로 하여 제작되었다.

Q81. 1896년 '구본신참'을 정책이념으로 하여 집권층이 주도한 개혁은?

● ● ● 광무개혁

고종과 정부 집권층은 구본신참(옛것을 근본으로 하여 새것을 참고한다)이라는 정책이념을 내세워 고종의 연호를 딴 광무개혁을 추진하였지만 집권층의 보수적 성향과 열강의 간섭으로 성과를 거두지는 못했다.

Q82. 1907년 결성된 항일독립운동단체로 대성학교를 설립하고 신흥무관학교를 설립하여 현대적 군사교육을 실시했던 단체는?

● ● ● 신민회

신민회는 안창호의 발기로 설립된 비밀 단체로 구한말의 지도적 인사들을 회원으로 한 전국적 규모의 애국계몽운동을 펼쳤다. 국권을 회복하여 자유 독립국을 세우고 공화정체를 정치 체제로 한다는 목표를 가지고 있었다. 대성학교 등 많은 학교를 설립하고, 각종 잡지나 서적의 출판운동, 독립군 양성운동을 하는 등 활발한 활동을 하였으나 105인 사건에 의해 큰 타격을 입으며 해체되었다.

Q83. 조선 후기 실학자 박지원은 청나라 건륭제의 70번째 생일을 축하하는 사절로 연경을 방문해 보고 들은 것을 기록했다. '이 책'은 압록강 국경을 건너가 연경을 거쳐 건륭제의 여름 별궁에서 다시 베이징에 돌아오기까지 약 두 달 간의 일을 시간과 분야별로 나누어 기록했는데, 당시 중국의 정치·경제·사회 등 광범위한 분야를 상세히 기술한 '이 책'은?

● ● ● 열하일기

박지원이 44세에 청나라 건륭제의 만수절에 사절로 가게 되면서 보고 들은 것을 기록한 기행문이다. 〈열하일기〉는 발표 당시에는 보수파들에게 비난을 받기도 했으나 중국의 신문물을 망라한 서술로 실학사상을 상세하게 소개하여 매우 실용적이며 유용하다.

Q84. '이것'은 남북이 분단 이후 최초로 통일과 관련해 합의 · 발표한 것이다. '이것'을 통해 자주, 평화, 민족 대단결의 통일 원칙을 마련했는데, '이것'은?

● ● ● 7 · 4 남북공동성명

1972년 7월 4일 남북 당국은 '자주 · 평화 · 민족 대단결'이라는 통일의 3대 원칙에 대해 합의를 하고 서울과 평양에서 동시에 이를 발표하였다. 합의된 내용을 바탕으로 '남북 조절위원회'를 구성하여 운영하기로 했지만 이후 각자의 이념으로 인한 입장 차이 등으로 제대로 시행되지 못하였다.

Q85. 1636년 12월, 청나라군의 침략으로 병자호란이 발발한다. 인조는 강화도로 피난하려고 했지만, 청나라 군대에 막혀 급히 '이곳'으로 피난처를 정하게 된다. 사적 제57호이자 유네스코 세계문화유산에 등재되어 있는 '이곳'은?

● ● ● 남한산성

남한산성은 경기도 광주에 있는 조선시대의 산성으로 1624년(인조 2년)에 축성하였다. 여러 차례 개 · 보수가 이루어지며 인조 때 성벽과는 그 모습이 많이 바뀌었지만 계속해서 여러 시설이 정비되어, 우리나라 산성 가운데 가장 시설이 잘 완비된 산성으로 꼽히는 곳이다. 산성의 역사 · 문화적 가치가 높다고 평가되어 2014년에는 유네스코에 의해 세계문화유산으로 지정되기도 했다.

Q86. 삼한에서는 매년 1~2차에 걸쳐 각 읍별로 특별한 장소에서 제사를 지내면서 질병과 재앙이 없기를 기도했다. 이 제사를 지내는 장소는 신성한 지역이므로 국법의 힘도 미칠 수 없어 죄인이 이곳으로 도망가더라도 잡을 수 없었다고 한다. 이 장소를 무엇이라 하는가?

● ● ● 소도

마한, 변한, 진한의 삼한에서는 천군을 선발하여 소도에서 제사를 지냈다. 소도는 신성한 지역이기에 국법의 힘도 미칠 수 없었다고 한다.

Q87. 고구려, 백제, 신라 삼국은 귀족회의가 존재하였다. 신라의 귀족회의인 화백회의를 주재하는 수상이자 신라의 최고 관직을 무엇이라 하는가?

● ● ● 상대등

상대등은 신라의 최고 관직이자 귀족회의인 화백회의의 주재자이다. 족장 세력에 바탕을 둔 귀족연합의 권력 형태에서 상대등의 권한이 막강하였으나 점차 왕권이 강화되면서 이를 견제하는 집사부가 설치되었고 중대 이후에는 집사부의 권한이 더 커지게 되었다.

Q88. 고려 후기 이승휴가 중국과 한국의 역사를 운율시 형식으로 쓴 책으로 중국사와 한국사를 각 권으로 분리하여 중국 동쪽에 독립된 고려왕조가 존재함을 적은 책은?

● ● ● 제왕운기

이승휴는 몽골의 침입으로 국내 정치 상황이 혼란했던 시기에 신진 유학자로 정치계에 등장했지만 충렬왕의 실정과 부원세력을 비판한 상소를 한 결과 파직당하여 은둔하게 되었다. 이 기간에 제왕운기를 저술한 것이라 전해진다. 제왕운기는 단군을 시조로 하는 단일민족임을 나타냈고, 단군신화를 우리 역사에 포함시킴으로써 역사의 유구성을 강조했다.

유네스코 지정 한국의 세계유산

구분	등재 현황
세계유산	석굴암 · 불국사(1995), 해인사 장경판전(1995), 종묘(1995), 창덕궁(1997), 수원화성(1997), 경주역사유적지구(2000), 고창 · 화순 · 강화 고인돌 유적(2000), 제주화산섬과 용암동굴(2007), 조선왕릉(2009), 안동하회 · 경주양동마을(2010), 남한산성(2014), 백제역사유적지(2015), 산사 한국의 산지승원(2018), 한국의 서원(2019)
인류무형 문화유산	종묘제례 및 종묘제례악(2001), 판소리(2003), 강릉단오제(2005), 강강술래(2009), 남사당놀이(2009), 영산재(2009), 처용무(2009), 제주칠머리당영등굿(2009), 가곡(2010), 대목장(2010), 매사냥(2010), 택견(2011), 줄타기(2011), 한산모시짜기(2011), 아리랑(2012), 김장문화(2013), 농악(2014), 줄다리기(2015), 제주해녀문화(2016), 씨름(2018)
세계기록유산	훈민정음(1997), 조선왕조실록(1997), 직지심체요절(2001), 승정원일기(2001), 해인사 대장경판 및 제경판(2007), 조선왕조의궤(2007), 동의보감(2009), 일성록(2011), 5 · 18 민주화운동 기록물(2011), 난중일기(2013), 새마을운동 기록물(2013), KBS 특별생방송 '이산가족을 찾습니다' 기록물(2015), 한국의 유교책판(2015), 조선왕실 어보와 어책(2017), 국채보상운동 기록물(2017), 조선통신사 기록물(2017)

우리나라의 지정 문화재

구분	제1호	제2호	제3호	제4호	제5호
국보	서울 숭례문	서울 원각사지 십층석탑	서울 북한산 신라 진흥왕 순수비	여주 고달사지 승탑	보은 법주사 쌍사자 석등
보물	서울 흥인지문	옛 보신각 동종	서울 원각사지 대원각사비	안양 중초사지 당간지주	중초사지삼층 석탑 (1997년 해제)
사적	경주 포석정지	김해 봉황동 유적	수원 화성	부여 가림성	부여 부소산성
명승	명주 청학동 소금강	거제 해금강	완도 정도리 구계등	해남 대둔산 일원 (1998년 해제)	승주 송광사 · 선 암사 일원 (1998년 해제)
무형문화재	종묘제례악	양주별산대놀이	남사당놀이	갓일	판소리

좋은 책을 만드는 길
독자님과 함께하겠습니다.

도서나 동영상에 궁금한 점, 아쉬운 점, 만족스러운 점이
있으시다면 어떤 의견이라도 말씀해 주세요.
시대고시기획은 독자님의 의견을 모아 더 좋은 책으로 보답하겠습니다.

www.sidaegosi.com

신문으로 공부하는 말랑말랑 시사상식 – 한국사

개정3판2쇄 발행	2020년 07월 06일 (인쇄 2020년 06월 01일)
초 판 발 행	2017년 05월 10일 (인쇄 2017년 03월 16일)
발 행 인	박영일
책 임 편 집	이해욱
편 저	한국퀴즈협회
편 집 진 행	김준일 · 조재연
표 지 디 자 인	김도연
편 집 디 자 인	조은아
발 행 처	(주)시대고시기획
출 판 등 록	제 10–1521호
주 소	서울시 마포구 큰우물로 75 [도화동 538 성지 B/D] 9F
전 화	1600–3600
팩 스	02–701–8823
홈 페 이 지	www.sidaegosi.com
I S B N	979–11–254–6971–1(13030)
정 가	15,000원